新型城镇化进程中人口空间格局演变及优化机制研究

刘西涛　王　炜　著

本书得到国家社会科学基金项目"新型城镇化进程中人口空间格局演变及优化机制研究"（项目编号：15BJL054）、中央支持地方高校改革发展资金高水平人才培养项目的支持。

科学出版社

北　京

内 容 简 介

本书是作者近年来对新型城镇化和人口空间格局问题系列研究的总结,包含了对人口空间格局演变过程、影响因素及优化机制的分析。以城镇化"人口格局—变迁过程—影响机理—效果评价—优化路径"作为研究的主要思路,提出有序推进新型城镇化发展,优化人口布局的政策框架和相应举措。本书特别注重吸收国内外经典理论及最新成果,采用规范的研究方法,尝试对新型城镇化进程中人口空间合理分布问题进行探索。

本书可以为研究人口空间格局等问题的研究人员、大学教师、研究生提供有益参考。

图书在版编目(CIP)数据

新型城镇化进程中人口空间格局演变及优化机制研究 / 刘西涛,王炜著. —北京:科学出版社,2022.8
ISBN 978-7-03-071747-4

Ⅰ. ①新… Ⅱ. ①刘… ②王… Ⅲ. ①城市化-人口流动-研究-中国 Ⅳ. ①F299.21

中国版本图书馆 CIP 数据核字(2022)第 037290 号

责任编辑:陶 璇 / 责任校对:贾伟娟
责任印制:张 伟 / 封面设计:无极书装

科 学 出 版 社 出版
北京东黄城根北街 16 号
邮政编码:100717
http://www.sciencep.com

北京虎彩文化传播有限公司印刷
科学出版社发行 各地新华书店经销
*
2022 年 8 月第 一 版 开本:720×1000 1/16
2022 年 8 月第一次印刷 印张:13
字数:260 000
定价:130.00 元
(如有印装质量问题,我社负责调换)

前　　言

作为国家社会科学基金项目的重要成果，本书是课题组成员共同努力的成果。本书从设计到完稿历时两年，经过不断修改、完善，现呈现给广大读者。初始设想是写成一部原创性的以新型城镇化为切入点的关于人口空间合理分布研究的书籍。从"物的城镇化"到"人的城镇化"，城镇化发展已经进入新型城镇化发展的重要阶段。以人为核心的城镇化，要有序推进人口空间合理分布，要建立合理的城市空间布局体系，协调好人与城的关系，推进新型城镇化有序健康发展。

众所周知，"胡焕庸线"是我国人口分布分界线，也是城镇化水平的分界线，自1935年以来，该线以东，人口密集、城镇化水平高；该线以西，人口稀疏、城镇化水平低。然而中、西部地区同样需要城镇化，如何促进人口在行业间、地域间的有序流动，引导人口合理分布成为当下亟待解决的重大问题。

本书注重吸收国内外经典理论及最新成果，采用规范的研究方法，尝试对新型城镇化进程中人口空间合理分布问题进行探索。人口合理分布是指人口与经济、社会、生态等多维度相匹配的分布。基于这样的想法，在对国内外相关研究梳理的基础上，本书主要研究思路如下：回顾世界城镇化进程与空间格局演变；阐明中国人口空间格局现状及特征；分析影响新型城镇化人口空间格局的因素；揭示新型城镇化进程中人口空间格局演变机理；评价人口空间格局宏观调控与效果；预测未来新型城镇化进程中人口空间格局变化；提出优化新型城镇化进程中人口空间格局的相关对策，归纳而言，即以城镇化"人口格局—变迁过程—影响机理—效果评价—优化路径"作为研究的主要思路。本书研究框架的主要立意在于：研究城镇化过程中人口空间布局的变迁过程、影响因素、发展机理，并预测其人口发展的趋势，从城镇化进程中人口空间变化的响应和调控路径，研究如何从政策调控的角度，从经济、社会、生态多个维度推动城镇化全面、协调发展，为促进人口空间科学合理布局提供路径参考与选择依据。

本书的研究内容虽然在诸多方面取得了富有新意的探索，也得出了一些具有现实意义的参考结论，但这些结论的准确性和应用性还有待理论和实践的进一步检验。诚然，由于作者知识水平的局限性，书中难免会存在一些疏漏，还望各位读者海涵。

作为集体智慧的结晶，本书第 1~3 章由王炜撰写；第 4 章及第 6~10 章由刘西涛撰写；第 5 章由王盼撰写。李立辉、周鑫垚等参与了本书的资料收集整理与校对工作。本书的出版，离不开哈尔滨商业大学财政与公共管理学院的支持，离不开科学出版社的支持，在此表示真诚的感谢！

目　　录

第1章 绪 论

1.1 研 究 背 景

改革开放 40 多年来,我国的城镇化进程突飞猛进,城镇化发展从最初的数量快速增加转变为质量的迅速提升,从"物的城镇化"到"人的城镇化",从城镇化到新型城镇化。目前,城镇化发展已经进入新型城镇化发展的重要阶段,新型城镇化的发展战略是围绕提高城镇化质量,以人的城镇化为核心,要建立合理的城市空间布局体系,协调大、中、小城市的层级结构,推进特色小城镇建设,优化城市群布局和结构,与区域产业结构调整相一致,与城市资源和环境的综合承载力相协同,满足城镇化发展的总体要求。尤其是国家制定的新型城镇化发展战略,既为城镇化的高质量发展指明了方向,也为实现"四化"同步发展战略提出了要求。2014 年,《国家新型城镇化规划(2014-2020 年)》的出台,将新型城镇化发展提升到了战略高度。这一规划符合国家走特色新型城镇化道路的基本方向,符合《全国主体功能区规划》的框架要求,具有明确的实施标准和建设措施,设置了科学合理的发展目标,制定了分步骤的阶段任务,创新了城镇化发展的相应制度与政策,是具有前瞻性、全局性、宏观性及方向性的战略规划,为全国的新型城镇化高质量建设提供了指导。该规划颁布之后,各级政府非常重视新型城镇化战略的推进和落实。2014 年 9 月,李克强总理在新型城镇化建设试点推进会上重点指出,我国各地情况差别较大、发展不平衡,推进新型城镇化要因地制宜、分类实施、试点先行①。同年 12 月,《关于印发国家新型城镇化综合试点方案的通知》正式下发,加快推进新型城镇化的试点工作,方案明确了试点的范围,按照不同层级、不同区域的遴选原则,选定 62 个地区进行新型城镇化试点,重点发展中小城市,优先小城镇建设。确定了国家新型城镇化综合试点的省份和城市,包括江

① 李克强在推进新型城镇化建设试点工作座谈会上的讲话,引文来自中华人民共和国中央人民政府网(http://china.cnr.cn/news/201409/t20140917_516447982.shtml)。

苏、安徽两省及宁波等，并分三批次确定试点的新型城镇，重点推进农业转移人口的市民化，创新成本分担机制。

2019 年 3 月 31 日，国家发展和改革委员会印发了《2019 年新型城镇化建设重点任务》，其中明确要求"加快实施以促进人的城镇化为核心、提高质量为导向的新型城镇化战略，突出抓好在城镇就业的农业转移人口落户工作，推动 1 亿非户籍人口在城市落户目标取得决定性进展，培育发展现代化都市圈，推进大城市精细化管理，支持特色小镇有序发展，加快推动城乡融合发展"。2020 年又发布了《2020 年新型城镇化建设和城乡融合发展重点任务》，强调要加快实施以促进人的城镇化为核心、提高质量为导向的新型城镇化战略，提高农业转移人口市民化质量，增强中心城市和城市群综合承载、资源优化配置能力，推进以县城为重要载体的新型城镇化建设，促进大中小城市和小城镇协调发展，提升城市治理水平，推进城乡融合发展，实现 1 亿非户籍人口在城市落户目标和国家新型城镇化规划圆满收官，为全面建成小康社会提供有力支撑。这些政策文件的发布，对优化新型城镇化合理布局，有序推进人口空间合理分布，推进新型城镇化健康发展有着重要的指导意义。

国家统计局官方数据显示，在国家新型城镇化发展战略的指导下，我国城镇化水平已经由 1981 年的 20.12%增长到 2018 年的 59.58%，2019 年常住人口城镇化率首次超过 60%，达到 60.6%。但是，在城镇化发展进程中也出现了生态环境被破坏、发展动力不足、人口格局不合理等大量实际问题，尤其是人口的结构、规模、布局不合理，影响了城镇化的发展质量。例如，城镇化率统计中面临的常住人口和户籍人口的城镇化率差异较大等问题。从 2015 年至今，尽管常住人口城镇化率与户籍人口城镇化率均保持着上升趋势，但两种城镇化率之间的差距始终存在，都在 16.2%的范围内。需要重点强调的是，2018 年全国有 1 790 000 的城镇新增人口，常住人口城镇化率比上一年增长了 1.06%。在新增的城镇人口中有将近 40%的人口是因为行政区划调整，城镇区域扩张而出现的。合并城镇人口自然增长的数量，总计达到了 63.2%，仅有 36.8%的人口是由乡村迁入的。这种结果表明，行政区划调整及城镇人口自然增长是常住人口城镇化率增长的主要来源。因此，如何推进农业转移人口的市民化，实现户籍人口城镇化率与常住人口城镇化率之间的差距缩小，是目前亟待研究和解决的重要问题（魏后凯，2019）。除此之外，中国城镇人口的总体数量和结构失衡产生较为突出的两极化发展趋势，即大城市的数量和人口规模不断增长，中小城市数量和人口规模不断减少的布局失衡，城镇化进程中农业转移人口社会公平的问题及城市综合承载力、生态环境污染等问题也不容忽视。新型城镇化进程中必须重视城镇化与经济、社会、生态环境等要素的协同一致，重视不同要素在新型城镇化发展过程中对人口空间格局的响应，才有利于城镇化具体目标的实现，推动人口空间布局的科学与优化。因此，本书主要研究城镇化过程中人口空间布局的变迁过程、影响因素、发展机理，并预测其人口发展的趋势，从城镇化进程中人口空间变化的响应和调控路径，研究如何从政策调控的角度，从经济、社会、生态多个维度推动城镇化的全面、协调发展，为促进人口空间科学合理布局提供路径参考与选择依据。

1.2　研究目的与意义

1.2.1　研究目的

通过对城镇化空间研究范式的研究，以人口格局优化、新型城镇化高质量发展为基本目标，借助发展经济学、经济地理学、人口学等学科的基础理论与先进方法，以城镇化"人口格局—变迁过程—影响机理—效果评价—优化路径"作为研究的主要思路，解析新型城镇化人口空间格局的影响因素及作用机理，分析人口空间格局的演变过程及发展趋势，对人口空间格局调控的手段进行效果评价，找出存在的问题和问题产生的原因，最终设计出新型城镇化进程中人口空间格局优化的政策措施。试图解决如下三个方面的问题：一是基于城镇化的时空发展特征分析城镇化人口空间格局演变及特征；二是剖析人口空间格局演化的影响因素及演变机理，并分析未来发展趋势，评价政策调控手段的效果；三是以新型城镇化高质量发展为基础，从城镇体系布局、公共服务等方面分析研究人口空间格局演变的动力机制，并提炼出人口空间格局优化的政策措施。

1.2.2　研究意义

本书的学术价值及实践价值体现在以下四个方面。

（1）进一步完善城镇化理论研究体系和框架。城镇化研究对空间要素重视不够，更多的是针对城镇化水平测度、影响因素、发展机制等"非空间"内容的研究。本书则是在梳理现有城镇化空间研究相关成果的基础上，对城镇化发展过程进行空间的、动态的分析。对城镇化空间发展格局及组织过程进行系统分析，尝试基于人地空间关系的视角，剖析城镇化空间发展格局、人口空间格局与经济结构、社会发展等要素之间的影响机理，继而总结出优化机制和政策措施，构建城镇化的空间范式，进一步完善城镇化理论研究体系和研究框架。

（2）对新型城镇化质量与人口空间格局的内涵进行完善和阐释。新型城镇化发展要求社会由乡村型转向城市型，实现城镇化与农业现代化、工业化及信息化的协同发展，城镇化质量的评价不单纯以城镇化率作为依据，还需加上人的因素，考虑人口空间格局的优化。本书在新型城镇化的内涵界定中加入产业结构、社会发展、人口格局、生态环境等指标，对新型城镇化发展的质量内涵及人口空间格局的内涵进行了完善和深入阐释，为同类研究提供有益的理论参考。

（3）促进不同学科的研究互动和交叉融合。在研究新型城镇化空间格局、人口空间格局的演变过程与机理时，综合考量经济因素、政策因素、社会因素、自然因素等的作用和影响，促进了不同学科之间的研究互动和交叉融合，尤其是对拓宽城镇化研究角度、人口空间研究方法有着很好的理论促进，同时对实现经济地理学、人口学、经济学、社会学等不同领域的学科融合有着十分重要的意义。

（4）为各级政府提供决策参考。本书可以为各级政府加快推动新型城镇化发展、促进人口空间合理布局宏观调控机制的建立和完善提供决策参考。与西方国家城镇化进程中完全由市场机制发挥作用不同，我国的新型城镇化发展既要发挥政府的宏观政策指导和调控作用，又要充分运用市场对资源要素配置的作用，特别是在宏观政策的调整创新、政府公共服务职能转换、城镇居民基本公共服务提供、城市规划发展设计等方面，政府的宏观调控主体作用不容忽视。本书从多维度、多视角研究新型城镇化发展中的人口空间调控的机制建立，将为各级政府提供有利的决策参考。

1.3 国内外研究的现状

1.3.1 国外研究现状

城镇化的过程实际上就是人口不断迁入城市及城市规模不断扩张的过程。因此，城镇化进程中人口空间分布的相关理论，可以划分为两个方面：一是城镇化空间格局（城市发展）与组织过程的研究；二是人口迁移和劳动力流动空间分布的相关理论。

1.3.1.1 关于城镇化空间格局与组织过程的理论及研究

（1）研究的缘起阶段。最早的践行者是英国学者霍华德（Howard，1898），他在著作《明日：一条通向改革的和平道路》中强调城市与区域发展应该作为一个整体，即"田园城市"的理论与实践。20 世纪初，1922 年恩维（Unwin）出版的《卫星城镇的建设》，在"田园城市"的基础上，进一步发展了"卫星城"的观点，强调如果主城区的人口规模过大，可以通过建立卫星城加以疏导。之后沙里宁（Saarinen）在赫尔辛基试验并建立了"卫星城"的第二代模式。进入 20 世纪 60 年代，拓展到"卫星城"的第三代模式，代表城市是英国英格兰中部米尔顿·凯恩斯（Milton Keynes）。随着对"卫星城"的不断深入研究，德国的著名地理学家克里斯塔勒（Christaller，1933）系统地对区域内的城镇体系进行了梳理，于 1933 年发表了重要的城镇体系研究的理论，即影响深远的中心地理论，该理论首次对区域范围内的城市建立系统的体系，并归纳分析了城镇体系的基本结构模型，应用于城镇体系的系统模拟，中心地理论也成为城镇体系相关研究的重要基础。

（2）研究的继续深入拓展期。进入 20 世纪中期，各种已经建立的空间研究理论，尤其是中心地、增长极等空间理论日益系统化，为空间格局和空间结构的发展提供了基础性指导。戈特曼（Gottmann，1957）在《大都市带：东北海岸的城市化》首先提出了大都市带的概念，在空间上表现为高密度的多核心的区域空间结构，提出包括我国长三角城市群全球有六大城市密集区，城镇密集区的概念也成为学者研究的热点。维宁（Vining）基于经济学研究视角，探讨了城镇空间体系结构与城市发展之间的关系，分析了城镇体系空间布局的合理性，并阐释了城镇空间体系结构对促进城镇发展的作用（周一星，1995）。邓肯（Duncan）发表《大都市和区域》一文，首次界定了"城镇体系"概念，重点强调了城镇体系对城市发展的影响及深入研究的重要意义（Duncan and Hanser，1960）。随后，贝里（Berry）发表了重要论文《中心地体系的组成及其集聚关系》，在该文中用系统论的观点研究了城市人口分布与服务中心等级体系的关系，明确了研究的方法，推动城镇体系空间理论进入新的发展阶段（Berry and Garrison，1958）。20 世纪 60 年代，区域空间结构演变的理论研究登上舞台，弗里德曼（Friedman）的《区域发展政策》问世，文中明确了城镇空间演变过程划分为四个不同的阶段。还有一些美国的学者提出了一些新的城市区域概念如"城市功能区""城市场"，探讨了城镇体系理论，并对美国与加拿大的城镇体系空间结构展开了理论分析与实践研究。在此基础上，城镇体系的相关研究成果和内容不断深入，出现了"城镇区域"等空间性的概念，以城镇体系、城镇规模的规律性、空间相互作用等方面的研究为主，还产生了"城市群""城市带"等表述城镇的集聚特征的系列概念，研究的范围不断延伸，由"城市区"扩展到"城市建成区"，再到"城乡一体区"和"区域城市群"，都给出了相应的界定。可以看出，这一系列的概念界定，都有不同的范围和视角，存在一定的相似，却没有达成比较统一的认识。

（3）研究的繁荣期。20 世纪 70 年代初期，国外对于城镇体系空间结构的相关研究进入繁荣时期，大量成果涌现，研究内容进一步丰富和深入、研究方法不断更新，数学方法、动态模拟技术等得到了广泛运用。霍顿（Horton）在其《城镇体系的地理学透视》一书中从地理学视角分析城镇体系的空间结构（Horton and

Reynolds，1971）。伯恩（Bourne）于 1975 年出版的《城镇体系：结构发展与政策》一书，阐释了城镇体系的空间发展结构及影响发展的相关政策，研究内容代表了该时期的整体水平。哈格特（Haggett，1977）把区域城镇群体作为研究对象，系统分析了其演进的阶段和组织过程，并设计了六个不同的分析视角，包括城镇节点、城镇等级、城镇网络及相互作用等。将城镇体系空间研究推到了新的高度。岸根卓郎尝试建立"全综规划"，想借助该规划进行城镇系统的建设，实现自然、空间与人类的和谐统一（Zeng and Yang，2002）。在区域空间结构组织演化的研究中，有诸多学者依据一些国家的发展数据对"齐普夫定律"进行了验证（Gabaix，1999a；Ioannides and Overman，2003；Duranton，2007），还有学者从经济理论的视角对"齐普夫定律"进行了内涵界定（Krugman，1966；Gabaix，1999b；Eeckhout，2004），提出齐普夫分布收敛表明城市人口格局的稳定和合理的趋势状态。在这个阶段，城镇体系的相关研究已经十分丰富和系统，都是对城镇体系空间等级、城镇规模、空间布局、发展模式、变迁过程等的总结性研究。

1.3.1.2　关于劳动力流动的宏观及微观理论分析

关于劳动力流动的研究，主要集中于两个层面：一是宏观决策层面的劳动力流动理论，如新古典经济学理论、新经济地理学理论；二是微观层面的劳动力流动理论，如人力资本理论、家庭决策理论等，主要分析影响劳动力流动的因素。

新古典经济学理论重点强调影响劳动力流动的机制，并将区域间的工资差异作为主要影响因素。例如，汉克斯（Hicks，1932）提出，劳动力流动的动因在于经济利益方面的差异，劳动力流动实际上是为了实现个人利益的最大化。在现有的条件限制下，劳动力会选择向工资收入较高的区域流动，因为可以获得更高的经济收入。由于区域间的工资差异产生的原因是来自不同区域的劳动力供需差异，劳动力在不同地区之间的流动正是适应劳动力供需的差异。劳动力市场所处的竞争状态不同，就会驱动劳动力的流动。在发展中国家，劳动力市场大部分都处于不完全竞争的状态，作为个体的经济行为人，不可能及时地获取流入地区的各种劳动力供需信息，劳动力流入和流出的地区间存在着较大信息阻隔，距离越远，信息获取的难度和成本越大。所以，基于这种分析，学者对这一理论的假定条件产生了不同的声音，开始对个体决策的行为、流动成本等方面展开研究。例如，发展经济学家托达罗（Todaro，1969）系统分析劳动力流动的微观个体所进行的决策行为，指出这些个体劳动力在考虑高失业率的因素后，出于对高工资收入的期望，会不顾失业的风险，做出地区间流动的决策。还有学者基于较长周期视角对流动成本进行深入分析，认为人口流动的动因是流动成本与高收入之间的比较，高收入低成本推动人口产生地区间流动。除此之外，Stark 和 Bloom（1985）提出了人口迁移理论，该理论认为人口流动的动因不仅仅是区域间的工资差异，还包括流动人口的家庭因素。

随后,新古典经济学的劳动力流动理论在原有基础上,内容又得到了丰富和延伸,引入了就业概率,将劳动力流动过程中地区间工资差异和就业概率进行了关联,认为劳动力对地区间的收入预期是推动其做出地区间迁移的重要经济因素。劳动力做出流动决策行为的动力是劳动者对流入地可能获取的工资收入预测,预期的收入高则进行流动(Harris and Todaro,1970)。该理论对农村劳动力向城市流动的现象给出了有力的解释。因为在城市里可以获得较高的预期收入,虽然面临较高的失业风险,劳动力也愿意从农村地区向城市迁移。托达罗关于劳动力流动的研究理论在劳动力流动影响因素上给出了十分明晰的论断,并深入阐释了劳动力流动多产生的后果,继而给出了针对性的破解城市失业困境的具体对策,认为大力发展农村经济,提高农村地区的整体收入水平是减少农村劳动力城乡间流动的基本途径。可以发现,这一劳动力流动理论对发展中国家的劳动力流动问题有着很好的适用性,为相关的理论研究提供了重要的理论支撑。

新古典经济理论对于劳动力在区域间的流动现象、流动的影响因素等给出了宏观层面的解读,但缺少微观个体层面的解释,不能对劳动力流动的个体差异进行说明。在同等条件下,农村劳动力的选择行为差异较大,向城市迁移还是在农村留守,就会出现不同的选择结果,该理论对这种微观个体决策行为未能给出合理的解释。基于此,理论内容又进一步扩展,人力资本理论对此进行了补充。斯加斯塔德(Sjaastad,1962)提出劳动力市场存在一定的规模效应,不属于完全的竞争市场,在发展过程中会产生垄断竞争。强调人力资本投资的范围需要扩展,应将劳动力流动纳入其中。认为劳动力迁移是推进人力资源生产率提升的一种因素。

新经济地理理论的发展充分考虑了空间因素,补充了经济理论的不足,主要的代表学者克鲁格曼(Krugman,1991)提出通过二地区、二要素及二部门的理论模型分析劳动力流动与产业集聚的关系,认为产业空间集聚是由劳动力流动产生的,并深入地分析了产业空间集聚的过程和机制,用一种全新的理论对劳动力在空间上的流动行为做出解释。同时克鲁格曼(Krugman,1966)提出产业集聚的过程就是“向心力”与“离心力”彼此作用的过程,其中的“向心力”主要指能够让厂商和劳动力之间互相接近的作用力,如市场规模效应等。“离心力”主要指的是让厂商和劳动力之间相互分离的作用力,如产品市场的拥挤效应等。尽管对产业空间集聚的成因在区域经济学当中也有提及,却与新经济地理理论有着较为明显的区别。新经济地理理论更加重视产业集聚过程与劳动力空间流动之间的作用关系,认为劳动力流动产生的影响在流入地和流出地是不一样的,随时空变化发生动态变化,劳动力空间的流动是推动产业空间集聚的重要动因和路径之一。

可以发现,新古典经济学重视研究个体的决策和行为选择,而新迁移经济学理论、迁移人力资本理论更重视社会、家庭及偶然性因素的研究。进入 20 世纪 80 年代，受经济一体化的影响，宏观的社会经济文化结构出现在劳动力流动的研究体系中，产生了劳动力市场分割理论，该理论对国家人口流动的动因进行分析，重视经济结构差异的因素影响。

英国经济学家拉文斯坦（Ravenstein，1885）在其发表的"The law of migration"一文中首次研究了"人口迁移规律"的人口迁移理论。提出了影响人口迁移的七条规律，包括迁移距离、迁移的选择性、迁移动机等，其中迁移动机中提到人口流动的最大迁移动因是为了获得更好的生活条件和更多的经济收入。关于人口流动的影响因素研究，还有被广泛应用的"推—拉"人口迁移理论。该理论指出人口选择迁移的最根本目的是改善生活，能够改善生活的各种因素就是人口迁入地所释放的拉力，人口迁出地区的限制生活改善的因素就成为迁移的推力，人口地区间流动就是这两种作用力产生的结果。在"推—拉"理论提出之后，又有学者对其进行了完善和补充，如 Lee（1966）提出的"移民人口学之理论"就是在"推—拉"理论基础上系统分析了流动人口对推力和拉力所做出的反应，认为人口迁入地和迁出地同时存在着两种力量，既有引导人口流入的拉力也有推动人口流动的推力，还增加了影响流动的中间障碍因素。这种因素表现在迁移距离、物质条件、语言差异、文化差异及个体的价值判断等方面。他认为人口迁移是推力、拉力和中间障碍因素的共同作用。英国经济学家刘易斯（Lewis，1954）提出了二元经济结构理论，该理论基于部门差异分析人口迁移的动因，对发展中国家的传统农业部门和现代工业部门之间的差异进行了分析，因为收入水平和生产率的不同，剩余劳动力由传统的农业部门不断向城市的现代工业部门迁移，但随着农业生产率的提高和经济收入的增长，人口转移数量会逐步减少，最后在两种部门之间达到一种稳定平衡的状态。然而，随着社会发展，出现了城市人口增长和高失业同时存在的矛盾，这需要进一步对二元经济结构理论中人口迁移的内容加以修正。Fei 和 Rains（1964）对传统农业部门与现代工业部门之间人口迁移的原因加以分析，将农村剩余产品、生产率提高等因素联系起来，建立了费景汉-拉尼斯理论模型，进一步完善了劳动力流动理论，尤其是对发展中国家的人口迁移提供了重要的理论指导。

1.3.1.3　关于城镇规模与人口空间分布的研究

国外学者研究两者的关系，主要是从城市规模或城市的承载力来研究。城市承载力是城市增长的主要约束，表现为人口的承载力、环境的承载力、资源的承载力、经济的承载力等，从另一侧面也体现了拥挤效应。该效应源自经济效率的研究，城市增长的过程带来经济效应的提高，同时也提高了拥挤效应，因此，城市所具有的承载力约束便逐渐凸显，甚至表现为较为严重的"城市病"。Cassone

和 Tasgian（1988）对城市规模增长所产生的经济性和非经济性进行了分析，将城市犯罪、拥挤和污染视为城市增长产生的非经济性指标，基于此，采用犯罪率、污染程度、灾害发生率及失业水平等指标对城市规模增长的非经济性进行衡量，得出结论：城市规模增长会导致经济效应和拥挤效应都随之提高，并据此形成了最优城市规模理论。Mills（1967）提出最优城市规模概念比较早，他通过单中心城市增长模型对城市集聚经济与工人通勤成本进行考察权衡，并据此确定出最优城市规模。Henderson（1974）对城市模型进行了完善，从生产和消费视角切入，将能够实现城市人口福利最大化的城市规模视为最优城市规模。换言之，从边际角度看，在人口增加带来的规模经济和拥挤成本的增加之间寻求平衡点。此外，Henderson 还提出不同行业外部经济不同，因此不同类型城市的最优规模也是不同的。他不认为城市的最优规模是唯一的，如以制造业或采矿业为主的城市适合中小规模；以制造业和生产服务业为主的城市通常需要一个特大或超大城市规模。上述对最优城市规模值的估计主要是从经济效率的角度进行考虑的，在估计过程中并没有将环境污染所产生的成本、社会成本及城市综合承载力等纳入其中综合考虑，缺乏完善性。因此，在对城市最优规模考察时，需要结合城市的综合承载力、城市的约束力，以及人口的迁移和分布等因素。从制度层面，Henderson（2010）认为，在城镇化发展过程中，政府所扮演的角色和起到的作用越来越重要，导致有些地区和城市在资本和财政资源配置方面享受到了一定的优惠，降低了成本，进而造成大规模人口迁移。

1.3.2 国内研究现状

城镇化进程中人口空间分布问题历来是中国学术界研究的热点，中华人民共和国成立 70 多年来，新的理论工具、研究技术和政策建议不断涌现，中国城镇化进程中人口空间分布的相关理论体系日渐成形。本节主要就中国城镇化空间格局（城市发展）与组织过程、城镇化进程中人口流动与空间结构等方面进行文献梳理。

1.3.2.1 关于城镇化空间格局与组织过程研究

国内学者关于城镇化空间格局与组织过程的研究，主要包含城镇化空间格局及其演变过程和城镇空间结构及其组织过程研究。

（1）城镇化空间格局及其演变过程研究。城镇化发展的空间差异是城镇化空间格局研究的重要组成部分，空间分析的方法是研究地区空间差异和空间演变的基本方法。许学强（1986）对城市化空间演进过程中的规模、水平等方面的省际差异进行了分析，总结归纳了不同区域的特征。张东升等（2012）将黄河三角洲的城市空间格局演变划分了三个主要的阶段，分别阐述了演进的特征和机理，提出了优化的思路和方法。韩冬和韦颜秋（2014）通过分析天津市的城市空间格局的演变过程，总结发展的特征，归纳了"一港一城"的港城互动模式，提出空间互动关系和作用的机理。金浩和董鹏（2016）通过系统聚类、空间数据分析方法对各省新型城镇化空间格局进行了系统分析，认为已经形成了"两级三层次"的空间地理分布格局，呈现出"由东向西"的空间扩散趋势。梁炳伟和雒占福（2017）通过熵值法评价 286 个地级城市的新型城镇化水平，得出我国的新型城镇化存在比较显著的空间集聚效应，呈现出明显的"东高西低"的梯度变化规律。张耀军和柴多多（2017）通过空间数据探索分析（exploratory spatial date analysis，ESDA）方法对京津冀地区的县域城镇化空间格局分布及变动情况进行了分析，得出高城镇化率的地区能够带动周边城镇化率过低的地区发展。周正柱（2018）运用变异系数法和 GM①（1，1）模型对长江经济带的 11 个省份进行城镇化空间格局研究，得出长江经济带城镇化质量及其分维度城镇化发展呈现"东部区域优于中西部区域"的空间特征，而生态环境发展呈现"中西部区域优于东部区域"的反向空间特征。杨振和雷军（2019）通过熵值、象限图等方法对地级以上城市的综合城镇化水平进行分析，得出了综合城镇化水平空间分布呈现出明显的行政等级性差异和空间集聚性差异的双重特征。臧良震和苏毅清（2019）借助核密度估计法、全局空间自相关法及热点分析法研究了我国新型城镇化水平的空间格局及其演变趋势，发现我国新型城镇化水平呈现出"东高西低"的阶梯形分布态势，空间二元分布特征长期存在。李卫东等（2020）基于首次公开募股（initial public offerings，IPO）数据，运用空间聚类方法，对南京市城市空间格局进行聚类分析，识别不同的城市功能区，确定了多中心人口空间的模式。

（2）城镇空间结构及其组织过程研究。城镇的空间结构及其组织过程是对区域内的城镇体系进行等级划分、规模测度及城镇功能等方面在地理空间上的映射，是城镇发展阶段和过程的空间现象。解永庆（2015）基于城市规划的视角，分析了城市空间结构的演变过程，认为时序性是重要的组织特征。朱政和贺清云（2016）运用六边形格网系统和四维山丘图对长沙市的城市空间结构进行描述，并预测模拟了发展和演进趋势，提出了对策建议。沈惊宏等（2016）利用扩散理论，对泛长三角地区的城市空间结构演进进行了系统分析，认为该地区的城市空间结构经历了行政中心孕育到核心—边缘结构形成的五个阶段，并阐述了每一个阶段的特征。张亮等（2017）运用地理信息系统（geographic information system，GIS）空间分析，依据人口密度等要素数据，对杭州市的多中心城市空间结构进行分析，总结了基本规律，认为存在典型的空间异质性。王婷琳（2017）从行政区划调整

---

① GM：灰色模型，grey models。

角度分析城镇空间结构的思路,对城市群核心载体进行优化和培育。刘乃全和邓敏(2018)运用 Clark 模型对长三角地区的城市进行空间人口密度模拟估计,分析了空间特征和规律,提出多中心空间结构发展的建议。李琬等(2018)运用帕累托指数和赫芬达尔指数对中国城市的市域空间结构的特征进行分析,表现出相对稳定的空间结构并有微弱的向多中心发展的态势。朱玲等(2019)通过综合发展指数,借助引力模型分析福建省的城镇等级结构,认为福建省已经形成"一带三轴"的城镇空间结构。

1.3.2.2 关于城镇化进程中人口流动与空间结构研究

劳动力流动和人口流动构成了人口空间流动的主要内容,而人口流动又影响了城镇的发展和规模。国外学者多从劳动力流动的宏观和微观角度分析影响劳动力流动的因素,国内学者主要结合我国城镇化进程中农业剩余劳动力流动的实践进行研究。与国外学者类似,我国学者对于人口流动的分析也注重从国家发展的制度变迁到个人居留决策意愿的宏观、微观影响因素的分析。早期比较侧重于人口流动的影响因素分析,以及由人口流动而带来的地区经济发展的影响,近几年学者则比较关注人口流动带来的如经济集聚的影响。

(1)关于人口流动与空间分布影响因素和途径的研究。第一,人口流动的影响因素。微观个体不仅要对是否迁移做出决策,还要对迁入某地后是否在迁入地长期居留做出决策,且该决策对某一特定地区人口集聚状态的形成至关重要。当前关于人口空间流动的研究大多将流动人口整体作为研究对象进行研究(马红旗和陈仲常,2012),通过实地调研、问卷调查及计量建模等方法对流动人口的空间分布进行了分析,分析人口空间分布的流动规律及驱动机制(姚华松等,2010),特别是流动人口在全国范围内或者是区域间的流动趋势(鲁奇等,2006)、城市内部流动人口的空间分布特征,以及会对人口流动产生影响的诸多因素(朱传耿等,2001)等。各个地区之间所具有的不同的社会、经济及公共服务能力,对人口流动具有重要影响(张耀军和岑俏,2014)。李拓和李斌(2015)利用空间计量模型,对 286 个城市的人口数据进行分析,时间选取 2002 年之后的 10 年,得出影响人口流动的重要因素包括房价、公共服务能力、人口饱和度等。从人口在地区间流动的动机可以得出人口流动的客观存在,学者利用实证方法分析影响流动的因素主要有经济、社会、环境、个人素质等,尤其以经济因素最为关键。经济收入水平是引起人口地区间流动和集聚的最直接因素(于潇和陈新造,2017),城市的经济生产效率或工资收入也会影响人口流动的方向。因此,城市的等级和规模、效率的关系都会对人口流动的方向产生影响。人口流动实质上是选择向经济发展水平高的地区流入,这也可以验证人口空间集聚的内涵,即经济越发达的地区,经济生产效率就越高,对人口的吸引力就越大(王业强和魏后凯,2018)。孙桂平等

（2019）运用社会网络分析方法，以京津冀城市群 15 年的人口流动数据为基础，分析了存在的问题和影响因素，认为经济因素和社会因素是重要的影响人口流动的因素。薛彩霞等（2020）分析了人口流动的时空特征，认为区域间的流动是不均衡的并呈现不断加强的趋势，集聚程度更为明显，与城市等级存在着正向相关关系，流入的中心仍然以一、二线城市为主。

第二，人口合理分布的影响因素。有的学者强调行政控制、产业置换和空间疏导（陈宇琳，2012）；有的学者分析公共服务、社会福利等制度因素（赵民和陈晨，2013），以及城镇体系结构合理化水平的影响（王开泳等，2008）；还有学者认为地方财力的分配方式也是重要的制约因素（蔡继明等，2013；孙红玲，2013）。

第三，人口合理分布实现途径的研究。有的认为以户籍制度改革为突破口，改革土地制度、建立进城农民土地退出机制、注重人的综合发展是关键（李坤和龚新蜀，2009；张耀军等，2013）；有的强调控制建设用地规模，产业结构优化升级是必然选择（杨丽霞等，2013）。人口空间分布的研究中，围绕某一地区人口空间分布展开研究的学者居多。其中，"首都圈"和东北地区人口空间分布是研究的热点。由于"首都圈"已经成为继"长三角"和"珠三角"之后我国经济发展的第三增长极，凭借其特殊功能区位优势（童玉芬和刘爱华，2017），受到学者的关注；而东北地区人口流失问题严重成为制约东北地区经济发展的重要因素（张剑宇和谷雨，2018），2014~2018年常住人口平均每年减少 28 万人，因此，受到广大学者的关注。关于首都圈人口空间分布的研究，表明京津冀地区的人口重心、经济重心都在向东北方向移动（郑贞和周祝平，2014），总体上呈现出以京津为中心向外围递减的格局（王莹莹等，2017），主城区人口分布中心化明显（刘爱华等，2015），人口密度从首都功能核心区到生态涵养发展区呈递减趋势（赵蕊，2018），人口空间分布疏密差异大（王婧等，2017），河北人口持续向北京、天津流入（张耀军和张振，2015），京津冀地区呈现出明显的圈层特征（王婧等，2018），小城镇人口分布与热点区形成核心—外围空间结构（孙瑀等，2018）。关于东北地区人口空间分布的研究，发现东北地区土地城镇化发展速度快于人口城镇化（郭付友等，2015），人口增长速度慢于全国平均增长速度且增速日渐趋缓（刘志敏等，2017；王胜今和韩一丁，2018），人口分布"南密北疏"（谷国锋和贾占华，2015），人口空间分布形成以省会城市为主的多中心"T"形格局（于婷婷等，2017），呈现出年积温偏高、交通较便利、地势平坦的平原地区人口分布较为密集的特征（李春娥和王海燕，2014）。人口密度经历了由相对分散到相对集中的变化（于婷婷等，2017），人口密度始终是辽宁最高、黑龙江最低、吉林居中（于婷婷等，2018），人口密度自北向南呈现逐渐增加的趋势，东北地区人口依然主要集中在辽宁附近（高健峰，2019）。

尽管"胡焕庸线"两侧人口"东多西少"的格局并未发生改变（尹德挺和袁尚，2019），但两侧人口占比受诸多因素的影响悄然发生变化，引发学界对其影响因素的探讨。在关于人口空间分布影响因素的研究中，学界主要有三种视角。第一种是经济视角。采用实证分析方法，印证产业布局调整、收入水平、第三产业发展和经济增长是人口空间分布演变的主导性因素（牟宇峰等，2013；刘乃全和耿文才，2015；童玉芬和马艳林，2016；马志飞等，2019；刘开迪等，2019；胡苗苗等，2019）。第二种是非市场化社会视角。基于各地激烈的人才竞争背景，把教育、医疗、卫生、文化、户籍、交通便捷度和公共服务差异等社会因素视为人口空间格局演变的关键（童玉芬和马艳林，2016；闫东升和杨槿，2017；王婧等，2018；张亚丽和方齐云，2019；张波，2019；沈映春和王逸琪，2019）。第三种是自然禀赋视角。年平均气温、降水量等自然因素对城市发展路径和人口空间分布具有导向作用（贾占华和谷国锋，2016；谭敏等，2017；罗若愚等，2018），自然地理环境正向作用于人口密度，进而影响人口空间分布的演变（张耀军和张振，2015）。虽然学者从不同视角切入各有侧重地对人口空间分布及其影响因素进行了探究，但人口空间分布格局的演变往往是多种因素共同作用的结果，不同区域之间由于自然、社会、文化等方面的差异，其主导性影响因素也会有一定的差异。

（2）关于人口流动和分布对区域经济发展影响的研究。人口流动会对区域经济发展产生影响，我国学者关于该方面的研究，早期大多是从人口流动视角切入的。例如，有的学者通过研究发现，伴随着人口流动，城镇化和工业化都得到了丰富的劳动力，为迁入地建设节约了成本。袁晓玲等（2009）以陕西省为例，对人口与区域经济增长之间的关系进行研究，发现人口流动对区域经济增长具有显著的促进作用。陈心颖（2015）通过分析人口集聚与区域劳动生产效率之间的影响关系，得出二者存在着异质性，且其影响在全国范围内呈现由东到西逐渐减弱的趋势。李晓阳等（2015）借助经济收敛模型，利用面板数据，对重庆市各地区人口流动与经济增长的关系进行系统分析，结果显示，二者存在着相互抑制的关系，且抑制作用大小不一致。方大春和张凡（2016）运用耦合协调度模型对人口结构和产业结构的耦合关系进行系统分析，结果表明协调度在地区间差异很大，东部地区要明显地高于中西部地区。江小国等（2016）通过建立关系模型，以15个省份的数据为基础，分析人口流动与经济增长之间的关系，结果显示，人口流动明显可以加大迁入地与迁出地之间的经济差距。苏伟洲和申洪源（2017）在卢卡斯的内生增长模型的基础上，增加新的变量——流入人口数量，分析全国31个地区的人口流动对经济的影响，结果表明，人口流动会对经济产生正向促进作用。周少甫和陈哲（2020）通过动态空间面板模型，认为全国和三大地区的经济增长总体呈现收敛的态势，但收敛速度较慢。中部地区的收敛速度较慢，东西部地区的收敛速度较快，人口流动对各地区的经济增长均呈现负效应。史桂芬和李真（2020）借助面板模型，分析长三角地区人口空间流动对地方经济增长的影响，结果显示，长三角地区人口空间流动会对地方经济增长产生较为明显的正向促进作用。

1.3.2.3　关于城镇化进程中人口流动与空间分布的实证研究

当前学界对新型城镇化中人口流动与空间分布问题的相关研究，很多是结合我国城镇化进程发展实际情况而进行的实证研究。有的学者对人口规模分布特征进行描述性分析（顾朝林等，1998；吴玉麟和李玉江，1997；朱春和吕芹，2001；庞海峰等，2006），认为就我国的人口流动而言，流动人口主要分布在东南沿海地区，尤其是经济发达的大型城市；流动人口的流动轨迹往往是从西部、中部到东部，展现出较为明显的梯次流动特征。一些学者对人口合理分布的标准进行了相关分析，刘睿文等（2010）认为，应该以某地人口密度与全国人口密度的比值测算该地区的人口集聚程度，并提出如果比值大于 2 则该地区就属于人口密集的地区，如果比值小于 0.5 则该地区就属于人口稀少的地区。王胜今和王智初（2017）将人口集聚和经济集聚的空间一致性进行比较，发现从空间分布上看，我国的人口和经济都不是均匀的，通过计算莫兰指数，发现从省级尺度上看，我国人口和经济具有高度集聚性，且经济集聚程度要比人口集聚程度还高。在对人口流动的经济影响研究不断深入开展之后，学者开始关注人口集聚对人口流动替代效应的影响。曹洪华等（2008）认为，可以以人口密度与人口流动强度之积为标准，对地区人口集聚度进行测算，其中人口流动强度是外来迁入人口与本地常住人口的比值。还有的学者对城镇化中人口的就近城镇化和异地城镇化的人口流动问题进行了分析，马志飞等（2019）提出在改革开放之后，中国东部地区的经济发展十分迅速，很大程度上引导了当地农业转移人口流入，同时，也吸引着很多中西部地区人口的迁入。与此同时，我国东南沿海一些经济发达的地区，并没有出现农业转移人口向城镇大规模迁移的现象，反而是就近和就地直接实现了城镇化（祁新华等，2012；潘海生和曹小锋，2010）。因此，有的学者认为，这种就地和就近城镇化是我国的特色，和异地城镇化不同，这是一种富有特色的城镇化道路（辜胜阻等，2009；朱宇等，2012）。王新贤和高向东（2019）在对比省内、省际人口流动的分布情况之后，结果表明，省际人口流动呈现较高的集聚程度，同时也存在分散化的现象。胡苗苗等（2019）选取"胡焕庸线"以东地区的地级城市作为研究对象，研究人口流动的总体分布情况，结果表明，省际人口流动的空间分布格局存在着较大的差异，长三角、珠三角及京津冀城市群是人口流入的主要地区。

1.3.2.4 关于城镇化进程中人口规模与空间分布的研究

国内学者对中国城市规模体系的研究，主要体现在城市规模的等级分布和空间分布上。

一是对城市规模的等级分布的研究，如王小鲁和夏小林（1999）在对人口规模的预测分析基础上，选取不同的分析方法，获得中国城市人口规模基本在 50 万~400 万人。张自然等（2014）选取 264 个地级及以上城市作为研究对象，以 1990~2011 年 22 年的人口数据为基础，得出最优城市规模在 556 万~614 万人。也有学者认为不同类型、不同等级的城市，在发展过程中应当建立不同城市规模标准（王业强，2012）。吕利丹等（2018）基于人口均衡公式，分析了人口规模变化的各种要素，并对其进行分解，最终找出人口规模变动的动态模型。刘庆和刘秀丽（2018）运用队列要素，对 2018~2010 年的人口规模进行了预测，发现在完全放开生育政策的情形下，要比单独二孩政策下增长人口峰值高 1.55%。郭田勇（2019）分析了流动人口规模的影响因素主要来自经济发展水平、社会保障体系等，需要合理控制人口的规模。童玉芬等（2020）运用城市经济学理论和方法，对北京市城市基础部门和非基础部门进行辨识，确定各部门间就业人口的合理比例关系，测算出北京市疏解非首都功能后所必须保留的最低人口规模。近年来关于城市集聚效应的研究越来越多，并成为集聚经济理论研究的热点，而城市集聚经济效应的研究恰恰从理论视角为城市规模战略争论提供依据，实证研究中最优城市规模的值越来越大，学者的研究支持了"大城市重点论"的观点。

二是对城市规模的空间分布的研究，如张车伟和蔡翼飞（2012）对中国人口分布情况分析得出的结论是，中国城市人口分布总体上符合齐普夫定律，人口在不同等级城市之间的分布更趋于合理，然而华中地区的一些大城市、华南地区的中小城市在整体发展上存在着明显不足。魏后凯（2014）在对中国城镇人口分布的研究之中，发现中国城镇规模和等级结构存在失衡，有两极化的趋向。王振波等（2015）通过对中国 657 个县级以上城市的人口数据进行分析，结果表明，齐普夫系数为 0.863 8，结论是中国现有城市的规模体系和结构等级已经趋于完善，表现出"中间略大、底端偏小"的空间特征。整体上看，伴随人口流动，中国的城市规模分布逐步趋向合理，但区域间的差异很大，这与中国人口分布的基本规律基本相当。根据"五普"资料，"胡焕庸线"的东南方向和西北方向的人口比为 94.1∶5.9，土地面积比为 43.8∶56.2，人口密度分别为 285 人/千米^2 和 14 人/千米^2。中国城市规模体系基本符合齐普夫定律，和其他国家经验一样，在规模较小城市和规模最大的前几位城市之间存在一定偏差。中国城市规模的空间分布基本稳定并达成共识（苏红键和魏后凯，2017）。孙秋兰和闫记影（2019）通过人口分布结构指数对重庆市 2000 年后人口空间分布情况进行了分析，结果表明，各地区的人口分布差距较大，重庆市东北部和东南部一直是人口密度较低的地区。

1.3.3 研究现状评析

综合国内外学者相关的研究，可以发现城镇化进程中城镇发展、人口流动与空间分布等相关研究表现了如下发展动态。

（1）城镇化和人口空间格局的研究重心趋于转变。城镇化的研究重心在于城镇化发展的质量，而不再单纯强调城镇化水平和城镇化率的高低。研究的方向也从时空特征的基本分析深入作用机理的阐释。从以往的城镇化空间发展模式、空间组织过程、人口空间格局特征的研究，逐渐转向对城镇化空间格局与相关影响因素的相关关系的研究，更重视人口空间格局演变的驱动机制的研究。

（2）研究思路和理论演进脉络存在差异。从上述文献分析中可以直观地看出，国外在城镇化和人口空间格局方面的研究思路比较清晰且进行的比较早，在理论演进的脉络上基本上是按照城市发展的进程，根据不同历史阶段城镇化进程中产生的各种问题进行分析并提出应对策略。在研究方法运用方面，同样是动态演进的过程。国内对于城镇化及人口空间分布的研究比国外要晚很多，许多理论都是借鉴国外的研究成果，在内容上比较分散和多元，并未按照一条主线进行发展。研究方法集中于定性和定量相结合，更多地加入实证技术。

（3）对城镇化和人口空间格局的组织过程的内涵认识存在分歧。国内外关于城镇化和人口空间格局的组织过程的内涵认识大致有两类：一是强调城镇化和人口空间格局的组织过程代表的是人口城镇化在空间上的差异，通过格局差异的动态变化分析影响因素并提出优化的措施；二是强调城镇化和人口空间格局的组织过程代表的是人口和城市在空间格局上的演变特征与过程。本书对两种认识给出了合理性的分析，认为都是从不同角度的阐释，可以互为补充，可以对城镇化和人口空间格局的组织过程进行更为系统和完整的内涵界定。

（4）核心概念、评判标准等有待厘清。人口空间格局的评判标准、影响因素及与新型城镇化核心内涵之间的关联性等基本问题有待进一步厘清。在现有的研究中，农业转移人口实现城镇化空间迁移的过程存在一定的失衡，更多地强调对人口跨省流动的评价和分析，重视异地城镇化的发展，忽略了农业转移人口在省域内的流动，对就近城镇化、就地城镇化的研究重视不够。研究的标准主要依据发达的东部地区，在评价过程中没有形成全局的战略定位。对人口空间流动的意愿、动因和政策设计等方面内容的研究过于分散。对人口空间合理分布缺少统一的界定标准，在评价现有人口空间格局调控手段时，缺少规范的依据。在影响机理的研究方面未能深入发掘内在的关联，以及在新型城镇化与人口空间格局的关系上没有进行清晰的表述。这些基本问题无疑是实现人口合理分布、促进新型城镇化健康发展不可回避的话题。

1.4　研究内容与方法

1.4.1　研究内容

按照"人口格局—变迁过程—影响机理—效果评价—优化路径"的研究思路，本书的研究内容共分为四个部分。

第一部分：基础理论部分。包括第 1 章绪论、第 2 章新型城镇化背景下人口空间格局的理论基础和第 3 章世界城市化进程与人口空间格局演变。在阐述研究的背景、理论基础、研究思路、内容和方法基础上，首先对城镇化、新型城镇化及人口空间格局的内涵进行分析和界定，以便更准确把握新型城镇化的核心内涵及现实背景。由于中国在区域协调发展过程中，城镇规模、人口布局、制度设计紧密联系在一起，并且随着社会发展的过程战略重心不断调整、动态变化，在基础理论部分重点分析了我国城镇规模及人口空间分布的变迁，提出了新型城镇化进程中人口空间分布的要求。世界其他国家城镇化发展的经验和教训，可以为我国更好地促进新型城镇化发展带来启示，因此在第 3 章首先分析了世界城镇化发展的总体趋势和变动特点，其次分析了世界城镇化发展进程中的人口分布概况及趋势，最后从发达国家与发展中国家城镇化进程中人口空间分布的差异，分析世界各国城镇化进程中的经验教训和启示。

第二部分：人口分布格局现状、影响因素及演变机理部分。包括第 4 章中国人口空间格局现状及特征分析、第 5 章影响新型城镇化人口空间格局的因素分析、第 6 章新型城镇化进程中人口空间格局演变机理。该部分从历史维度对我国城镇化在空间规划、区域经济发展、人口布局方面存在的问题进行系统、客观的总结和评价，通过借鉴国外空间经济规划实践，反思传统区域经济理论无空间维度的困境，界定人口合理分布的评价标准，系统分析构建区域经济空间协同分析框架的可行性及研究路径，并在此基础上准确界定新型城镇化与人口合理分布的内涵和特征；针对新型城镇化发展这一特殊的核心内涵，从新型城镇化动力机制探索新型城镇化的人口空间格局的过程规律，进而研究新型城镇化的空间组织与空间结构，试图揭示新型城镇化过程中人口结构、规模和空间格局分布的演变机理。重点是剖析基于新型城镇化的人口空间格局演变的影响因素，特别阐释人口合理分布对实现新型城镇化的关键作用，明确研究的必要性、可行性、逻辑构思等内容，为后续研究做准备。

第三部分：调控手段效果评价及空间格局演变趋势预测部分。包括第 7 章人口空间格局宏观调控手段与效果评价、第 8 章新型城镇化进程中人口空间格局未来预测。该部分将利用定量与定性相结合的分析方法，对现有的人口规模调控手段效果进行评价，主要围绕着行政控制、产业置换、空间疏导等方面展开，挖掘这些手段的效果优劣及产生的深层次原因；在此基础上，预测分析未来人口空间格局演变的趋势，结合我国城镇化发展阶段及新型城镇化核心内涵的要求，给出目前我国新型城镇化的人口空间格局的合理化程度，为下一步调控机制建立、调控工具创新提供基础条件。

第四部分：优化路径。第 9 章新型城镇化进程中人口空间格局优化的对策建议。该部分在深入研究人口合理分布的制约因素、演化机理及新型城镇化核心内涵的基础上，构建宏观经济空间运行模型，揭示新型城镇化的人口合理分布的宏观调控机制，并在此进一步分析如何实现人口合理分布的宏观调控工具及模式选择，在与其他宏观调控机制及工具的联动关系中，完成对新型城镇化过程中人口结构、布局、规模的合理分布上的宏观调控工具的创新研究，以实现人口空间格局优化促进新型城镇化发展的可行政策设计。该部分构建基于"环境—经济—社会"的人口分布的政策设计框架，建立"规模—结构—布局"的政策层次，针对现有人口分布状况提出政策指导。主要内容如下：在环境方面，依托主体功能区的规划设计，合理进行人口布局；在经济方面，调整产业结构，发挥集聚效用，合理控制人口规模；在社会方面，完善财政体制，给予地方财政更大空间，健全公共服务能力，改革户籍制度，改革教育培训机制，促进流动人口尤其是农民工的有序市民化。提出完善相应宏观调控机制的政策建议，包括有利于新型城镇化人口合理分布的制度安排。

1.4.2　研究方法

本书以"新型城镇化进程中人口空间格局演变及优化机制"为研究对象，以"空间"要素作为研究的切入点，以实证主义方法论，整合区域经济学、经济地理学、社会学、人口地理学等不同学科资源作为研究的理论支撑，运用 SPSS、ArcGis、GeoDa、ENVI 等数据分析和图形处理的软件工具，依据 "人口格局—变迁过程—影响机理—效果评价—优化路径"的基本研究主线，选取上海、东北地区等作为典型研究单元展开实证研究，继而归纳出人口空间格局演变的特征，剖析人口空间格局演化过程中存在的问题及成因，梳理影响人口空间格局演变的因素，分析要素与人口格局变动之间的互动机理，为制定优化人口空间格局的政策建议提供理论指导和数据支持。同时，设计出具有理论和实践价值的人口空间研究范式，构建人口空间格局研究的思路，推进人口空间格局合理分布、新型城镇化高质量发展。

　　本书通过统计分析、描述分析等方法，梳理新型城镇化进程中人口空间格局演变的特征、趋势。运用人口重心、地理集中度、散点图、人口密度等模型和方法对新型城镇化进程中人口空间格局演变过程进行分析；借助回归分析等方法对影响人口空间格局演变的因素进行统计和分析。以定性分析方法对新型城镇化进程中人口空间格局演变调控手段进行效果评价和分析。基于 ArcGIS 软件的探索性空间分析方法，以县域为基本行政单元，预测 2030 年人口空间分布的变化情况，明确各要素之间的相互关系。从空间自相关角度分析人口空间格局的变化，并绘制人口密度图，厘清人口空间格局演变的规律。把空间要素引入主流经济学的研究范畴，构建能够明晰内在逻辑的空间协同分析的研究框架。

1.5　研究思路与创新点

1.5.1　研究思路

　　研究的基本思路可以通过下面的技术流程图表述出来，见图 1-1。

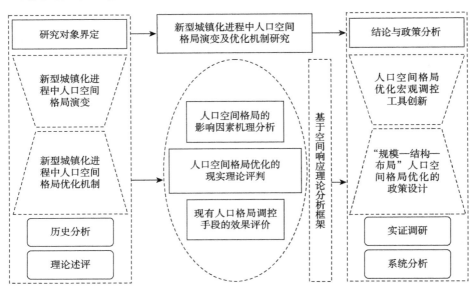

图 1-1　研究的基本思路

1.5.2　创新点

（1）构建了城镇化的空间研究范式。结合城镇化空间差异与内在关联，遵循时空特征转变的原则，厘清人口格局与组织过程协同的思路，构建"人口格局—变迁过程—影响机理—效果评价—优化路径"的系统分析框架，形成了城镇化的空间研究范式。在内容上强调人口合理分布与新型城镇化的内在关联，优化评价标准，剖析制约人口合理分布的因素及演化机理，引入"规模—结构—布局"的政策设计，弥补分散研究的不足。

（2）提出了"五阶段"的人口空间格局演变的动力传导机制和演进过程，明确了"政府主导—民本自发"的总体演进机理。从政策驱动、产业结构调整驱动、自然因素驱动等方面对人口空间格局演变进行了分析，厘清了动力和阻力之间的双向作用机制。

（3）建立了人口空间格局预测模型。通过"规模—结构—布局"的模型构建，模拟了2020年、2030年人口空间格局的特征，为优化机制和政策措施提供了具体设计思路，具有比较重要的经济学意义且可操作性很强。

第2章 新型城镇化背景下人口空间格局的理论基础

2.1 相 关 概 念

2.1.1 新型城镇化内涵

（1）城镇化的内涵。"城镇化"（urbanization）即西方国家所指的"城市化"。在翻译"urbanization"时，国内学者形成三种认识：一是认同"城镇化"的表述方法；二是持有与西方国家一致的观点，即译成"城市化"；三是多元化的观点，认为可以定义多种概念，如"城市化""都市化""城镇化"，且认为无须统一译法，在中国都视同一个内涵。

虽然，"城市化"或"城镇化"这两个概念在提法上稍有不同，有些学者也认为"城镇化"的提法是具有中国特色的提法，比"城市化"概念提出稍晚，但是其本质都是一样的。本书认为两者的实质是相同的，城镇化或城市化，都是指人类经济活动向城镇地区集中及城镇人口比重不断提高的过程，表现为城镇（城市）数目的增多及城镇（城市）人口规模不断扩大，因此，对两者不做特殊区分。关于城镇化的释义和研究也有很多，如辜胜阻（1991）在《论中国城镇化发展观》中全面分析了城镇化理论基础和发展观念，以及城镇化过程中人口流动的合理化、劳动力流动的自由度等问题；还有一些学者，从不同的角度对城镇化的概念与战略，城镇化中的人口流动，城镇与工业化及现代化等问题进行了研究，关于城镇化或城市化的概念，代表性的观点有以下两种。

一是城镇化的实质是经济结构、社会结构和空间结构的变迁。从经济结构变迁角度分析，城镇化的过程就是传统农业生产活动转向非农产业活动，实现产业结构调整优化的运行过程；从社会结构变迁角度分析，城镇化就是人口由农村迁入城市，并实现身份的转变，享有城市公共服务和生活方式的过程；从空间结构变迁角度分析，城镇化实质就是不同的生产要素在空间集聚，相关联的产业活动也在空间上集聚的过程（魏后凯，2005）。

二是城镇化的实质是在产业和空间上对要素资源进行重新配置的过程。农村剩余劳动力由传统农业迁入非农现代产业的基本过程，包含了三个特征：①经济特征，社会活动表现为传统农业活动占比下降、非农现代产业活动占比上升的过程；②社会特征，与经济活动对应的是乡村人口占比下降，城镇人口占比提高的过程；③空间特征，在经济活动和人口变化的过程中，体现为生活环境和生活方式向城镇转移的过程。综合学者的观点，可以看出城镇化是社会、经济发展的必然结果，最终可以体现为空间上的变化，是区域、经济、社会发展的历史过程，是农业剩余人口从农村向城市转移的社会过程；是人口进入城市、城市人口增多、城市规模不断增大，以及由此所带动的一系列经济社会变化的过程，从本质上讲，就是经济、社会和空间结构的变迁。

（2）新型城镇化的内涵。城镇化不仅是人口的迁移，更是发展过程中时空的动态演化。2000年发布的《中共中央关于制定国民经济和社会发展第十个五年计划的建议》文件中，官方第一次使用了"城镇化"的概念，标志着城镇化已经上升到了国家层面；随后国家"十五"发展规划中再次强调要重点"积极推进城镇化战略"，将城镇化又推上了新的高度。党的"十八大"报告中又对新型城镇化发展提出了明确的要求，重点是应当坚持走中国特色新型城镇化发展之路，实现工业化和城镇化互促发展、城镇化和农业现代化协同发展，促进新型工业化、信息化、城镇化、农业现代化"四化"同步发展。2013年十八届三中全会通过的《中共中央关于全面深化改革若干重大问题的决定》指出，必须"坚持走中国特色新型城镇化道路，推进以人为核心的城镇化，推动大中小城市和小城镇协调发展、产业和城镇融合发展，促进城镇化和新农村建设协调推进"，"推进农业转移人口市民化，逐步把符合条件的农业转移人口转为城镇居民"。2014年，国家颁布了《国家新型城镇化规划（2014-2020年）》，该规划成了推动全国城镇化良性发展的宏观性、战略性、基础性纲领。规划重点强调"以人为本"和"公平共享"。以实现"人"的城镇化为核心目标，有序引导人口在城乡间、区域间流动，有序加快农业转移人口市民化过程，实现城镇基本公共服务的均等化，覆盖所有常住人口，增强人口综合素养，达成人的全面发展和社会公平正义，使全体居民都能够享受到现代化建设的成果。该规划明确了以"人的城镇化"为核心的新型城镇化发展的价值取向，实现农业转移人口市民化的目标。

遵循集约、智能、绿色、低碳的新型城镇化发展要求，比较新型城镇化与传统城镇化之间的区别，基于发展基础、影响因素、动力机制、运行模式、建设目标等不同视角进行系统分析。由于分析和研究的角度不同，对新型城镇化的内涵界定也存在不同，未能达成共识。有的学者将新型城镇化的"新"定位在价值取向新、建设目标新、程序规范新、城乡关系新四个方面，重点是价值取向新（刘海平，2013）；有的学者认为新型城镇化的新主要表现在新的发展机制、新的演进阶段、新的运行模式、新的动力机制、新的空间格局和新的建设目标（段进军和殷悦，2014）。从新型城镇化的核心目标视角上看，新型城镇化的目标是寻求平等、幸福、有序、转型、绿色、健康和集约的城镇化发展模式，推进城乡协同发展、产业结构调档升级、生态环境优化、管理机制创新的新型城镇化发展过程（单卓然和黄亚平，2013）；从运行模式视角看，新型城镇化则是强调科学发展、协调发展、集约发展和以人为核心的发展，是集中表现为资源配置合理、环境共享友好、经济发展高效、社会运行和谐、城乡融合一体的集约、智慧、低碳、绿色的城镇化路径（王素斋，2013），是形成的超大、大中小城市和小城镇协同运行的城镇体系和格局（刘少华和夏悦瑶，2012）；从外部环境视角看，新型城镇化是指利用城镇规划的指导作用，建构低碳的公共服务设施，保护和治理城镇的生态环境，最终使得经济、社会、环境之间形成一体化的协调运行模式（陈晓春和蒋道国，2013）。还有学者从新型城镇化的本质出发，将人的城镇化视为其本质，要以协同发展为指导，促进大中小城市和小城镇之间的协同发展格局形成，使得城镇化发展富有特色，具有绿色、低碳可持续发展的特征。从城镇化的本质上讲，还是离不开"人"，人的发展带动了物的发展，物的城镇化要为人的城镇化服务。人始终是居于主导地位的，并且在整个城镇化的进程中，人都是具有决定性的核心作用。人的城镇化包括三个方面的含义：一是农业转移人口不再生活在农村，而是从农村搬迁到城镇，并在城镇之中居住、工作，并且享受到城镇中所具有的更好的公共服务和生活质量；二是进入城镇的农村人口开始融入城镇社会之中，和城镇居民一样能够享受到诸多城镇待遇，从身份和权益的角度看达到平等；三是已经进入城镇的农村居民，对其所具有的农村各项权益要予以维护，防止其权益受到损害和剥夺。

综合学者的观点，笔者认为，城镇化体现了人口户籍身份、产业重心、用地形态、居民生活方式、精神文化等方面巨大的转变，是历史与动态的过程；而新型城镇化是城镇化发展的更高阶段，从注重城镇发展数量、人口身份转变，产业结构调整转为以人为本，关注人的生存和发展质量，形成产业协同发展、城乡合理统筹、环境集约生态、社会文明和谐的城镇发展模式，涉及社会关系、制度设计、生存方式、精神文明、产业调整、城乡布局等方面的重大变革。

（3）新型城镇化的特征。围绕着中央"新型城镇化"道路的战略，学者从不同的角度，对新型城镇化的特征进行了探讨。有学者认为，新型城镇化与传统城镇化的最大不同，在于"以人为本"，注重保护农民利益，与农业现代化相辅相成。新型城镇化重点关注城乡之间的产业结构、居住环境、社会福利、生活形式等方面的内容转变，推进城乡协同和融合发展，最后达成一种"人的无差别发展"格局。新型城镇化的"新"主要是"新"观念、"新"体制、"新"技术和"新"文化，强调创新、革新和复新，是新型工业化、信息化、城镇化和农业现代化的"四化"协同发展。新型城镇化的"型"则是表现为"转型"，包括产业结构转型、城市服务转型、建设用地转型、政府职能转型，以及生态环境保护也应当进行从末端治理向"污染防治—清洁生产—生态产业—生态基础设施—生态政区"五同步的生态文明建设转型（沈清基，2013）。还有学者将新型城镇化的特征总结为五个方面：一是以人为本的视角，将全面协调、高效集约和公平共享视为基本特征；二是乡村建设视角，该视角将新型城镇化划分为三个构成部分，即老城区、新城区和农村新社区；三是农民市民化的视角，该视角以人为核心，从人的角度出发，把改善民生作为目的，特别注重城镇化进程中人们生活质量的提高；四是农村发展视角，认为应该就地融入城镇之中，将新型城镇化视为一种自主式的城镇化，提倡小城镇和新型农村社区的快速发展，但必须以农村繁荣作为前提，保证农村人口享受到和城镇同等的公共服务；五是综合视角，将城镇化视为人、市场、文明、智慧和特色等的综合体（魏后凯，2013）。

由此可见，新型城镇化的内涵是十分丰富的，从城镇化的发展阶段看是一个全新的阶段，从发展目标来看，其具有新目标、新要求、新特点。本书认为，新型城镇化与城镇化相比，主要体现在"新型"两字，"新型"既是一个动态的推进过程，同时也是一个结果的体现。通过城镇布局、政府规划、城镇发展、经济建设等过程，最终体现出的"新型"主要表现在以下几个方面。

（1）新型城镇化是人口、环境、资源和谐发展的城镇化模式。

一是新型城镇化是人口、环境、资源集约化的城镇发展模式。新型城镇化是城镇体系空间布局合理、城镇规模和等级适度的城镇化。城镇体系则是一定区域范围的城镇群体组织，是由不同的空间关系较为紧密的超大、大、中、小城市组合而成的，城镇群体组织在城镇的空间特征、格局及其相互作用关系上一直是社会热点问题，新型城镇化的空间结构体现在空间秩序和空间关系的有序安排及动态调整上，是不断演变的组织过程。通过实践的检验，新型城镇化的集约发展模式就是科学、有序、内涵式的发展，是符合城镇化发展战略要求的模式。借助资源整合，对城镇内外部环境进行优化，调整升级城镇体系结构，完善城镇功能、明确城镇特色、提升城镇内涵，有利于解决城镇化推进过程中资源和产业粗放式发展的弊端，实现土地的合理利用、产业的集约发展，实现人口、土地、产业、资源等要素量变和质变的统一。

二是新型城镇化是环境生态化、绿色化、低碳化的发展模式。生态化发展模式强调城镇化进程中在土地利用、产业发展、城市垃圾处理等生产生活过程中对环境的保护，强调人与自然、环境和谐发展。例如，我国上海出台条例，强调垃级的分类处理，就体现了新型城镇发展质量提升的要求。特别是在城市规模快速扩张的过程中，生态环境是极为脆弱的，非常容易受到人类活动的影响和破坏，一旦生态环境遭到破坏，将造成不可挽回的损失。通过生态化的发展模式实现经济增长的目的，才能实现可持续的发展目标。

三是新型城镇化是人与人、人与环境、人与社会和谐的发展模式。在社会身份方面，城镇化发展过程中"农民进城"，通过改变农民身份提高的城镇化率不是城镇化的发展目标，在改变农民身份的同时，必须在社会地位、经济收入、公共服务等方面享有同等的待遇，"城中人"与"进城人"社会地位、福利保障等公平对待，不实行歧视和差异化对待，才能实现真正的人与人和谐、城乡之间和谐、社会和谐，才能有较高的城镇生活质量。经济方面体现在城镇居民收入差距缩小，城镇居民可支配收入和农村人均净收入不断提高等方面；社会层面体现在城镇居民的宜居水平、社会保障和福利水平、社会医疗救助水平和社会教育水平等方面社会化程度高；城市建设层面体现在促进城乡公共服务均等化，基础设施建设不断完善，城镇居民健康水平不断提高，社会保障、医疗卫生等公共服务种类完善、数量充足。

（2）新型城镇化是政府科学规划与城镇功能自我完善的发展模式。新型城镇化是城镇体系合理布局、城乡统筹发展、城市农村社区协调发展、互促共进的城镇化。在城镇化发展过程中，完全依靠市场体制发挥作用是不可行的，在城镇布局的科学规划、政策支持、制度创新等方面，政府的宏观调控是城镇发展的重要动力，特别是在实现新型城镇功能多元化、体系合理化等方面，政府的科学规划非常重要。

一是制度设计和政策支持层面，政府通过制度设计与制度变革加快了新型城镇化的进程。例如，在人口流动方面，放宽了以往对城乡户籍制度的严格管理、对农村土地限制流转的土地制度；同时在就业制度、收入分配制度和行政管理体制等方面体现了制度的改革与创新，加快了城镇化的进程。二是城镇规划布局层面，体现在人口自由流动的基础上，政府的科学规划、布局，通过主体功能区等统筹规划，加强人口流动中的社会保障、城市文明、文化传承等内容，较以往城镇化发展，在主体布局、功能运用上有新的内涵体现。三是环境发展层面，关注城镇环境质量，改变以往经济发展中的高消耗、粗放型的发展方式，以"低污染、低耗能、低排放"的发展方式加快发展；从追求建设速度向追求建设质量转变，坚持土地利用的节约集约与高效，最大限度地提高生态发展水平。同时，不断提高城镇居民文明程度，关注城乡公共服务质量，提高居民教育水平，塑造良好的精神文明风貌。四是新型城镇化是市场经济体系中城镇功能自我完善的体现。随着产业结构的不断调整，农业开始出现大量剩余人口，这些人口向城市涌入，城市人口数量增多，促使城市经济发生转变和发展。随着城镇化过程的推进，劳动力在三次产业中的分布也逐渐变化，由第一产业向第二、三产业转移，各个行业之间的分工更加细致，强化了各经济部门之间的依赖性，加快了社会化大生产的发展速度，随着产业的升级换代，产业劳动力的容纳力也将不断提升，大城市的辐射功能和集聚效应日益明显，县域级城镇企业活力也将不断提升，社会劳动生产率提高，农业现代化、工业现代化进程加快，将为城镇的基础设施建设、低碳绿色发展等提供基础和保障。

（3）新型城镇化是可持续型、智慧型发展模式。新型城镇化通过不断加快产业转型升级，促进现代农业和现代服务业发展；通过产业结构优化促进城镇居民就业，带动人口合理流动，为城镇化的发展注入新的智力支持；通过鼓励扩大民间投资为城镇化发展提供资金支持；通过提高社会网络化水平，鼓励非政府团体和机构引导公众参与城镇文化建设，为城镇化的发展提供文化支持；通过鼓励新能源、新材料利用，强化区域生态环境保护，树立区域低碳发展理念，倡导城镇特色、文化保护及大力推进绿色革命等；通过运用新的科学技术，促进城镇化的可持续发展和智慧发展。与之前通过高投入、高消耗、高污染来换取高发展的城镇化模式相比，新型城镇化发展模式发生了根本性的转换，新型城镇化的发展更加重视对生态环境的保护，在新型城镇化进程中综合考虑环境承载力，不再像过去以破坏环境为代价来换取发展，未来的城镇化发展进程中，要对各种资源进行合理利用和规划，对土地、水等生产要素的使用要尽量做到合理，确保可持续发展。新型城镇化是一种必然的发展趋势，也是我国走向现代化进程的一种理性选择，能够帮助解决诸多社会矛盾。新型城镇化是一种多元化的发展之路，是一条能够实现产城互动、绿色发展、包容增长、创新驱动、政府引导、本土开放、智慧发展的城镇化道路。

从发展阶段来看，新型城镇化符合我国现阶段发展的基本特征和要求，是能够促进我国全面建成小康社会的关键。新型城镇化的特征主要体现在对城和乡的同等对待方面，发展城市的同时也兼顾农村，产业之间相互带动，集约发展，打造生态宜居的城镇。新型城镇化的"新"主要表现在和以往"造城"城镇化的不同，主要关注进城后的人口实现市民化。同传统意义上的城镇化相比，新型城镇化更加体现了人的核心地位，更加关注人的诉求，对城镇化质量有了更高的要求，发展从过去粗放的方式转变为集约的方式，凸显人的核心地位，特别重视对农民各项权益的保障，推动了公共服务均等化的实现，有助于城市和农村之间差距的缩小，更加有利于公平的实现，对整个社会的稳定和共同富裕的实现具有重要意义。随着城镇化进程的不断深入，我们更加需要对经济发展、公共服务、社会环境等方面做出统筹安排和规划。

2.1.2　人口空间格局内涵

梳理人口空间格局相关文献发现，其更多的是围绕人口分布进行的分析，针对人口空间格局的内涵分析不多，目前对人口空间格局没有形成统一的概念界定，有学者将人口空间格局和人口分布的概念进行了等同，关于人口空间格局的相关内涵的代表性观点有以下两个。

（1）人口分布概念。人口分布最早是人口学家胡焕庸进行探究的，并形成了"胡焕庸线"，对中国人口的空间分布给出了明确的界定，提出人口在空间上的表现形式就是人口分布。之后，学者对人口分布概念进一步展开。张善余（2013）界定了人口地域分布的内涵，提出人口过程在地理空间上的表现形式就是人口地域分布，同时，认为人口地域分布会受到各种因素的影响，发生不断的变化，体现出不同时期的分布特征，将人口分布进行动态和静态的划分。人口分布因其属性很多，又可以进行广义和狭义的划分，广义上认为人口分布涵盖了人口数量、受教育程度、职业、人口结构及出生率等方面的社会属性在空间上的分布，也就是人口的素质、再生产、结构等方面在空间上的变化；狭义角度是指人口数量在空间上的变化，通过人口密度等方式来衡量地区间的人口分布差异。张志斌等（2012）认为人口分布是在一定时间和空间范围内，人口在地理上的集散或者集聚的状况，是人口现象和社会经济现象的重要表现。无论是从人口分布的角度看，还是从人口分布的静态及动态过程看，抑或者是从广义及狭义角度看，人口分布都离不开地理空间上的分布。人口分布不是绝对均衡的，不均衡、时滞性是人口空间分布的典型特征。

（2）人口空间格局的概念。彭际作（2006）在梳理人口分布的相关概念的基础上，提出了人口空间格局的基本概念。认为人口空间格局是指在一定时期内人口空间集聚的状态，反映人口在空间上的位置，是人口过程在空间上的表现形式。同时，对概念进行了广义和狭义的划分。提出广义的概念是指人口过程与现象在空间上的表现形式及地域上的差异，包括了人口数量、人口结构、人口素质、人口社会流动等方面的内容；狭义的概念只是指人口数量的空间分布。在综合分析人口地域分布和人口空间格局的相关界定的基础上，可以看出人口分布与人口空间格局二者之间既相互联系又存在着区别。区别主要在于人口分布强调的是人口过程在地理空间上的呈现形式，关注的是地域分布特征，以及基本规律和影响因素的差异。人口空间格局则是强调人口过程在空间上的结构变化，分析人口集聚和分散的原因，研究人口空间结构与区域间的关联影响。因此，本书认为人口空间格局是指人口过程与人口现象在地理空间上呈现的空间结构和特征，这种特征受外部因素影响而发生动态变化，并与政治、经济、社会等方面因素相互作用和影响。在界定人口空间格局的内涵之后，结合研究需要，本书的研究包括了人口数量的空间格局，有人口密度、地理集中度等；还有结构上的，如空间相关性、人口重心等。

2.2　人口空间格局相关理论

2.2.1　"推—拉"理论

"推—拉"理论是国内外学者广为认同、支持和应用的关于人口流动和分布的理论，该理论发端于 19 世纪，是在拉文斯坦的人口迁移规律理论基础上演化而来的，是巴格内（Bogue，1959）首先提出的。"推—拉"理论认为，人口发生迁移和流动的行为是由于受到了拉力和推力两种因素的作用。"拉力"来自人口流入地区的工作机会、教育条件、收入水平、社会福利等方面的吸引力。"推力"则是人口流出地区的经济发展水平、工作机会、收入水平、教育条件、社会福利等方面的压力。因此，具有较好的经济发展水平、优越的教育条件、较好的社会福利待遇的地区就会引导更多的人口流入。该理论还认为要实现人口在区域之间更快的流动，务必对影响流动的各种要素进行相应的优化，如调整产业结构、提高收入水平、完善社会福利等。之后，Lee 等（1966）对"推—拉"理论进一步完善，认为四类影响因素对人口流动有着影响，除了包括迁入地的影响因素、迁出地的影响因素之外，还受到个人和中间障碍因素的影响。人口流动过程中的中间障碍因素主要是由区域间的距离、语言和文化差异等造成的。人口流动的过程实际上就是推力、拉力、中间障碍因素和个人因素共同作用的过程。"推—拉"理论能够系统地反映人口流动的各种影响因素，在此基础上，为分析人口空间格局变化提供了有力的理论基础。

2.2.2　适度人口理论

适度人口理论是人口规模、资源、环境、经济、社会等方面合理配置、相互协调的状态，是一个地区的资源能够满足人口发展和福利水平的最大化状态。该理论是英国经济学家埃德温·坎南（Edwin Cannan）最早提出的，认为适度的人口规模是满足地区发展取得最大收益的基础（Ravenstein，1885）。瑞典经济学家 K. 维克塞尔则提出一个地区的稳定发展应当保持人口密度和人口规模处于一定的适度水平，这种水平要与其具备的经济、社会及环境资源相匹配，超出这些资源的承载能力就会影响地区的发展（Kuznets，1966）。还有，美国人口学家 A.M. 桑德斯认为适度的人口规模就是在资源要素有限的基础上保证生活质量最优的人口数量，该人口数量与外部的社会、经济及环境等因素相互影响和作用（Kuznets，1966）。后期，适度人口理论内容又得到了进一步的延伸和扩展，加入了非经济的相关内容，个人的福利成为需要考虑的主要因素，强调了"经济适度人口"。该理论对新型城镇化进程中人口空间格局的优化研究，提供了很好的理论基础。为如何满足以人为核心的城镇化发展，调整适度的人口空间布局，实现协调发展提供了明确的理论指导。

2.2.3　人口转变理论

20 世纪 20 年代，人口转变理论形成，主要是用于研究人口出生率、死亡率等基本人口特征，并在此基础上分析人口不同阶段的分布情况。该理论是法国人口学家兰德里首先提出的，他将人口发展阶段进行了划分，包括原始、中期和现代这三个不同的阶段，每个阶段人口与其经济发展水平相适应（Frank，1967）。还有美国人口学家 F.W. 诺特斯坦也对人口转变理论进行了延伸和扩展，提出人口转变可以经历四个不同的阶段，主要包括前工业化时期、初步工业化时期、进一步工业化时期及后工业化时期（Frank，1967）。这些理论为人口在空间上的转化提供了理论基础，针对人口空间格局演变的不同阶段，为衡量相关的影响因素提供了理论分析基础。

2.3　新型城镇化进程中人口空间分布的要求

自从颁布《国家新型城镇化规划（2014-2020 年）》，新型城镇化发展成为研究热点，国内学者对新型城镇化发展战略与相关的人口空间分布做了相关的研究，具有代表性的是清华大学教授顾朝林等（2017）做的新时代全国城镇化体系规划研究，该研究从定性、定量、定形、定界、定策五个方面全面规划国家城镇体系，预测到 2030 年，我国城镇化水平达到 67%左右；到 2050 年，城镇化水平达到 75%左右（表 2-1）；城市人口的增长不再是主要来自农村地区的人口迁移，而是城市自身的自然增长或者是城市间经济发展、工作岗位的变化导致的人口迁移。

表 2-1 中国城镇化水平预测值（2015~2050 年）

年份	2025 年	2030 年	2035 年	2040 年	2045 年	2050 年
GDP（gross domestic product，国内生产总值）增长 6.5%和二孩计划生育政策下城市化率	64.21%	67.40%	70.06%	72.14%	73.58%	74.55%

资料来源：顾朝林，俞滨洋，张悦，等. 新时代全国城镇体系规划研究[J]. 城乡与区域规划研究，2017，9（4）：1-33

大量农业剩余人口进入城市，城镇化水平大幅度提高，必然会带来一定的社会、经济、生态问题，因此，城镇化进程中人口空间分布应该具有一定的合理性：一是要符合城镇体系的发展规模，与城市人口的承载力相适应；二是要与国家划分的主体功能区的城市功能相适应，达到一定的经济效益与社会效益；三是要综合考虑在人口迁入过程中的经济效益、社会效益及生态效益。

2.3.1 人口分布与城镇的发展规模、城镇承载力相适应

顾朝林等（2016）按照国家总人口和城镇人口，城镇等级规模法则，确定了不同等级城市的数量及同一等级城市的大致人口规模。按照国家城镇体系发展战略布局，国家城镇等级规模序列将由世界城市、全球城市、国家中心城市、区域中心城市、中等城市、小城市、县城、重点镇、特色镇和小城镇 9 级 10 类构成，与之对应的人口规模如表 2-2 所示。

表 2-2 中国城市（镇）等级——规模序列规划

等级	城市（镇）类型	城市数量/个	2030 年		2050 年	
			人口规模/万人	城镇人口/万人	人口规模/万人	城镇人口/万人
1	世界城市	1	3 500	3 500	4 000	4 000
2	全球城市	3	1 500	4 500	2 000	6 000
3	国家中心城市	10	1 000	10 000	1 200	12 000
4	区域中心城市	100	200	20 000	300	30 000
5	中等城市	300	80	24 000	100	30 000
6	小城市	700	20	14 000	30	21 000
7	县城	1 200	10	12 000	15	18 000
8	重点镇	6 000	5	30 000	8	48 000

续表

等级	城市（镇）类型	城市数量/个	2030 年		2050 年	
			人口规模/万人	城镇人口/万人	人口规模/万人	城镇人口/万人
9	特色镇	4 000	3	12 000	5	20 000
	小城镇	11 200	—	54 000	—	86 000
总计		23 514	—	184 000	—	275 000

为了实现国家发展的整体目标，按照城镇发展规划，要对世界城市、全球城市、国家中心城市和重要城市群实施集聚发展策略，按照国家城镇体系规模等级人口规模参照值，要调整严格控制大城市人口规模的政策，以市场经济为主体，实事求是、按需有序发展。

城镇的人口空间分布，一定要以当地的资源环境所具有的承载能力为基础，考虑城镇所能够吸纳的人口数量，使城镇化发展的规模和速度相互匹配，城镇人口和其所具有的就业吸纳能力相适应，并考察城镇公共服务设施所具有的容量，防止出现超越城镇本身所具有能力范围的城镇化出现。换言之，防止"大城市病"的出现。在对城镇承载能力和人口吸纳能力进行综合考量的基础之上，引导农业人口有序转移，推动协调发展、合理有序的城镇化格局形成。引导城市群有序发展，促使城市群综合能力提升，进而提升其国际竞争力，将其打造为全国发展的主导形态；促进大城市产业转型升级，促使大城市空间结构更加合理，从而提高其承载能力，吸纳更多的农村人口；对中小城市和小城镇要加强基础设施建设，促使公共服务水平不断提升，使小城镇人口的生活质量不断提高。然而，城市和人口规模并不是一成不变的，也不是唯一的，不同经济类型的城市所具有的最优城市规模也不同，不同的社会发展阶段和水平也会有不同的人口规模要求，这也对应了城市规模体系中各种规模的城市各有优缺点的观点。

2.3.2 人口空间分布与主体功能区的城市功能相适应

在绿色和生态发展理念的指导下，国家划分了主体功能区，强化主体功能区规划与城市规划空间界限和发展方向相适应，实现主体功能区规划与城市规划、人口空间分布的一致性。按照学者的观点（顾朝林，2012），不同的主体功能规划区，有不同的空间结构、生态结构、城镇规划要求，人口的分布规模也要与之相适应。

（1）优化开发区：空间结构要求将工矿建设和农村生活空间予以减少，并适

动力、土地等资源的配置，城镇人口实现从最经济承载量向最优承载量的过渡，同时提升了社会效益和社会福利。但是，城市与人口规模的增长，不能只考虑经济效益，不能以单一的经济指标来替代经济效益，同时也需要统筹兼顾社会效益和生态环境效益因素，综合考虑环境、交通、公共服务、社会保障等城市综合承载力问题。随着城镇人口的进一步增加，城市发展压力增大，人口、社会、生态问题将变得更加突出，走可持续的新型城镇化之路，必须在效率空间之内，统筹规划，坚持生态环境保护优先，如果人口规模达到城市人口最大规模，达到城市人口的最大承载量，就不应该继续扩大城镇人口数量，所以城镇的人口规模必须要保持适度，以城镇人口承载力为依据，以实现经济效益、社会效益、生态效益的统一。

2.4　城镇化进程中人口空间分布的战略变迁

2.4.1　城镇发展规模与人口流动分布

在中国，关于哪种城镇规模更适合国家发展需要的问题，学界一直存在争论。一类观点强调大城市、大都市的重要性。这类观点的学者认为，优先发展大城市是符合市场规律的，由于大城市本身存在集聚经济，具有较强的人口吸纳能力，能够更加便捷地实现土地集约利用，有利于污染的集中控制。例如，胡兆量（1986）较早地提出了这一观点，认为大城市发展是符合客观规律的，应该以大城市本身发展规律为依据，适当采取控制大城市发展的对策，积极引导大城市向对整个社会有利的方向发展。王小鲁（2010）认为向小城市和小城镇倾斜的政策，经过实际的验证是不成功的，反而导致了大城市发展滞后，并且使城市的平均规模偏小，拉低了城市的经济效率，因此，应该重视大城市特别是超大、特大城市的发展，以大城市为中心，辐射周围城市组成城市群。蔡继明（2010）提出用"大城市优先发展战略"取代"大中小城市和小城镇协调发展"战略。张自然等（2014）通过对最优城市规模进行研究，发现我国的大城市、超大城市并不多，而是太少，应该借助市场化的手段对城市规模进行调节，而不适合采用行政手段对城市扩张进行盲目限制。

另一类观点着重强调小城镇的作用。这类观点的学者认为，小城镇是适合我国发展的，小城镇就业和定居成本相对较低，分布的数量多且范围广泛，能够起到连接城市和农村的纽带作用，在城镇化体系建设中具有基础性的作用，加快推动小城镇的建设，其实就是推动就地、就近城镇化的过程，有利于城乡一体化的建设。这种观点最早是在改革开放初期时出现的，由于当时城乡之间二元制体系的存在，加之"离土不离乡""进厂不进城"思想的影响，推动了以小城镇为主的发展模式（费孝通，1984）。此后，李培林（2013）认为小城镇发展的过程中，出现了向追求大城市扩张发展的态势，在此过程中出现了农村的衰落和空心化，这些成为城市化发展进程中所面临的新问题。据此可以看出，在打破城乡二元结构、推进城乡一体化发展的背景下，小城镇依然是大问题。近年来，我国城市战略规模一直提倡"大中小城市协调发展"，但在实际推进过程中，过分强调市场对人口迁移的作用，而各类城市由于增速不同，进而产生了"两极化倾向"（苏红键和魏后凯，2017）。

中国城镇化进程中人口空间分布格局的变迁，与我国城镇发展战略及人口的流动状况有非常密切的关系，伴随着城市规模战略的争论，在发展战略上也存在着不同的城镇发展规模导向。改革开放之后，城市规模发展战略经历了控制大城市、小城镇优先发展战略—大城市（城市群）重点发展战略—大中小城市协同发展战略的变化，与之相适应，人口的流动经历了严格控制农民进城—分类引导农业剩余人口进城—加快推进农业转移人口市民化的历程，见表 2-3。

表 2-3　城镇规模与人口流动在国家发展规划中的政策表述

规划内容	"六五"计划	"九五"计划	"十五"计划	"十一五"规划	"十二五"规划	"十三五"规划
城镇规模发展战略	控制大城市规模，合理发展中等城市，积极发展小城市	以中心城市和交通要道为依托，进一步形成和发展若干突破行政区划界限的经济区域	防止盲目扩大城市规模、合理发展中等城市和小城市	把城市群作为推进城镇化的主体形态，加强城市群内各城市的分工协作和优势互补，增强城市群的整体竞争力	以大城市为依托，以中小城市为重点，逐步形成辐射作用大的城市群，促进大中小城市和小城镇协调发展	以城市群为主体形态、以城市综合承载能力为支撑、以体制机制创新为保障，加快新型城镇化步伐
人口流动战略要求	在严格的户籍管理制度下限制人口自由流动	在严格的户籍管理制度下限制人口自由流动	取消对农村劳动力进入城镇就业的不合理限制，引导农村富余劳动力在城乡、地区间的有序流动	分类引导人口城镇化，鼓励农村人口进入中小城市和小城镇定居，特大城市要从调整产业结构的源头入手，形成用经济办法等手段控制人口过快增长的机制	特大城市要合理控制人口规模，大中城市要加强和改进人口管理，继续发挥吸纳外来人口的重要作用，中小城市和小城镇要根据实际放宽落户条件	统筹推进户籍制度改革和基本公共服务均等化，健全常住人口市民化激励机制，推动更多人口融入城镇

由表 2-3 可以看出，改革开放以来，城市规模及人口空间布局的问题一直是国

家发展计划或规划的重要内容之一。从"六五"计划至"十三五"规划来看，分别经历了城乡二元分割、严格户籍管理制度下控制大城市，以中小城市为发展中心；到取消不合理限制，鼓励人口流动，强调大城市的辐射带动作用；到分类引导农民进城，积极鼓励农村人口进城，大中小城市和小城镇协调发展；再到"十三五"规划中的健全常住人口市民化，推动更多人口融入城镇，提高城镇综合承载能力，把城市群作为推进城镇化的主体形态。可见，中国在区域协调发展过程中，城镇规模、人口布局、制度设计紧密联系在一起，并且随着社会发展的过程而动态变化。

2.4.2　新型城镇化战略与人口空间格局

再看近年来新型城镇化进程中人口流动及分布的重点战略变迁。2019 年 4 月 8 日，国家发展和改革委员会发布了《2019 年新型城镇化建设重点任务》，提出了深化户籍制度改革、促进大中小城市协调发展等任务，这对于优化我国城镇化布局和形态，进而推动新型城镇化高质量发展具有重大的积极意义。比较《全国主体功能区规划》、《国家新型城镇化规划（2014-2020 年）》和《2019 年新型城镇化建设重点任务》，可以看出国家对城市的战略发展、人口空间布局上的战略变迁，从注重人口、经济、环境资源的区域协调发展，到以人的城镇化为核心，合理引导人口流动，再到加快实施促进以人的城镇化为核心，以提高质量为导向的新型城镇化战略。城镇化战略发展中更加突出农业转移人口的主体地位，突出强调基本公共服务的供给，强调政策支持，以及配套设施的完善、相关机制的完善创新，见表 2-4。

表 2-4　城镇战略发展与人口空间布局在国家发展规划中的政策表述

政策	《2019 年新型城镇化建设重点任务》	《国家新型城镇化规划（2014-2020 年）》	《全国主体功能区规划》
指导思想	加快实施以促进人的城镇化为核心、提高质量为导向的新型城镇化战略，突出抓好在城镇就业的农业转移人口落户工作，培育发展现代化都市圈，推进大城市精细化管理，支持特色小镇有序发展，加快推动城乡融合发展	以人为本，公平共享。四化同步，统筹城乡。优化布局，集约高效。生态文明，绿色低碳。文化传承，彰显特色。市场主导，政府引导。统筹规划，分类指导	推进形成主体功能区，要以邓小平理论和"三个代表"重要思想为指导，深入贯彻落实科学发展观，全面贯彻党的十七大精神，树立新的开发理念，调整开发内容，创新开发方式，规范开发秩序，提高开发效率，构建高效、协调、可持续的国土空间开发格局，建设中华民族美好家园

续表

政策	《2019年新型城镇化建设重点任务》	《国家新型城镇化规划（2014-2020年）》	《全国主体功能区规划》
加快农业转移人口市民化	①积极推动已在城镇就业的农业转移人口落户 ②推进常住人口基本公共服务全覆盖 ③深化"人地钱挂钩"等配套政策	①推进符合条件农业转移人口落户城镇（健全农业转移人口落户制度、实施差别化落户政策） ②推进农业转移人口享有城镇基本公共服务 ③建立健全农业转移人口市民化推进机制（建立成本分担机制、合理确定各级政府职责、完善农业转移人口社会参与机制）	①促进人口、经济、资源环境的空间均衡 ②要把城市群作为推进城镇化的主体形态。其他城市化地区要依托现有城市集中布局，据点式开发，建设好县城和有发展潜力的小城镇，严格控制乡镇建设用地扩张 ③合理控制特大城市主城区的人口规模，增强周边地区和其他城市吸纳外来人口的能力，引导人口均衡、集聚分布
优化城镇化布局形态	①深入推进城市群发展 ②培育发展现代化都市圈 ③推动大中小城市协调发展 ④支持特色小镇有序发展 ⑤强化交通运输网络支持	①优化提升东部地区城市群 ②培育和发展中西部地区城市群 ③建立城市群发展协调机制 ④促进各类城市协调发展（增强中心城市辐射带动功能、加快发展中小城市、有重点地发展小城镇） ⑤强化综合交通运输网络支撑（完善城市群之间综合交通运输网络、构建城市群内部综合交通运输网络、建设城市综合交通枢纽、改善中小城市和小城镇交通条件）	①优化开发和重点开发区域要实施积极的人口迁入政策，加强人口集聚和吸纳能力建设，放宽户口迁移限制，鼓励外来人口迁入和定居，将在城市有稳定职业和住所的流动人口逐步实现本地化，并引导区域内人口均衡分布，防止人口向特大城市中心区过度集聚 ②限制开发和禁止开发区域要实施积极的人口退出政策，切实加强义务教育、职业教育与职业技能培训，增强劳动力跨区域转移就业的能力，鼓励人口到重点开发和优化开发区域就业并定居。同时，要引导区域内人口向县城和中心镇集聚 ③优化开发和重点开发区域在集聚经济的同时要集聚相应规模的人口，引导限制开发和禁止开发区域人口有序转移到重点开发区域
推动城市高质量发展	①分类引导城市产业布局 ②优化城市空间布局 ③加强城市基础设施建设 ④改进城市公共资源配置 ⑤提升城市品质和魅力 ⑥健全城市投融资机制	①强化城市产业就业支撑（优化城市产业结构、增强城市创新能力） ②优化城市空间结构和管理格局 ③提升城市基本公共服务水平 ④提高城市规划建设水平 ⑤推动新型城市建设（加快绿色城市建设、推进智慧城市建设、注重人文城市建设） ⑥加强和创新城市社会治理	

续表

政策	《2019年新型城镇化建设重点任务》	《国家新型城镇化规划（2014-2020年）》	《全国主体功能区规划》
加快推进城乡融合发展	①推进城乡要素合理配置 ②缩小城乡基本公共服务差距 ③提高城乡基础设施建管能力 ④促进乡村经济多元化发展 ⑤促进农民收入持续增长	①完善城乡发展一体化体制机制 ②加快农业现代化进程 ③建设社会主义新农村	

可见，中国在区域协调发展过程中，城镇规模、人口布局、制度设计紧密联系在一起，并且随着社会发展的过程战略重心不断调整、动态变化。

2.5 本 章 小 结

本章首先对新型城镇化概念和人口空间格局的概念进行了分析；其次对人口空间格局优化的相关的"推—拉"理论、适度人口理论、人口转变理论进行了研究，最后阐述了新型城镇化进程中人口空间格局的战略变迁，以及新型城镇化对人口空间格局的要求。

第 3 章 世界城市化进程与人口空间格局演变

工业革命彻底改变了人类社会的生产方式，先进的生产机械化作业解放了大量的农业劳动力，一方面使劳动力在地域之间进行转移，更多的工业工人集中到城市工作，人口的集中促进了城镇化的发展；另一方面劳动力在产业之间进行了大规模的转移，批发零售业、服务业等第三产业吸收了大量的农村剩余劳动力，产业升级换代也促进了城市的转型与升级。但是，发达国家与发展中国家城镇化的进程与人口空间格局演变呈现出了不同的特点。本章从世界城市化发展概况、世界城市人口变化发展概况出发，进而研究发达国家与发展中国家城镇化进程中人口空间格局演变的不同特征，总结发展中的规律和特点，为中国城镇化发展提供经验借鉴。

3.1 世界城市化发展概况

3.1.1 世界城市化发展的总体趋势

城市自古有之，但近现代意义上的城市是伴随着世界工业革命的出现而兴起的，自 1750 年起计，世界城市化的进程至今已经有 270 多年的历史。从世界范围的城市化进程看，大体可以划分为三个阶段：初级阶段城市化率在 30% 以下；中期阶段城市化率在 30%~70%；后期阶段城市化率在 70% 以上。早期实现城市化的国家基本上都是最早完成工业化的发达国家。第二次世界大战之后，发展中国家城市化进程也开始推进。过去的 80 年，从全球范围内看，城市化进程得到了较大的提升，根据联合国发布的《世界城市化展望》（2018 年）报告，世界城市化率 1950 年为 29.6%，1960 年为 33.8%，1970 年为 36.6%，1980 年为 39.3%，1990 年为 43%，2000 年为 46.7%，2010 年 51.7%。根据预测，2030 年为 60.4%，2040 年为 64.5%，到了 2050 年将达到 68.4%，100 年增长率达到 131.08%。从全球范围看，城市化进程处于中期阶段，但较发达地区自 1980 年起已经进入城市化发展的后期阶段（城市化率在 70%以上），较发达地区城市化率从 1950 年的 54.8%，增长到 1980 年的 70.3%，2000 年的 74.2%，2020 年的 79.1%，到 2050 年将达到 86.6%，增长率为 58.03%。然而在城市化进程中，欠发达地区和经济最不发达地区是城市化增长的主要地区，欠发达地区的城市化率 1950 年为 17.7%，1960 年超过 20%，达到 21.9%，1990 年超过 30%，达到 34.9%，2000 年超过 40%，为 40.1%，2020 年超过 50%，达到 51.7%，2040 年超过 60%，达到 61.3%，2050 年达到 65.6%，从 1950 年到 2050 年，增长率达到 270.62%。最不发达地区，城市化率从 1950 年的 7.5%，增长到 2000 年的 25%，2020 年的 34.6%，2050 年的 52.5%，增长率为 600%。

　　从世界各大洲城市化的发展进程看，五个洲的城市化发展水平也存在一定的差异，欧洲、大洋洲、拉丁美洲等经济较发达的地区，城市化进程已经进入后期阶段，城市化率高于世界平均水平，而亚洲、非洲等经济欠发达地区城市化率依然较低，低于世界平均水平。其中，非洲 1950 年城市化率为 14.3%，1970 年为 22.6%，1990 年为 31.5%，2020 年为 43.5%，2040 年为 53.6%，2050 年将为 58.9%；亚洲 1950 年为 17.5%，1960 年为 21.2%，1990 年为 32.3%，2010 年为 44.8%，2020 年为 51.1%，2040 年为 61.6%，2050 年将为 66.2%；欧洲 1950 年城市化率已经为 51.7%，1973 年为 63.1%，2000 年为 71.1%，之后城市化增长速度趋缓，到 2040 年城市化率为 80.6%，2050 年城市化率将达到 83.7%。北美洲地区城市化水平更高，1950年城市化率为 63.9%，2010 年超过 80%，达到 80.8%，预计到 2050 年城市化水平将达到 89%。从世界范围看，发达地区已经进入城市化后期阶段（城市化率在 70%以上），经济欠发达地区和经济不发达地区则正处于城市化中期阶段（城市化率在 30%~70%）且努力向城市化后期迈进。发达地区由于城市化进程早于其他地区。因此，城市化率相对较高，然而经济欠发达地区和经济不发达地区城市化率也在逐渐提升。因此，无论是从经济发展的不同区域，还是从世界整体发展看，城市化水平不断提升是城市化发展的一般趋势。

3.1.2　世界城市化发展的变动趋势

　　从 1950~2050 年世界城市化变化的平均速度可以看出，世界城市化的发展变动趋势呈现出以下特点。

　　（1）从不同经济发展区域城市化率的变动趋势看。不发达地区体现出"慢-

快－慢"的变化趋势：1950~1975 年（慢），变化率从 2.47%到 3%再到 2.46%；1975~2000 年（快），从最高 3.3%到最低 1.63%；2005~2050 年（慢），从 1.64 到 1.2%。欠发达地区城市化率变动同样也经历三个变化阶段呈现如下趋势：第一，"快－慢"阶段（1950~1970 年），变化率从 2.16%到 1.05%；第二，"慢－快－慢"阶段（1970~1995 年），从 1.28%到 1.84%再到 1.32%；第三，"慢－快－慢"阶段（1995~2050 年），从最高 1.37%，降到 2050 年的 0.66%。较发达地区由于城市化进程起步早，自 1970 年起城市化率已经开始超过 70%，较高的城市化水平使得城市化的变化率轨迹呈现出一直下降的趋势，从 1950 年的 1.12%降到 2050 年的 0.29%。

（2）从洲际的城市化变化率趋势来看。非洲呈现出"由快变慢"的趋势，从最高的 1950 年的 2.65%降到 2050 年的 0.93%。亚洲呈现出三个阶段的变化趋势：第一个发展阶段（1950~1970 年），从 1.93%到 0.70%，基本上是在第二次世界大战之后，中国、日本、韩国等国家从战争中恢复之后，大力发展城乡建设，特别是城市发展带来的第一个城市化发展高潮阶段。第二个发展阶段（1970~2030 年），20 世纪 70 年代后，亚洲经济腾飞、中国改革开放、市场经济快速发展、生产力提高，以及大力推进的城镇化发展战略，使亚洲城市化水平以较高的变化率不断提升，从 1970 年的 1.06%升到 2000 年的 1.85%再到 2030 年的 0.98%。第三个发展阶段（2030~2050 年），随着城市化发展进入较高阶段，亚洲的城市化变化率从 0.88%下降到 0.70%。欧洲、拉丁美洲、大洋洲因为城市化率较高，所以在 1950~2050 年，基本呈现变化率下降的发展趋势。

3.2　世界城市化发展进程中的人口分布概况及趋势

3.2.1　世界城市化发展进程中的人口分布概况

自工业革命以来，19 世纪的百年内全球人口增加了 70%，城镇人口增加了 3.4 倍，城镇人口数量快速增加。20 世纪的百年内，全球人口增加了 26.7%，城镇人口增加了 13 倍，城镇人口比重上升为 47.2%，2007 年，世界城镇人口达 33 亿人，历史上第一次超过总人口的 50%[①]，根据联合国《世界城市化展望 2014》，到 2050 年，这一比例将高达 66.4%，见表 3-1。世界从此进入了一个"城市时代"（urban age）。

---

① 资料来源：联合国人口活动基金会（*State of World Population 2007：Unleashing the Potential of Urban Growth*）。

欠发达地区和不发达地区城市化率正在持续快速提升，亚洲和非洲是增长最快的地区，但由以上分析可见，到 2050 年，亚洲 66.2% 和非洲 58.9% 的城市化率仍将低于发达地区 80% 以上的水平。2014 年，全球仍然有大约 34 亿人居住在乡村。到 2050 年估计为 32 亿人。这些乡村人口的增长主要集中在少数非洲国家。乡村人口减少最多的国家将是中国和印度，其预测减少的乡村人口数分别为 3 亿人和 5 200 万人。

表 3-1　1800~2050 年世界城乡人口变化

年份	总人口/万人	城镇人口/万人	城镇人口比重
1800 年	97 800	5 000	5.1%
1850 年	126 200	8 000	6.3%
1990 年	525 400	228 500	43.5%
2000 年	605 600	286 100	47.2%
2010 年	697 400	363 200	52.1%
2014 年	724 300	388 000	53.6%
2050 年	955 000	633 800	66.4%

资料来源：《世界城市化展望 2014》（*World Urbanization Prospects 2014*），https://population.un.org/

3.2.2　世界城市化发展进程中人口分布的趋势

随着现代城市的不断发展，世界城市化水平逐渐提升，然而不同的地区呈现出不同的趋势，以美国、英国和日本为代表的发达国家和以中国、印度、巴西为代表的发展中国家，在城市化发展中所面临的时机及发展趋势存在着重大的差异。根据《世界城市化展望（2018）》，世界城市化发展与人口分布趋势具有向大型城市、超大型城市不断涌入的特点。

伴随世界城市化水平的迅猛增加，人口分布的一个突出特征是人口呈现向巨型城市和大城市集中的趋势。随着城市地区空间的不断扩展，城市对周边地区的辐射作用凸显，以一个或者几个城市为中心的城镇化密集区域形成。人口规模在 500 万人以上的大城市数量不断增多，这种规模较大的城市所能容纳的城镇人口占世界城镇总人口的比重也不断提升。1990 年，全球一共仅有 10 个巨型城市，21 个大型城市。然而经过 20 多年的发展，到 2014 年，全球巨型城市总数上升为 28 个，大型城市总数上升为 43 个，且巨型城市和大型城市人口总数占全球总市人口数量的 20%，世界范围内人口分布趋势具有向大型城市、超大型城市不断涌入的这一特点凸显，全球人口数量排在前三位的城市分别是日本的东京、中国的上海和印度的德里。根据联合国的预测，人口集聚所形成的大型、超大型城市的数量依然会不断增加，且这一趋势会在一定时期内继续延续。到 2030 年，全球将有 41 个巨型城市和 63 个大城市。1990~2018 年，中等规模城市增长最快。尽管 1 000 万人以上的巨型城市和 500 万人以上的大城市的数量和人口比重将继续增加，增长最快的是人口在 100 万~500 万人的中等城市。2000~2014 年，中等规模城市人口的年均增长率为 2.4%，但其中 43 个城市以年均 6%的增长率实现了人口总数翻番。2018~2030 年，根据预测，世界城市化进程将进一步放缓，但是以中国、印度为代表的人口大国和发展中国家，仍然会以 3%左右的增长速度持续发展。

3.3　发达国家与发展中国家城镇化进程中人口空间分布的差异

3.3.1　发达国家城镇化进程中人口空间分布的特点

（1）城市人口变化率降低的趋势特点。从 20 世纪中叶开始，城镇化发展的主流逐渐从发达地区转移到欠发达地区。1970~1990 年，包括中国、印度、巴西在内的发展中国家，城镇化进程以超过 5%的增长速度迅速发展。经济最不发达地区一直保持较高的城市人口变动率，1965~1985 年以每年高于 5%的速度增长，1995~2020 年以每年 4%左右的速度增长；经济欠发达地区城市人口在 2005 年之前，每年以高于 3%的速度增长，2005 年之后仍然以高于世界平均水平的速度增长，直至 2050 年接近世界城市人口变化速度。经济较发达地区，1985 年之前，城市人口以每年高于 1%的速度增长（通常认为超过 1%即高速增长），1985 年之后每年的人口城市变动率低于 1%。发达国家是现代城镇化的发源地，较早完成了城镇化进程，城镇化水平很高。从 1750 年英国工业革命开始，世界城市化进程随之推进。早期实现工业化的发达国家较早地开始了城镇化。1850 年世界城市化水平为 6.4%，而英国已经达到 50%；1950 年世界城市化率为 29%，英国在这一时期为 82%，美国为 64%。由于发达国家开展城镇化的时间相对较早，其城镇化发展已经进入后期阶段，城镇化率已经达到 70%以上，因此，城镇化速度逐渐放缓，呈现出城市人口变化率降低的趋势特点。2017 年美国城镇化率是 82.06%；英国城镇化率是 83.14%；法国城镇化率是 80.18%；德国城镇化率是 77.26%；日本城镇化率是 91.54%；而 2017 年中国城镇化率是 57.96%。1850 年，英国超半数人口居住在城镇，成为世界上首个城镇人口过半数的国家。1950 年以前，60%的世界城市人口集中在发达国家。从 1950 年开始，一些国家的城市人口增长逐渐趋缓。伴随着人口自然增长率的降低，一些国家人口减少的城市多于增长的城市。1990~2000 年，发达地区 40%的城市经历了人口衰减。亚洲和欧洲一些国家，如日本及俄罗斯，低生育率造成一些城市出现了衰退的迹象。在美洲，如美国，由于就业机会减少、经济紧缩及自然灾害等问题，人们离开了生活的城市。从世界范围来看，发达国家城镇化进程有所放缓，城市人口每年的变动率逐年降低。

（2）人口集聚更注重城市功能和生活质量的特点。发达国家的人口分布经过了从注重城市人口数量上的增长到注重城市功能和居民生活质量的转变。关于人口集聚各国学者在不同时期分别展开不同研究。法国学者（Gottmann，1957）对美国东部城市近 3 个世纪发展沿革分析发现，在狭长地带内密切分布着诸多城市，在此基础上提出了"大都市带"（megalopolis）的概念，此后"城市群"概念开始进入人们的视线。英国伦敦大学巴特列特规划学院院长霍尔（Hall，1966）发现，世界发达地区的城镇化进程中，出现了一种从都市区向多中心区及向多中心巨型城市区转变的现象，这种现象经历了城镇化率较高的大型中心城市向周边城区扩散的长期过程，如英国大伦敦地区、荷兰兰斯塔德地区、德国莱茵-鲁尔地区。加拿大地理学家麦吉（McGee，1987）指出亚洲一些发展中国家也出现了和西方发达国家大都市发展相类似的空间区域结构，并提出了"大都市带"、"扩展都市区"（extended metropolitan regions，EMR）、城市集聚体（urban agglomeration）等概念，指出亚洲城市群出现的城乡联系的空间结构同过去传统城镇化机制不同，如大东京城市集聚体，包含了东京及其周围含横滨、川崎和千叶等城市集聚现象。上述的研究都是对连片聚集的城镇化区域的描述，体现城镇化进程中以核心城市为中心向外围区域延展，城镇集聚带来区域内多个城市之间经济、社会和服务功能的交互，尤其是核心大都市承担着最核心的经济和服务功能。例如，目前大东京是世界上人口最多的城市集聚体，包含东京及其周围含横滨、川崎和千叶在内的 87 个大小不一的城市。根据联合国的数据，大东京地区 2014 年的总人口达到 3 800 万人，而这一数字远高于许多国家的总人口数[①]。

20 世纪 80~90 年代之后，美国各界（包括政府、学者及城市规划者在内）纷纷意识到美国城市空间分布稀疏所带来的问题，为了解决这些问题，学者开始倡导"紧凑型"城市和城市理性增长的理念，并提出了相对应的"精明增长"（smart growth）的概念。这些理念的核心思想就是要对土地的空间利用效率予以强化，尽可能让城市空间使用效率达到最大，减少盲目性的扩张，积极促进以公共交通和步行为主的出行方式，减少城镇化进程中的城市病，注重保护城市空间，创造舒适的宜居环境。随着发达国家在城市规模持续扩大的同时，许多国家都出现了人

---

① 资料来源：*United Nations Global E-Government Forum 2014*。

口从市区向郊区转移的现象，并伴随着人口不断向郊外转移而形成了连片城市带，比较著名的有美国的波士顿-纽约-华盛顿城市带、日本的东京九州城市带、德国的鲁尔城市带、英国以伦敦为中心的城市带等。城市带疏解了中心城市的压力，使居民能够享受到更高质量的生活。

（3）城市人口分布的离心化、外都市化等特点。世界城市化人口分布的变化经过了人口向核心城市集聚，再向核心城市之外的郊区城市转变的过程，体现了人口从简单向往城市生活向更注重城市功能转变的特点。自 20 世纪 20 年代开始，发达国家城镇化进程中，出现了人口分布的离心化、外都市化趋势。人口分布从大城市的高密度集中向周边新兴的郊区城镇扩张，呈现离心化、外都市化的特点。这种转变带来了发达国家城市的人口、工业从城市中心向郊区迁移的浪潮。伴随着人口和产业的郊区化，大城市的核心区增长缓慢或者出现负增长。增长最快的反而是大城市周边的新兴小城镇，被学者称为快速发展的郊区城市。例如，美国的城镇化起步于 19 世纪 20 年代，1920 年时城镇化水平已达到 51.2%，全美郊区居民的比例为 18%。人口在城市中心的快速集聚给中心区带来了巨大的压力。住宅开发商开始在地价相对便宜的郊区投资，吸引新兴富裕阶层与中产阶级搬离拥挤的城市中心。20 世纪 40 年代后，汽车拥有量的大幅增长与郊区住宅规模化开发带动大量人口外迁，郊区化进程进一步加速。众多城市人口从城市向郊区迁移，促使城市空间结构转变，由起初的紧凑密集型转变成具有多个中心的分散型。城市人口与功能向大城市郊区集中，并且在边缘地区形成新的中心。城镇化发展以大规模郊区化为特征。1950 年，全美郊区居民的比例上升为 23%。城市内部与城市之间的迁移成为主流，城乡迁移的人口反而并不是主流。在空间格局上则体现为沿着交通线路不断在城市外围进行蔓延。从 20 世纪 70 年代中后期至今，美国城镇化的离心趋势更加明显，城镇化在更远的郊区发生。同时，伴随着城市功能的外迁，大城市边缘出现了居住—就业更为平衡的大小不一的城市综合体，中心城与郊区传统的核心—边缘关系逐渐弱化。关注这一现象的学者，纷纷提出了"外都市""后郊区"等概念来描述郊区化的新阶段。

3.3.2　发展中国家城镇化进程人口分布演变的特殊动力

发展中国家的城镇化进程从 1950 年开始飞速发展。发达国家的城镇化特点是以城市经济发展带动人口的聚集和增长，而发展中国家的城镇化则是因为人口持续增长，使大量的劳动力被动地涌入城市去寻找就业机会。因此，发展中国家的城镇化与人口的空间分布具有特殊的驱动力。

（1）较高的人口出生率带来了城镇内聚式增长。人口转变（即死亡率相对于出生率的快速下降）的到来带来发展中国家人口迅速增长。结果，不少乡村聚落的人口密度很快达到甚至超过了可以定义为城市聚落的阈值。在许多欠发达地区，城市人口的增长大于净迁移率。例如，在拉丁美洲和加勒比地区，几乎 80%的人在城市居住，人口自然增长占城市人口增长的 60%以上。2018 年，非洲与亚洲的城镇化率分别为 42.5%和 49.9%，城镇化水平仍然与北美洲、欧洲、大洋洲和拉丁美洲等发达地区 70%~80%的城镇化水平存在一定差距，但是根据联合国的预测，在未来的几十年里，这两个地区将是城镇化发展速度最快的区域。并且，从现在到 2050 年的城市人口增长总数中，将有 1/3 来自中国和印度①。发展中国家这种城市人口增长主要得益于较高的人口出生率，形成城镇内聚式增长。

（2）农业剩余劳动力的流动造成城乡人口迁移。发展中国家农业经济的衰退造成农村出现了大量的剩余劳动力，但这些剩余劳动力无法在农村找到能够维持生计的工作，而纷纷涌入大城市以寻求就业岗位，并通过进入城市而享受城市的医疗、教育等各种公共服务资源，这种农村人口涌入城市直接导致了城市人口数量的快速增加。同时因为从农村迁移到城市中的劳动力中大多数都是青壮年，这些青壮年在城市生活也能够为城市人口的自然增长起到一定的促进作用，所以城市的人口自然增长率在一定时期保持在一个相对较高的水平之上。据统计，发展中国家这类由于农业剩余劳动力迁移带来的城市人口机械增长占城市总人口增长的 40%，在城镇化进程的初级阶段形成重要的推动力，即城乡迁移通常是城市化的主要动因。例如，在亚洲，一些新兴的工业化国家出现了人口向少数大城市聚集的趋势，这一趋势形成的原因与其国情相关，尤其是东南亚的一些新兴经济体，这些国家面临的人口压力不断加大，且在国际产业分工中处于不利地位，以人力资源作为优势实施出口导向，结果促使大城市周边地区出现了众多劳动密集型的加工制造业企业，最终在城市的周边形成了"似城非城，似乡非乡"的"灰色区域"。另外，农村生产、生活环境变得恶劣也是人们迁往城市的重要因素。

（3）城市经济发展及生活便利对人口流动的吸引。城镇化是推力和拉力两个力共同作用的结果。一方面发展中国家农业剩余劳动力的出现推动人口向城镇迁移；另一方面城镇本身经济发展及生活便利对人口进入城镇起到了重要的拉力作用。越来越多的发展中国家，尤其是亚洲的一些国家，政府通常采取各种政策促进城市的发展，如设立经济特区、优化公共服务，为人口的进入起到了巨大的吸引作用。城市交通和通信基础设施的完善也在很大程度上增强了城市的连通性，为人口的集聚提供了基础保障。还有很多城市通过生活服务质量的改善和基础设施的完备，提高城市居民的居住意愿，吸引人口的进入。随着中心城市空间范围的不断扩张，形成了城乡交错带，加强了城乡之间的联系，也吸引更多的人口进

---

① 资料来源：*United Nations Global E-Government Forum 2014*。

入城市。同时随着交通基础设施的完善，城市之间的联系更加密切，交通沿线也为农村进入城市的人口提供了更多的机会。

（4）宏观政策调控带来的城镇化和人口流动。发达国家的城市化伴随着工业化进程而推进，在城市化进程中市场机制起着主导作用，然而在发展中国家更多的是依靠政府的引导。发展中国家政府通过相应的法律、经济及行政手段，制定适合本国城镇化发展的战略，积极引导城镇化的健康发展。发展中国家重视在市场竞争和社会保障中实行国家干预，国家通过制定公共政策、健全法制体系、改善城市环境、提供公共服务等方式，引导城市化进程中市场化和工业化互动发展。行政和法律手段在很多国家都扮演着推动人口增长的角色。例如，作为人口大国的中国，随着市场经济体制的建立和逐步完善，以及三次产业结构的不断调整和优化，从第一产业中解放出来的劳动力大量涌出城市，出现了"农民工进城"等现象，加上政府主动规划的城镇化进程，进一步推动了中国，特别是东南沿海城市以较高的城镇化增长速度发展。例如，将农村地区划分入城市所带来的城市人口增长占发展中国家城市人口增长的1/4，在中国，大量县级市被并为城市辖区。例如，安徽六安、河南信阳等在升级为城市辖区之后，人口每年以超过15%的速度增长。

3.4　世界城市化进程中人口空间格局演变的失败教训

无论是发达国家，还是发展中国家，在城镇化发展过程中都曾出现过失误，也有过好的发展经验，认真分析这些经验和失误，可以为中国的城镇化发展提供启示和借鉴。

3.4.1　过度依赖市场机制的城市化

以美国为例，美国是市场经济最发达的国家，在美国早期的城镇化过程中，过度依赖市场体制的作用，从而给城镇化发展带来一定问题。就动力机制而言，美国的城镇化发展轨迹，很大程度上由市场机制主导，纵观城市发展历程，政府并没有对城镇化实施及时有效的引导，政府在整个过程中保持一种放任的状态，因此美国的城镇化模式被称为"政府放任式"。美国的政治体制决定了各州政府拥有对城市规划的管理权，联邦政府对城市规划管理的手段薄弱，这种自由放任让美国付出了高昂的代价，导致美国过度郊区化、城市建设无序等问题的出现。纵观美国的城镇化进程，人口分布经历了向大城市集中、向郊区转移、再向集约型城市转变的三个不同发展阶段。早在 19 世纪 20 年代，美国的城市化已经开始起步，1920 年时已经达到 51.2%，人口快速向中心区的集聚给中心城市带来了巨大的压力。20 世纪 40 年代后，美国居民汽车拥有数量大幅度增长，与此同时美国郊区住宅规模化开发，二者的共同作用之下促成人口外迁，使得郊区化进程加快，许多家庭从城市迁往郊区，促使城市空间结构发生变化。这种低密度扩散的模式在一定程度上降低了城市人口的密度，也使郊区和乡村之间的差距相对缩小。1970年美国郊区人口数量开始超过了中心城市的人口数量，在降低城市人口密度的同时也产生了过度郊区化、城镇无序建设等问题，如占用了大量的森林、农田和绿地，并导致土地和生态资源的破坏及浪费。郊区化使得人们工作和居住地之间距离较远，远距离延长了通勤时间，同时也增加了能源消耗量；分散的居住区导致商业教育等与人们生活相匹配的设施无法集中，而分散建立又会增加建设的成本投入，使得第三产业发展受阻，最终导致失业、种族骚乱、贫困等问题持续恶化。随着城市进一步向更远的郊区蔓延，最早发展起来的郊区社区逐渐衰落，类似的社会经济问题开始向郊区蔓延。美国这种城镇化，资源消耗量大，经济成本居高不下，也加大了贫富差距。2000 年以来，郊区贫困率的增长甚至超过了城市中心，向城市规划和管理者提出了新的挑战。由此可以看出美国放任式的城镇化由于联邦政府同各个州政府之间关系松散，联邦政府对城镇化规划有限，城市之间各自为政，形成恶性竞争，地方政府在短期利益的驱动下，推行的政策措施缺乏连续性，这都体现出美国政府对于城镇化和城市的发展引导不够，过度依赖市场机制作用带来的问题。

3.4.2　过度依赖政府干预的城镇化

苏联是过度依赖政府干预城镇化发展进程的典型代表，在计划经济体制下，政府在整个城镇化进程中处于主导地位，虽然促使城镇化水平有所提高，但是也带来了明显的城乡二元结构问题，拉大了城市与农村的差距。1917年俄国十月革命取得胜利后，计划经济体制成为苏联的主导，苏联的现代工业化进程也是在计划经济体制指导下展开的，随之而来的还有城镇化。1928年苏联制定的国民经济发展五年计划，促使苏联经济快速发展，这一时期苏联建立了大批工业企业，尤其是重工业企业快速建成投产，大批企业的建立吸引了劳动力由农村进入城市，城镇化进程加快。1940 年，苏联城镇化率为 32.5%，较之 1927 年提高了 14.5%。第二次世界大战后随着经济的复苏，城镇化进程得以加快推进，到 1950 年提高到 44.1%，1965 年为 58.2%，20 世纪 70 年代后，苏联的城镇化率开始超过 60%，城镇化率增速逐渐放缓[①]。对苏联的城镇化进程总结发现，苏联工业化是以重工业起步的，重工业所占比重一直较大，但由于苏联人口总量少，依然实现了高水平的城镇化。然而，重工业长期占据主导地位的发展，必然会导致农业和轻工业发展的滞后，这种滞后会对经济的发展和城镇居民生活质量的提高形成制约。苏联城镇化是在计划经济体制的背景下推行的，是通过自上而下的政策推行开展的，这种做法下城市化水平虽高，但城乡人民生活水平却不高，城乡"二元结构"特征显著，农村经济严重衰退。

3.4.3　没有产业发展战略支持的"过度城镇化"

过度城镇化也是城镇化和工业化发展不同步的一种表现，是指城镇化的水平已经远远超过工业化和经济发展水平的一种城镇化发展模式，又称为超前城镇化。随着城镇化提速，大量农村人口进入城市，短期内城市人口数量过度增长，这种快速的人口增长带来的城镇化进程速度同城市工业化发展速度之间没有形成匹配，工业化发展进程跟不上城镇化进程，最终出现严重的"城市病"。过度城镇化在发展中国家的城镇化进程中较为多见，如第二次世界大战前夕的巴西、墨西哥等国家都属于此种类型。2000 年，拉丁美洲国家的城镇化率达到 75.5%，从世界范围看，其增长速度最快。然而，城镇化速度远远超过工业化速度的发展模式，导致城镇化和社会经济发展之间脱节。这种过度城镇化状况的出现，是工业化发展水平不够造成的，同时也与城镇化进程失控有关，是一种不健康状态的城镇化。《世界发展报告》的数据显示，墨西哥的工业化发展和经济发展都赶不上奥地利、荷兰和意大利等发达国家，但其城镇化率却在 1987 年时就已经超过了 70%，并且到 1995 年已经达到 73.4%，接近德国 73.9% 的城镇化水平，2018 年超过 80%，这种没有产业支持，大量人口涌入城市生活的过度城镇化必然带来严重问题。

首先，城镇化水平的提高主要体现在向城市聚集的人口数量增多，这一过程并没有带来工业能力的增强，这就会导致原有的城市工业能力不足以带动整个社会经济的转型。例如，拉丁美洲的一些发展中国家，通常在几个大城市之中集中安排资本密集型的工业，并加大对这些大城市的投入力度。从农村的发展情况看，农业资本主义的发展带来了土地和资本的高度集中，然而由于国家对农村发展的低投入造成农村生活环境的恶化，很多农村人口无法在农村维持生活，被迫涌入城市之中，这样就形成了拉丁美洲城市人口增速远超于其他国家的现象。20 世纪 70 年代，每隔 10 年大城市人口就会翻一番，但城市落后的产业发展，不足够吸纳新增的人口，失业和贫困随之而来。其次，对传统农业

---

① 数据来源：联合国数据库（https://comtrade.un.org）。

改造的忽视和农村地区发展的不重视，更加剧了城乡之间的差距，同时使城市就业、居住、环境和教育设施不足的问题进一步恶化。农村人口移入城市之后未能及时完成职业的转换，导致出现了严重的"城市病"。20世纪90年代末期，拉丁美洲地区政府逐渐意识到城市化发展过程中的问题，开始采取管控措施，具体包括控制城市人口数量的过快增长、增加对农业和农村的投入，以及积极促进中小城市的发展等。

3.4.4　缺少政策支持和文化融合的"虚假城镇化"

以拉丁美洲国家为代表，由于缺少政策支持和文化融合，城镇化过度发展，产生了严重的问题。20世纪70年代中期，拉丁美洲国家人口中城市人口数量已经占到60%，然而这些城镇人口中只有不到20%的人口在工业部门就业，约有15%的城镇居民都生活在贫民窟之中，贫困人口数量增加，城镇贫困人口数量超过了农村贫困人口数量比例。"过度城市化"也受拉丁美洲国家重建之路艰难曲折的影响，国家制度建设不够完善，导致了面对城市化所带来的诸多问题时不能有效解决。拉丁美洲地区农村土地改革未能够尽如人意，农村大土地所有制无法吸纳过多的劳动力，使得迁移后的农村人口若不能够完成职业转换，也不能够回到农村。面对出现的这些问题，政府宏观政策无法应对这一挑战，政府干预无力、政策失灵导致了严重的城市发展问题。除此之外，传统文化也对人们产生了很大的影响。拉丁美洲社会中受印第安时代和殖民时代的文化遗产影响深远，不同文化在国家内难以融合推广，造成种族歧视，形成文化的割裂和差异性，产生难以调和的价值观冲突，最终也带来严重的社会问题。

3.5　世界城市化进程中人口空间格局演变的经验启示

3.5.1　政府引导、市场拉动和非营利组织共同参与

（1）发挥政府在城镇发展中统筹规划的引导作用。全世界范围内最早实现城镇化的国家是英国，一方面，受英国工业革命的拉动；另一方面，也受政府引导、市场拉动和公民参与的"三位一体"城镇化推进模式影响。西欧国家能够较好地解决农村人口进入城市后所带来的诸多问题，如就业、居住等，是因为在注重发

挥市场机制作用的同时，也强调政府的作用，政府通过制定相应的法律规范和规划约束，在整个城镇化进程中发挥了不可替代的调控作用。以西欧为代表的"政府调节下的市场主导型"城镇化，在进程中虽然也遇到了一些矛盾，但大体上算是比较成功的城镇化，其取得成功的关键原因就在于，政府的引导和调节发挥了重要的作用，同时也将市场的作用发挥得比较到位，城市布局合理，城镇化进程中诸多关系也相对协调。

例如，德国的柏林和慕尼黑等城镇，在一个世纪以前就制定了城镇发展总体规划，在一定基础上为城镇发展遇到的问题提供了较为合理的解决思路。德国联邦宪法的第 106 条规定：应追求区域的平衡发展和共同富裕。为了实现这一目标，德国政府制定城乡规划时：一方面，尽量在全国范围内形成平等的生活环境，以此促成各区域之间差异的缩小；另一方面，注重可持续发展机会的探寻，以便为后代预留出相对充足的发展空间。欧洲城镇化发展最为均衡的国家就是德国，其国内小城镇遍布，而且小城镇和大城市间不存在明显的差距。德国的城镇化进程中注重对小城镇的合理布局，并强调大中城市和小城镇之间的均衡发展。德国虽然人口密集，城镇化率也高，但从德国内部看，人口数量超过百万的城市却非常少，只有柏林、汉堡、慕尼黑、法兰克福，德国 2/3 的人口都分布在中小城镇，德国的小城镇和大城市布局合理，受益于合理的布局，其城镇化发展呈现均衡化的态势。一方面，德国建立了"卫星城"城市群，以此避免支配性中心城市的产生；另一方面，小就是美的原则在德国深入人心，因此，小城镇的规模虽然不如大城市，但其富有特色，经济发达，设施和功能都很完善。

在德国，每个城镇都有自己的特色，不同的定位和侧重点促使德国避免了"千城一面"。诸多的卫星城，集中分布在各个大中城市周围，这些卫星城距离大中城镇一般只有半小时到 1 小时的车程，交通非常便捷。例如，在距离柏林 15~25 千米范围内的小城镇，其工业相对集中、居民就业率高、经济相当发达。除此之外，每个城镇在产业方面都有着自己独特优势，如柏林是文化、工业中心，法兰克福是金融中心，汉堡是贸易中心，斯图加特是汽车城，海德堡是科研城、文化城和旅游城。英国凭借着城镇本身特有的产业优势带动城镇的不断发展，在此过程中注重市区人口同郊区人口的协调发展，英国城镇化离不开工业革命的快速开展，同时也得益于交通运输业的不断改革发展，日益完善的综合交通运输体系使得城市群之间的联系更加密切，为人口的流动提供了依托，同时加速了城镇化进程。英国的小城镇从布局上看十分重视对交通运输的布局掌控，很多小城镇距离火车站 10 英里（1 英里≈1.61 千米）以内。英国各种交通方式线路的相互贯通，为人口流动起到了推动作用，同时便利的交通体系也带动了相关产业的快速发展，在城镇化进程中贡献了关键力量。目前，中国大力发展高铁技术与英国的综合交通体系建设有异曲同工之妙，高铁缩短了城际距离，使人们的出行更加便捷，极大地促进了中国的城镇化进程。

20 世纪 70 年代以后，美国经历了去工业化和后福特经济转型，信息化的发展模式取代了原有的工业发展模式，实现了经济重构。新的生产技术和信息交流手段让企业得以自由地进行资源的空间重组。新技术、网络化信息和通信设施的选择性，导致各种专业化次中心和飞地的出现，这种都市结构多中心的推进扩大了城镇化的空间尺度。地理学家格雷厄姆和马尔温将这种由经济重构引发的现象称为"碎片城镇化"（splintering urbanism）。20 世纪起，联邦政府启动了高速公路计划，援助高速公路的建设，于 1933 年通过设立联邦住房管理局，给予住房贷款低首付、固定利率的长期抵押贷款政策方式，积极促进美国建筑业的发展。交通建筑业等的蓬勃发展，对大规模的郊区建设起到了关键作用，同时也对美国城镇化产生了较为深远的影响。

（2）发挥市场机制在城镇化进程中资源配置的作用。城镇化进程中，土地、劳动力、资金等资源配置需要依靠市场机制发挥基础性作用。从城镇化进程中土地资源的开发情况看，中心城市对中小城市发展的带动作用，以及核心城镇基础性作用的发挥，都体现了城镇化进程中市场机制的拉动。法国的城镇化是以中心城市为主进行的，在中心城市基础上向外围逐渐扩散，逐渐深入推进城镇化的发展，但从法国的城镇化历程来看，大城市发展速度并不快，反而是中小城镇快速发展。第二次世界大战之后，法国城镇化进程加快，城市人口数量激增，1960 年法国的 7 大城市的人口数量占据法国全国总人口数量的 39.6%，人口向大城市集聚的趋势凸显。此后，法国大城市人口增长幅度开始逐渐放缓，有些中心城市人口甚至出现了负增长，与此同时，法国城市郊区的人口开始激增，表明人口从向大城市集聚转变为人口向周边的小城市不断扩散的趋势。法国的重工业发展相对落后，滞后的工业无法支撑法国出现更多的工业城市吸引人口，因此，尽管城市规模不断扩大，但除了巴黎之外，并没有人口规模超过 200 万人的大城市。法国更多的都是中小城市的分布，2005 年巴黎人口达到 928 万人，除此之外仅有马赛、里昂和里尔的人口超过百万人，其余均是众多的中小城市分布，整个国家城市分布和发展都较为均衡。

（3）发挥非营利性组织及公民在城镇化进程中的作用。非营利性组织及公民的参与在推动城镇化进程中具有很重要的补充作用。世界各国注重发挥非营利性组织及公民的积极作用，如英国卡梅伦政府在 2010 年 5 月提出"大社会"（big society）计划，其核心思想是更加重视且鼓励非营利性组织在解决城市问题，特别是在社会公共服务中发挥作用，要想转变政府在社会中的地位，就要积极推行还政于民的政策，这又依托"小政府"理念。当问题摆在社会公众面前时，他们不再仅仅想到依靠政府来解决，而是能够从全社会角度出发，凭借自身享有的权利为自己的社区服务，从而建立起大而好的大社会。梳理英国的城镇化进程可以看出，在城镇化建设的全过程中，关于"大政府"还是"大社会"的作用一直存在争议。英国政府在城镇化初期，为了能够解决城镇化出现的负面影响，如居民居住环境变差、社会的贫富差距拉大、城市环境污染严重等问题，更多地依靠非营利性组织和公民自治的方式来发挥作用。所以，英国的城镇化进程主要通过：制定相关的法律法规（约束市场机制）—设立专门机构（发挥政府作用）—由新设立的专门机构（依靠非营利组织和公民自治）这样的主线来提供解决问题的方法及保障。

3.5.2　城镇化发展与工业化、农业现代化发展相协调

城镇化是一个进程，根据进程中不同的状况，以城市化和工业化水平的同步关系作为依据，可以将城镇化进行分类，如同步城镇化、过度城镇化及滞后城镇化。例如，美国和英国，这些国家城镇化进程较长，速度也并不是很快，文火慢炖的方式在一定程度上为城镇化的质量提供了保障。过度城镇化是指城镇化的水平远远超过了工业化的发展水平，拉丁美洲地区的国家是这种类型城镇化的典型代表，拉丁美洲国家的城镇化进程具有明显的城市偏好，注重对城市的投资，而忽视对农村的投资，导致乡村衰退的出现。在这种城市和农村之间发展差距凸显的情况下，大量农民快速进入城市，然而快速涌入的人口对城镇化的质量产生了影响，导致城镇中大量的贫民出现。日本、韩国等亚洲国家，发展过程中人地矛盾尖锐，国家在城镇化发展过程中主要对农业进行保护，这种做法避免了城镇化发展过程中所产生的乡村衰退。

整个世界城镇化进程中不同的国家经历了不同的阶段，但综合世界各国的经验表明，无论是过度还是滞后城镇化都不是一种健康的城镇化发展状态，只有同步城镇化才能促进城镇化的良性健康发展，因此，必须要实现工业化、城镇化、农业现代化的同步发展。超越工业化进程的城镇化无法为大量激增的城市人口提供机会和保障，必然会形成畸形的发展方式；同样，滞后城镇化违背经济社会的发展规律，也会对国家经济发展形成制约。中国的城镇化目前就属于滞后城镇化，中国工业发展迅速，制造业已经在世界占据重要地位，但城镇化水平却不足60%，这相当于工业化水平偏低的国家速度，成为国家经济发展的一个最大制约因素。因此，中国的城镇化进程中不仅要注意城镇化与工业化的同步，同时还要与市场化及市场化改革同步推进，在实现工业与城镇化协调的基础上，还要注重农业现代化的协调发展。以英国为例，英国土地资源相对匮乏，然而城镇化过程中必然会占用大量的土地，就会形成对农业用地的抢占，导致对农业发展产生影响。在此背景下，英国政府以转变农业发展方式作为突破点，通过利用以集约性、机械

化、高效率等为特点的发达规模化农业生产模式，来促进土地使用效率的提高，这样就很大程度上减轻了由土地不足所带来的负面影响。英国在农业发展进程中重视对生物技术的应用和推广，鼓励农业科技的创新。因此，英国形成了诸多具有一定规模的农业生物技术园区。例如，爱丁堡已经发展成为新兴的农业生物技术研发、制造中心，拥有85家农业生物技术公司。除上述提到的爱丁堡外，英国肯特郡、约克郡和曼彻斯特的生物技术工业水平也比较发达。

3.5.3 坚持城镇化发展中的制度建设与文化建设

（1）加强城镇化进程中的制度建设。由于国家制度建设尚不完善，城镇化发展出现新问题时，一些国家政府的宏观调控政策就会失灵。城镇化伴随着社会结构的转换，在此过程中受到城市和农村两个群体内诸多因素的共同影响。总结西欧国家的经验，可以发现城镇化进程本身就是各种相关制度创新改进的过程。例如，英国在城镇化进程中不断完善相关立法以保证城镇化建设能够健康发展。英国的城镇化经历了从最初的自由发展阶段，逐步向合理规划转变，在此过程中重视对城市的规划，并构建了能够适应城市一体化发展的更强模式。英国政府为了提高城市质量，提出建立"花园城市"的科学理念；制定了《城市规划法》，试图通过公共政策来对城镇化发展方向予以引导并加以干预；通过建立城市社会保障体系来对社会公平正义进行维护；在对城市病的治理过程中强调统筹城乡发展理念的应用等一系列举措。1795~1865年，英国政府废除了《定居法》，这为农民迁移减轻了法律障碍，并积极放宽对农民迁移的限制，促进农民迁移范围的扩大，为更多想要从农村进入城市的人口提供了法律上的保障。

为了帮助进入城市的农村人口解决住房问题，英国政府颁布了《工人住宅法》，这一法律的颁布有效地解决了英国贫民窟问题。英国注重立法，以立法推进社会治理，且英国制定颁布的法律具有很强的实际操作性，在运作的过程中基本上符合立法目的。例如，英国1834年颁布的《济贫法》（新版），促进工人待遇的大幅度提高，这部法律也被视为现代社会保障制度的萌芽，为推动英国社会福利体系完善起到了重要作用。19世纪英国通过了《公共卫生法》，两次颁布《工人住宅法》，以解决贫民窟问题，从立法角度大力推行使得"城市病"在20世纪初期基本上得以解决。纵观英国的总体进程，英国先后一共颁布了40多个关于城市的法规条例，这些法律的颁布为处理社会问题提供了依据，从根本上为城镇化的有序健康发展提供了保障。20世纪80年代，英国城乡一体化现象开始显现。第二次世界大战之后，英国政府加大对农业的干预和扶持力度，快速改善了国内农产品供给现状，增加的供给为农民带来了增收，随着农民收入的增加，农村落后的困境得以摆脱，农村开始快速发展并能与城市接轨。然而 200 多年城镇化发展历程过后，城乡之间的差异依然存在，尤其是基础设施和公共服务发展所展现出来的差异凸显，针对这一问题，英国政府成立了"农村事务委员会"，专门负责研究城乡差别，并积极制定消除差别的政策。

（2）形成完善的城市社会保障制度。城镇化的发展与社会保障体系的建立密不可分，对此学者提出了多种模型。凯恩斯（1986）主张对经济实行宏观调控，威廉·贝弗列奇则主张在全国推行社会保险制度。英国政府赞许学者关于城镇化建设进程中提出的思想和政策主张，并在政府的日常工作中予以应用推行。1952年英国伦敦的烟雾事件发生以后，政府更加关注城镇化所产生的负面问题，自此，英国开始大规模地治理城镇化负面问题。在社会治理过程中，英国政府一直秉承着"福利国家制度"，并将该制度在法律法规中予以推行，采用该种做法的目的是对市场资源配置机制所具有的局限性进行弥补。福利国家所推行的全面社会保障体系，与"正式的城市体系"相互依赖，且需要正式城市体系的贯彻实施。随着城镇化的不断推进，英国进入城镇化发展的后期阶段，开始更多关注生活质量的提高，此阶段城镇化所遇到的社会问题，无法依靠市场或者社会的单独力量解决，必须借助"正式的城市体系"进行相应干预。"正式的城市体系"是指通过颁布法律法规、对应建立起相应的组织机构，这些组织机构可以通过财政、金融和产业等手段的应用，满足住房需求，并且通过增加就业岗位、增强社会保障等方式，来弥补市场无法提供公共产品的缺陷，对城镇化的负效应进行治理。

（3）促进城镇化进程中的文化融合。纵观英国 200 多年的城镇化实践历程，充分说明城镇化并不是单纯的人进入城市。英国经济学家刘易斯是最先提倡城镇化的，他认为城镇化并不是乡下的人直接盲目涌入城市之中，而是通过将原来的乡村打造成城镇，促进产业升级换代的实现。但在城镇化的实际推进过程中，英国也曾偏离这一理念的轨迹，英国人曾一度将大城市作为其追逐的栖息地，政府及时地对这种错误做法进行了纠正，使得乡村环境并没有遭到破坏，乡村的树木没有被乱砍、住房也没有被乱拆，为居民长时间享受乡村带来的怀旧感提供了基础。英国的学者认为，城镇化中的一个重大课题就是要让文明历史脉络贯通，换言之，就是在城镇化推进的过程中要把现代元素和传统的生态元素融合到一起。过去的 200 多年里，英国城镇化发展的原动力都是城市对人的需要，很多时候人已经进入城市，但城市却并没有做好迎接新人的准备。现在英国政府在吸取这种教训的基础上，争取先规划好城市的建设工作，然后再开始迎接新人。这种做法表明城镇化理念已经发生转变，从过去的以城市作为中心，转变到如今的将人视为城市的核心，并将满足人的需要视为城市发展所追求的终极目标。在对大城市旧城区的改造和中小城市振兴方面，英国充分享受到了规划先行、有序发展所带来的效益。

20 世纪 70 年代，德国城镇化过程中注重对农业利益的保护，并加大对自然环境和人文环境的保护力度；20 世纪 80 年代，德国城镇化进程中的关注重点开始转移，更加注重对村镇的改造。城镇化不同时期处理重点的不同，使得德国在面临城镇人口和用地规模增大的双重压力之下，依然坚持了城镇建设用地规模适度化。以巴伐利亚州为例，自从 20 世纪 50 年代起，该州政府就制定了"村镇整体发展规划"，该规划涵盖了地块分布、基础设施改善、产业结构调整、传统文明的保护及对传统居民的整修等内容。首先，在产业结构调整方面，德国坚持继承基础上发展和创新，逐步推进传统的以农业型为主的村庄，向以第二、三产业为主的工商镇转变。其次，德国也十分重视城乡居民权利同享，农民享有一切城市居民的权利，如选举、教育、就业、迁徙、社会保障等。最后，注重外来人口与本地人口的融合。当前，德国一共有将近 700 万个的外来移民，占据总人口的18.3%。20 世纪 90 年代末期，德国政府在《移民法》作为基本准则的基础之上，增加了对移民参加融合课程的义务要求，并要求各级政府、宗教团体及广大的社会团体都积极参与到融合课程之中，这种做法为移民政策的完善起到了推动作用，通过一系列法律文件的实施，为移民融入本土社会之中增加了机会，促进了外来移民发展。

因此，中国政府应该积极借鉴发达国家城镇化进程中的先进经验，要在发挥政府主导作用的同时，也充分意识到市场机制所具有的重要作用，以政府规划作为核心，以此引导城镇化的健康发展，使城镇化进程中更加注重制度的完善和文化的建设，助力中国城镇化进程的有序推进，最终实现城乡一体化发展的目标。土地利用更加注重集约，推进城镇化进程可持续发展，并注重环境保护问题。环境保护问题是当前每个国家都需要解决的问题，城镇化进程带来人们生活方式改变的同时也增加了能源的消耗数量，当城市建设深入一定阶段，温室气体的排放也快速增加。各种城市废弃物的排放，加大了城市治理的难度，成为城镇化进程中治理的难题。在这样的问题下，如何尽量降低资源的占用，减少废弃物的排放成为一个值得关注的焦点。即便是像美国这种本身拥有较好土地资源条件的国家，也开始对各自城镇化过程中占地过多、能源消耗过量等模式进行反思，反思这种发展模式所带来的问题。中国虽然幅员相对辽阔，但国土面积中有近 60% 都位于生态脆弱区，这类区域无法开展大规模的城镇建设。加之中国巨大的人口数量，若不能够利用好资源，人均资源短缺就会成为制约中国发展的因素之一。因此，必须要认真吸取世界各国城镇化进程中的教训，在推进城镇化进程中要以各地区的资源承载力为依据，坚持走集约可持续发展道路，这样才能够促进中国城镇化的有序健康发展，这也是中国城镇化进程中的必然选择。

3.6　本　章　小　结

　　本章从世界城市化发展概况、世界城市人口变化发展的概况研究出发，进而研究发达国家与发展中国家城市化进程中人口空间格局演变的不同特征，总结发展中的规律和特点，为中国城镇化发展提供经验借鉴。其中主要的特征是：①城市人口变化率降低的趋势特点；②人口集聚更注重城市功能和生活质量的特点；③城市人口分布的离心化、外都市化特点。主要的启示是：①政府引导、市场拉动和非营利组织参与的多元城镇化；②城镇化发展与工业化、农业现代化发展相协调；③坚持城镇化发展中的制度建设与文化建设。

第 4 章　中国人口空间格局现状及特征分析

4.1　中国城镇化发展现状

常住人口城镇化率从中华人民共和国成立初期的 10.6%增长到 1978 年的 17.9%，2014 年的 54.77%，2018 年的 59.58%，再到 2019 年超过 60%，表 4-1 列出了部分年份全国及各省份的城镇化率。户籍制度的改革和居住证制度的推进，打破了农村和城镇之间人口流动的障碍，为农村人口向城镇转移提供了条件和保障，加快了人口自农村向城镇的流动速度，形成我国人口自农村向城镇流动的趋势。

表 4-1　2014~2018 年我国分地区年末城镇人口比重

区域	2014 年	2015 年	2016 年	2017 年	2018 年
全国	54.77%	56.10%	57.35%	58.52%	59.58%
黑龙江	58.01%	58.80%	59.20%	59.40%	60.10%
吉林	54.81%	55.31%	55.97%	56.65%	57.53%
辽宁	67.05%	67.35%	67.37%	67.49%	68.10%
北京	86.35%	86.50%	86.50%	86.50%	86.50%
天津	82.27%	82.64%	82.93%	82.93%	83.15%
河北	49.33%	51.33%	53.32%	55.01%	56.43%
山西	53.79%	55.03%	56.21%	57.34%	58.41%
内蒙古	59.51%	60.30%	61.19%	62.02%	62.71%
宁夏	53.61%	55.23%	56.29%	57.98%	58.88%
新疆	46.07%	47.23%	48.35%	49.38%	50.91%

区域	2014 年	2015 年	2016 年	2017 年	2018 年
青海	49.78%	50.30%	51.63%	53.07%	54.47%
陕西	52.57%	53.92%	55.34%	56.79%	58.13%
甘肃	41.68%	43.19%	44.69%	46.39%	47.69%
四川	46.30%	47.69%	49.21%	50.79%	52.29%
云南	41.73%	43.33%	45.03%	46.69%	47.81%
贵州	40.01%	42.01%	44.15%	46.02%	47.52%
西藏	25.75%	27.74%	29.56%	30.98%	31.14%
重庆	59.60%	69.94%	62.60%	64.08%	65.50%
湖北	55.67%	56.85%	58.10%	59.30%	60.30%
湖南	49.28%	50.89%	52.75%	54.62%	56.02%
河南	45.20%	46.85%	48.50%	50.16%	51.71%
江西	50.22%	51.62%	53.10%	54.60%	56.02%
山东	55.01%	57.01%	59.02%	60.58%	61.18%
江苏	65.21%	66.52%	67.72%	68.76%	69.61%
安徽	49.15%	50.50%	51.99%	53.49%	54.69%
浙江	64.87%	65.80%	67.00%	68.00%	68.90%
福建	61.80%	62.60%	63.60%	64.80%	65.82%
上海	89.60%	87.60%	87.90%	87.70%	88.10%
广东	68.00%	68.71%	69.20%	69.85%	70.70%
广西	46.01%	47.06%	48.08%	49.21%	50.22%
海南	53.76%	55.12%	56.78%	58.04%	59.06%

资料来源:《中国统计年鉴 2019》

4.2　人口格局的描述统计分析

4.2.1　人口密度变化及特征

人口密度可以用于衡量人口空间格局的地区差异,是测度人口空间格局的重要指标。选取人口密度作为衡量人口空间格局的指标,运用反距离空间插值方法,对六期人口数据进行空间化的表达，借助渐变等值图工具进行中国人口空间格局图的绘制。人口密度指标可以通过间隔法进行分级，这里将其分为 9 个等级，见表 4-2。从人口密度的等级划分能够比较直观地掌握人口空间格局情况，可以看出人口空间格局的演变和基本特征。人口空间格局图能够很好地呈现出人口在空间布局和分层集聚方面的特征。

表 4-2　人口密度分级表

密度等级	指标	密度等级	指标
集聚核心区	≥1 000 人/千米^2	高度集聚区	500~1 000 人/千米^2
中度集聚区	400~500 人/千米^2	低度集聚区	200~400 人/千米^2
一般过渡区	100~200 人/千米^2	相对稀疏区	50~100 人/千米^2
绝对稀疏区	25~50 人/千米^2	极端稀疏区	1~25 人/千米^2
基本无人区	0~1 人/千米^2		

我国人口密度在 1935~2010 年的演变过程见表 4-3，按照 9 级分层，人口集聚核心区、高度集聚区的人口密度发生了较大的增长，中度集聚区人口密度增长较缓，但面积增加较少，如高度集聚区，人口密度呈现出极其不平衡的状态。低度集聚区和一般过渡区的人口密度出现了下降的态势，面积总体变化不是很大，表明这两个层级区域的人口流向高度集聚区。相对稀疏区等其余四个等级区域的人口密度下降，面积也同时减少，面积的变化要比人口密度的变化大出很多，说明中国的人口密度是在逐年增加的。

表 4-3　中国人口密度分级单元面积和人口比例统计表（1935~2010 年）

年份	1935		1964		1982		1990		2000		2010	
密度等级	人口	面积	人口	面积	人口	面积	人口	面积	人口	面积	人口	面积
集聚核心区	3.27%	0.10%	6.51%	0.46%	11.63%	1.08%	10.97%	1.15%	23.48%	2.92%	24.61%	3.43%
高度集聚区	7.41%	0.62%	11.68%	2.02%	28.67%	7.00%	28.53%	7.60%	31.36%	8.85%	31.76%	9.71%
中度集聚区	6.00%	0.71%	10.87%	2.78%	11.68%	4.09%	11.14%	3.35%	7.28%	3.17%	7.55%	3.62%
低度集聚区	33.85%	6.49%	35.34%	13.91%	23.10%	12.74%	22.39%	11.15%	17.20%	11.89%	17.39%	13.16%
一般过渡区	23.82%	8.72%	19.96%	15.74%	15.35%	16.85%	17.38%	16.70%	12.74%	17.46%	12.25%	18.33%
相对稀疏区	14.76%	10.44%	10.01%	15.38%	6.02%	12.76%	5.94%	11.83%	5.11%	13.40%	3.93%	11.29%
绝对稀疏区	4.89%	7.02%	3.34%	10.08%	1.89%	8.06%	1.88%	7.80%	1.43%	7.67%	1.30%	7.90%
极端稀疏区	5.77%	47.82%	2.25%	31.67%	1.63%	30.60%	1.75%	40.32%	1.40%	30.52%	1.20%	28.38%
基本无人区	0.23%	18.09%	0.04%	7.95%	0.02%	6.81%	0.03%	0.01%	0.01%	4.12%	0.01%	4.20%

4.2.2　人口分布均衡变化特征

人口地理集中度，是衡量人口要素在某地区上集中程度的指标，能够反映出人口在空间上的分布情况。其计算公式为

$$GPR_i = \frac{Pop_i \Big/ Acr_i}{\sum Pop_i \Big/ \sum Acr_i}$$

其中，GPR_i 表示某一年份 i 地区的人口地理集中程度；Pop_i 表示 i 地区人口数量；Acr_i 表示 i 地区面积。选择 2014~2018 年的人口数据和土地面积数据，对各省（区、市）人口地理集中度进行计算汇总，见表4-4。

表 4-4　2014~2018 年各省（区、市）人口地理集中度

区域	2014 年	2015 年	2016 年	2017 年	2018 年
黑龙江	0.59	0.59	0.58	0.58	0.57
吉林	1.04	1.03	1.02	1.00	0.99
辽宁	2.12	2.11	2.09	2.07	2.06
北京	9.04	9.06	9.01	8.95	8.82
天津	9.47	9.60	9.63	9.54	9.50
河北	2.77	2.77	2.77	2.77	2.77
山西	1.65	1.64	1.64	1.64	1.64
内蒙古	0.15	0.15	0.15	0.15	0.15
宁夏	0.70	0.71	0.71	0.71	0.71
新疆	0.10	0.10	0.10	0.10	0.10
青海	0.06	0.06	0.06	0.06	0.06
陕西	1.30	1.29	1.29	1.29	1.29
甘肃	0.40	0.40	0.40	0.40	0.40
四川	1.19	1.19	1.20	1.19	1.19
云南	0.87	0.87	0.87	0.87	0.87
贵州	1.41	1.41	1.41	1.41	1.41
西藏	0.02	0.02	0.02	0.02	0.02
重庆	2.56	2.57	2.58	2.59	2.59

续表

区域	2014 年	2015 年	2016 年	2017 年	2018 年
湖北	2.21	2.21	2.20	2.20	2.19
湖南	2.24	2.25	2.24	2.24	2.24
河南	3.99	3.98	3.98	3.96	3.96
江西	1.92	1.91	1.92	1.92	1.92
山东	4.49	4.46	4.50	4.50	4.50
江苏	5.47	5.44	5.43	5.42	5.40
安徽	3.07	3.05	3.09	3.10	3.12
浙江	3.81	3.79	3.82	3.84	3.87
福建	2.21	2.20	2.22	2.23	2.24
上海	27.16	27.00	26.75	26.57	26.48
广东	4.20	4.18	4.26	4.30	4.34
广西	1.42	1.41	1.43	1.43	1.44
海南	1.87	1.86	1.88	1.89	1.89

通过表 4-4 的数据可以看出，上海、天津、北京等地人口地理集中度非常高；江苏、山东、广东、河南、浙江、安徽等地人口地理集中度很高；河北、重庆、湖南、福建、湖北、辽宁等地人口地理集中度高；海南、山西、广西、贵州、四川、陕西、吉林等地人口地理集中度低；云南、宁夏、黑龙江等地人口地理集中度很低；甘肃、内蒙古、新疆、青海、西藏等地人口地理集中度非常低。

无论是人口密度还是人口地理集中度，其计算结果基本保持一致，也就是两个指标所展示的人口空间分布高、低地区相同，人口数量越多、面积越小的地区人口密度和人口地理集中度越大。

4.3 人口分布的空间分析

空间自相关分析是借助统计学方法，通过计算被研究的变量所具有的空间自相关的水平，分析某一地理单元在其所处的地理空间中与外部单元之间的关系，找出它们在空间上呈现的格局和特征，进一步明确所研究的变量在指定空间上存在的相关性及水平。这种分析方法是测度空间自相关水平的常用方法。空间自相关分析通常包括全局空间自相关和局部空间自相关。两种不同的分析模型研究的内容和表现方式有一定差异。

4.3.1 全局空间自相关分析

（1）全局空间自相关分析模型。全局空间自相关能够将研究变量与其周围地理单元的关系判别出来，并归纳其在所处的整个地理空间区域中的总体特征，通常作为分析整个研究地理空间的分布格局特征的重要指数，该指数即全局关联指数，模型的表达式如下：

$$ I = \frac{n\sum_{i=1}^{n}\sum_{j=1}^{n}W_{ij}(X_i - X)(X_j - X)}{\sum_{i=1}^{n}\sum_{j=1}^{n}(W_{ij})\sum_{i=1}^{n}(X_i - X)^2} $$

（2）全局空间自相关分析特征。全局关联指数（Moran's I）能够衡量人口分布在总体地理区域内的特征，可以通过 Z 检验值对 Moran's I 指数进行显著性水平检验。通过计算可以发现，所有的 Moran's I 值都为正数，Z 检验值也都是正数，P 值都在 99.5%的置信区间内，表明 Moran's I 的显著性较强，即表现出正的空间自相关，这说明长期以来我国的人口空间分布格局呈现出明显的空间集聚状态。

综合来看，Moran's I 值的变化可以呈现出三个阶段，也就是人口空间集聚程度呈现三个阶段，见表 4-5。

表 4-5　中国人口密度 Moran's I 值（1935~2010 年）

年份	Moran's I	E（I）	Z-value
1935 年	0.301 1	−0.000 5	22.173 0
1964 年	0.438 7	−0.000 5	30.615 5
1982 年	0.405 6	−0.000 4	28.767 2
1990 年	0.377 8	−0.000 4	28.639 8
2000 年	0.310 1	−0.000 4	22.830 8
2010 年	0.257 4	−0.000 4	19.034 0

第一阶段，空间集聚效应持续增强阶段（1935~1964 年），在此期间，Moran's I 值显著增大，Z 检验值也增大，人口在空间分布上的集聚程度持续增强。

第二阶段，空间集聚效应稳定阶段（1964~1982 年），在此期间，Moran's I 值变化不大，稍有减小，人口在空间分布上的集聚程度变化不大。

第三阶段，空间集聚效应减弱阶段（1982~2010 年），在此期间，Moran's I 值显著减小，Z 检验值也减小，表明人口在空间分布上的集聚程度呈减弱趋势，主要是国家政策和发展战略产生的影响，人口分布格局出现分散化态势。

4.3.2 局部自相关分析

4.3.2.1 局部空间自相关分析模型

尽管 Moran's I 可以很好地衡量整个研究地理单元的变量与其相邻的地理空间单元存在的平均差异情况，但也有其不足，无法分析局部地理单元空间上的关联关系和关联程度。于是，局部空间自相关（local indicators spatial autocorrelation，LISA）可以弥补这一不足，利用局部空间关联指数能够很好地反映被测度的空间单元与其相邻空间单元的关联关系及相关程度，判定被研究的空间单元与相邻单元之间的空间局部相关性。局部空间自相关的表达式为

$$I = \frac{n\left(X_i - \bar{X}\right)\sum_{j=1}^{n} W_{ij}\left(X_i - \bar{X}\right)}{\sum_{i=1}^{n}\left(X_i - \bar{X}\right)^2}$$

4.3.2.2 局部空间自相关分析特征

Moran's I 散点图：通过计算获得的 6 期的 Moran's I 值，并形成以县级行政单元为基础的人口密度空间分布的散点图，能够反映 1935~2010 年不同阶段的全国人口密度的局部空间特征。Moran's I 散点图通过象限的不同划分，可以直观地反映全国各县级行政单元的人口空间密度，不同象限内的散点表示不同县级单元的人口密度，呈现出斜率的变化，即 Moran's I 的趋势。根据性质可以将四个象限进行划分，形成"高—高""低—高"，以及对应的"低—低"和"高—低"四种状态，这里具有均质性突出的空间自相关是第一和第三象限，具有异质性突出的空间负相关的是第二和第四象限。

从散点图可以直观地发现，在第一象限和第三象限中涵盖了中国大部分的县级单元，也就是表明这些落在这两个象限的县级单元呈现空间正相关，尤其是在第三象限的集中更明显，大部分围绕在斜率线左右，可以得出的结论是呈现"低—低"集聚的中国县级单元人口密度值的整体差异不大，产生的原因来自自然因素。同时，还能够发现，与斜率偏离比较大的那部分离群点，主要是分布在第二象限和第四象限，表明的是这部分地区的人口密度是"低—高"集聚，与其他的地区相比有较大的人口密度差异。还可以看到，这些区域的散点都呈现向周围扩散的状态，县级单元之间的空间集聚特征出现差异扩大的趋势，解释这个现象的原因

是不同区域经济社会发展的差异。

　　这是一种反映空间地理单元的属性的重要方法和指标,能够通过 LISA 图直观地分析研究单元与其相邻单元之间存在的相似程度和相异程度,并呈现出显著性的高低。它可以根据空间自相关的关联关系将集聚图划分为四种不同的类别,即"高—高""低—高",以及对应的"低—低"和"高—低"四种状态。其中,"高—高"表达的是所研究单元和其相邻的单元在人口密度上都较高。"低—高"表达的是所研究的单元区域人口密度低,而相邻单元的人口密度高。"低—低"表达的是所研究地理单元和其相邻的单元在人口密度上都处于较低水平。"高—低"表达的是所研究地理单元的人口密度较高,而与其相邻地理单元的人口密度都比较低的状态。在 6 期人口密度分布的 Moran's I 值计算之后,绘制出中国县级行政单元的人口密度的局部图。

　　从 LISA 图中可以看出,"高—高"类型的县级行政单元大部分集中在山东、河南、四川及广东等省份,这些地区的人口密度大,空间集聚明显,主要是因为这些地区的经济发展水平高,地区工作生活环境较为优越,大量人口流入,在辐射作用下与其相邻的地区的人口密度也随着增加,人口集聚特征明显。"低—低"类型的县级行政单元多数分布于中国西南和西北的省份,总体上处于"胡焕庸线"以西的地区,在"胡焕庸线"的东侧仅有零星的分布。原因很简单,这类型所处的区域在经济发展、地理条件等方面都缺少足够的吸引力,人口流入少,人口密度集聚程度低。其余的两种类型分布,数量不多,呈现明显的空间异质性,多数在"高—高"和"低—低"类型的周边,同样是受到地区的自然和经济因素影响。总体上可以得出,中国人口空间分布的局部特征是"高—高"和"低—低"类型,具有高度集聚特征,特别是"低—低"类型的表现更为突出,地区间关联度很高。其余两种类型数量少,具有空间自相关特征,且主要分布在前两种类型地区的周围或者是内部。

4.4　人口重心时空特征

　　人口重心通常作为反映人口空间分布的主要指标,可以确定研究地区的中心区位,还可以对人口分布的趋势进行判定。人口重心会随着时间发生推移,移动的轨迹能够很好地分析出特定时期里人口格局的时空特征,同时还能够看出人口与经济重心等相关要素之间发生的偏离和耦合情况。中国人口空间格局的演变实际上能够从人口重心的变化较好地体现出来,在城镇化的进程中,人口格局的变化与经济重心紧密关联。人口重心可以通过如下公式进行计算:

$$X = \frac{\sum\limits_{i=1}^{n} P_i X_i}{\sum\limits_{i=1}^{n} P_i}$$

$$Y = \frac{\sum\limits_{i=1}^{n} P_i X_i}{\sum\limits_{i=1}^{n} P_i}$$

人口重心按照时间的推移绘制出迁移曲线，就是依序将每一年的人口重心连起来，生成人口重心的变动曲线，通过这些变动的轨迹能够很好地呈现出人口的空间格局变化及演变的大致方向。曲线的变动就直观地呈现人口格局的时空演化过程。中国人口空间格局演变方向及变化趋势都可以从人口重心的曲线方向中呈现出来，与此同时，人口空间演变的速度也可以从人口重心迁移的速度中直观地看出来（表 4-6）。中国的人口重心经历 5 个时期的变化，依据表 4-6 的人口重心变化，可以发现，每年的移动幅度不大。中国的几何重心是（36°0′N，103°50′E），人口重心一直在该重心的偏东及偏南方向。所以，从人口重心的轨迹可以推断出中国的人口空间格局一直是呈现不均衡的特征，总体的空间格局没有出现比较明显的变化，人口格局重新分布的活跃度不高。其间，除了极个别时段，在政策、经济等影响作用下，重心移动方向有所不同之外，其余的时间都有一个总体一致的趋势和方向，即经度上是一直朝西移动，在纬度上基本上是朝南方向移动。尽管中国人口空间格局的变化特征在个别时段有所不同，但整体上呈现的是由东向西、由北向南的方向倾斜。同时，我们可以发现，中国的人口空间格局变化受一定历史时期内国家的政策、经济发展水平等相关因素的影响，与政治重心的变化及经济重心的转变有较大的关联。

表 4-6　中国县级人口重心移动方向与速度（1935~2010 年）

时期	移动方向	移动速度/（米/年）
1935~1964 年	东北	2 532
1964~1982 年	西南	1 518
1982~1990 年	东南	791
1990~2000 年	西南	2 039
2000~2010 年	西南	1 974

从空间跨度上看，我国人口空间分布呈现出两个特征。

第一，人口东多西少的格局未变，"胡焕庸线"依然是我国人口地理分界线。

1935 年胡焕庸先生提出，该线以东 36%的面积居住着 96%的人口；2000 年第五次人口普查数据计算得出"胡焕庸线"以东 43.8%的面积居住着 94.1%的人口；2014 年"胡焕庸线"以东 43.71%的面积居住着 94.39%的人口。"胡焕庸线"两侧人口占比略有变化，但从整体空间分布上看人口东多西少的格局并未发生变化，人口数量一直是东部>中部>西部>东北。人口地理集中度是反映人口在某地区集聚的重要指标，是某地区人口数量和土地面积之比，能够反映出人口空间分布状况。2010~2017 年我国各地区人口地理集中度均值分别如下：东部地区 7.02、中部地区 2.51、东北地区 1.23 和西部地区 0.85，从空间范围上看，"胡焕庸线"以东依然是人口集聚地，"东部地狭人稠、西部地广人稀"的人口空间分布格局已经形成。

第二，四大区人口密度自东部向中部、西部和东北依次递减。人口密度是反映人口分布形式和衡量人口分布地区差异的主要指标。人口密度级别的分割能够更加直观地反映人口分布情况，揭示人口空间分布特征及演化过程。本书将人口密度分为 7 级：Ⅰ级，人口密度 ≥1 000 人/千米^2，该级别地区属于人口的核心聚集区；Ⅱ级，人口密度在 500~1 000 人/千米^2，该级别地区人口高度集聚；Ⅲ级，300~500 人/千米^2，处于该级别的区域人口中度集聚；Ⅳ级，200~300 人/千米^2，该级别对应人口的低度集聚，换言之，人口虽然不如前几级密集，但依然处于聚集状态；Ⅴ级，100~200 人/千米^2，该级别人口已经开始呈现分散态势，并向稀疏过渡；Ⅵ级，50~100 人/千米^2，该级别地区的人口稀疏；Ⅶ级，1~50/千米^2，处于该级别的地区是我国典型的人口稀少地区，地广人稀特征明显。对我国 31 个省（区、市）的人口密度均值进行整理如下（表 4-7）。

表 4-7　2010~2017 年 31 个省（区、市）人口密度均值分类情况

分级	区域	东部	中部	西部	东北
Ⅰ级：1 000 人/千米^2	北京、天津、上海	3			
Ⅱ级：500~1 000 人/千米^2	江苏、浙江、山东、广东、河南	4	1		
Ⅲ级：300~500 人/千米^2	河北、福建、安徽、湖北、湖南、重庆	2	3	1	
Ⅳ级：200~300 人/千米^2	海南、山西、江西、贵州、广西、辽宁	1	2	2	1
Ⅴ级：100~200 人/千米^2	宁夏、陕西、云南、吉林、四川			4	1
Ⅵ级：50~100 人/千米^2	甘肃、黑龙江			1	1
Ⅶ级：1~50/千米^2	内蒙古、新疆、青海、西藏			4	

资料来源：国家统计局官网

依据 2010~2017 年 31 个省（区、市）的人口密度均值进行分级，Ⅰ~Ⅳ级属于人口分布的密集区，Ⅴ~Ⅶ级属于人口的稀疏区。可以发现我国东中部地区的全部省（区、市）均是人口分布的密集区，西部地区除重庆、贵州、广西属于人口

分布的密集区外其余省份均是人口稀疏区，东北地区仅有辽宁一个省份属于人口的低度密集区。以人口密度值反映人口的集聚程度，可以清晰地看出我国人口的空间分布情况，在新型城镇化进程中我国人口继续向上海、北京、天津、浙江、江苏、广东等沿海、沿江东部发达地区集聚，人口空间分布主要集中在东南部，呈现"东迁南下，向核心区聚集"的典型特征。

4.5　省际迁移人口规模分布现状及变化

20 世纪 70 年代末，我国进行改革开放之后，在国家各类政策的影响下，经济取得了快速的增长，与此同时，国家对人口在省际的流动管理也逐渐采取较为宽松的政策，因此，省际人口出现较大规模的迁移。在迁移过程中，无论是人口总量还是迁移的模式都呈现出较大的变化，有很多学者对此进行了深入研究。中国人口在省际的迁移规模日益增大，从 1985~1990 年的 1 106.54 万人，1995~2000年的 3 398.12 万人，再到 2005~2010 年的 5 499.33 万人，一直处于快速增长的态势，省际人口迁移数量在 20 年的时间内增加了 4 392.79 万人，这个数量变化是十分惊人的，以年均人口迁移量将近 20%的增速在变化。尽管到2010~2015年省际人口迁移数量有所减缓，是 5 327.63 万人，比 2005~2010 年的数量减少了 171.7 万人，但总体数量仍然是非常大的。而且迁移的趋势和方向也出现了一定的变化，改革前，省际人口迁移基本上由东向西，改革后，省际人口迁移的方向转为由西向东，再之后，方向又出现了变化，开始由东向西，这种变化与国家的经济发展及相关的政策有着密切联系。这种人口迁移的数量和规模已经十分快速了，但在迁移的强度上还与国际上的美国等其他国家的迁移强度有着一定差距。

本节所用的数据来源于中国人口普查的"四普"、"五普"和"六普"资料，以及 1995、2005、2015 年全国 1%人口抽样调查的资料，其中选择数据是从"按现住地和五年前常住地分的人口"的表中获取。在省际人口大规模的迁入、迁出过程中，人口在区域空间布局模式上也出现了相应的变化，见表 4-8。

表 4-8　中国省际人口迁入、迁出规模变化　　　　单位：万人

地区	1985~1990 年			1995~2000 年			2005~2010 年		
	迁入人口	迁出人口	差值	迁入人口	迁出人口	差值	迁入人口	迁出人口	差值
北京	67.27	13.21	54.06	188.97	17.44	171.53	382.78	40.60	342.18

续表

地区	1985~1990 年			1995~2000 年			2005~2010 年		
	迁入人口	迁出人口	差值	迁入人口	迁出人口	差值	迁入人口	迁出人口	差值
天津	24.46	7.22	17.24	49.20	10.43	38.77	149.71	21.34	128.37
河北	52.04	64.57	−12.53	76.99	87.22	−10.23	92.41	201.74	−109.33
山西	30.70	21.85	8.85	38.27	33.36	4.91	49.82	79.37	−29.55
内蒙古	25.43	30.31	−4.88	32.55	44.11	−11.56	82.77	64.76	18.01
辽宁	54.14	29.50	24.64	75.48	37.99	37.49	117.19	68.54	48.65
吉林	23.73	35.55	−11.82	25.40	52.93	−27.53	33.84	85.39	−51.55
黑龙江	36.74	60.75	−24.01	30.12	93.98	−63.86	32.19	146.32	−114.14
上海	66.55	13.26	53.29	216.78	16.29	200.49	490.05	40.10	449.95
江苏	79.11	62.05	17.06	190.84	124.10	66.74	488.73	189.35	299.38
浙江	33.59	63.23	−29.64	271.47	96.98	174.49	837.29	133.94	703.35
安徽	33.78	53.34	−19.56	31.35	289.30	−257.95	82.21	552.56	−470.35
福建	25.10	23.84	1.26	134.62	62.45	72.17	244.99	111.37	133.62
江西	22.49	29.38	−6.89	23.59	268.06	−244.47	69.84	348.33	−278.49
山东	60.94	53.48	7.46	90.41	87.82	2.59	133.56	201.50	−67.94
河南	47.78	58.96	−11.18	46.99	230.90	−183.91	42.97	543.04	−500.07
湖北	43.11	34.63	8.48	60.62	221.02	−160.40	84.35	380.42	−296.07
湖南	27.18	52.87	−25.69	36.26	326.12	−289.86	68.84	459.19	−390.35
广东	125.75	25.05	100.70	1 150.11	43.80	1 106.31	1 387.44	161.29	1 226.15
广西	14.25	58.89	−44.64	28.75	183.81	−155.06	59.78	282.05	−222.27
海南	15.01	10.60	4.41	21.77	12.96	8.81	33.77	23.59	10.18
重庆				44.78	110.31	−65.53	73.56	184.41	−110.85
四川	46.99	131.60	−84.61	58.96	439.55	−380.59	105.28	498.81	−393.53
贵州	19.05	31.28	−12.23	26.15	123.19	−97.04	59.19	268.08	−208.89
云南	25.03	27.75	−2.72	73.27	39.81	33.46	62.09	108.91	−46.82
西藏		5.46	−5.46	7.07	3.54	3.53	9.20	6.25	2.95
陕西	31.46	36.23	−4.77	42.30	71.93	−29.63	73.40	134.75	−61.35

续表

地区	1985~1990 年			1995~2000 年			2005~2010 年		
	迁入人口	迁出人口	差值	迁入人口	迁出人口	差值	迁入人口	迁出人口	差值
甘肃	19.92	28.07	−8.15	20.36	56.08	−35.72	26.02	104.69	−78.67
青海	11.58	10.21	1.37	7.69	12.32	−4.63	18.25	15.00	3.25
宁夏	9.19	5.66	3.53	12.88	8.74	4.14	23.90	15.07	8.83
新疆	34.17	27.74	6.43	114.22	21.68	92.54	83.98	28.67	55.31

4.5.1 省际迁入人口的空间分布

省际迁入人口的空间格局变化可以通过各省迁入人口数量与总迁移人口数量进行比较，从所占比例来直观衡量变化的趋势。按照"四普"、"五普"及"六普"的数据将 1985~1990 年、1995~2000 年及 2005~2010 年这几个阶段的省际迁入人口的空间格局变化形成图，加以分析。

第一个阶段，1985~1990 年。这一时间段内省际人口迁入的空间特征是总体均衡，即地区之间的迁入人口与总省际迁移人口的占比相差不大，在 0.82%~11.36%这个区间范围内。迁入人口数量最多的是广东，达到了 125.75 万人，迁入人口数量大于 4%的还有 8 个，即江苏（79.11 万人）、北京（67.27 万人）、上海（66.55万人）、山东（60.94 万人）、辽宁（54.14 万人）、河北（52.04 万人）、河南（47.78万人）及四川（46.99 万人），这几个地区迁入人口的数量达到了 600.57 万人，占省际迁移人口总量的比例是 54.27%。迁入人口数量低于 2%的地区只有 6 个，分别是甘肃（19.92 万人）、贵州（19.05 万人）、海南（15.01 万人）、广西（14.25 万人）、青海（11.58 万人）及最少的宁夏（9.19 万人）。其余的 16 个地区都处于 2%~4%，相对占比也比较高。

第二个阶段，1995~2000 年。这一时间段内省际人口迁入的空间特征是差异加大，集聚明显，即地区之间的迁入人口与总省际迁移人口的占比差异较大，在 0.22%~35.63%这个区间范围内。迁入人口数量大于 4%的地区比 1985~1990 年减少了 3 个，仅有 6 个，而且地区也更换了，新增了浙江和福建，只有上海、江苏、北京和广东保留，其中广东以 1 150.11 万人居于榜首。尽管地区数量减少了，但是这几个地区迁入人口的数量占总省际人口迁移数量的比重却比上一时期有了较大的提高，达到了 66.69%。从这几个地区变化可以看出，20 世纪 90 年代之后的中国省际人口迁入更趋向于经济发展较好的东部沿海地区及京津冀、长三角、珠三角等大的都市圈，整体上更为集聚。同时这些地区的迁入人口数量都比较大，基本上超过 100 万人，如浙江从上个时期的 33.59 万人，增加到 271.47 万人。占比在 2%~4%区间内的省际迁入人口数量的地区由 16 个减少至只有山东等 5 个地区。能够发现的是在 1995~2000 年这个时间内，东部沿海地区成为中国省际人口迁入的重要集聚区，空间格局发生了较大的变化。

第三个阶段，2005~2010 年。这一时间段内省际人口迁入的空间特征是差异继续加大，集聚更为突出，即地区之间的迁入人口与总省际迁移人口的占比差异进一步较大，集聚更为明显。迁入人口数量大于 4%的地区数量没有变化，还是广东等 6 个地区，但总的占比却继续增加，这 6 个地区的省际迁入人口的总量占比达到了总省际迁移人口数量的 69.67%，这些地区的迁入人口数量都比较大，基本上超过了 240 万人，其中，广东省的迁入人口数量是 1 387.44 万人，是中国迁入人口最多的地区。占比在 2%~4%区间内的省际迁入人口数量的地区继续减少，仅剩天津、山东和辽宁 3 个地区。能够发现的是，省际迁入人口更加集中趋向于东部沿海、长三角等地区。主要是由于这些地区在全国范围内，城镇化水平高，经济发展好，就业机会多，更多人选择迁入。

由省际迁入人口的数量来看，几个时间段内各地区人口迁入量都出现较大的增长，但也存在着几个减少的地区。例如，黑龙江在 1985~1990 年的人口迁入量是 36.74 万人，到了 1995~2000 年人口迁入量是 30.12 万人，出现迁入人口减少的趋势，在这个时间节点内具有同样情况的还有河南、安徽及青海 3 个地区。在 1995~2000 年和 2005~2010 年出现人口迁入数量减少的有云南、河南及新疆，其中新疆迁入人口量从 114.22 万人下降到了 83.98 万人。出现这种情况主要是因为在不同的时间段内，省际人口迁入的趋势是集聚，有些地区的迁入数量大幅度增长，如江苏等地处长三角都市圈的地区，依托地缘优势，人口迁入数量都超过了 270 万人，尤其是浙江，在 1995~2000 年和 2005~2010 年人口迁入量从 271.47 万人增长到 837.29 万人，增长了 565.82 万人。这些地区迁入人口的大量增加，使得人口迁移更为集中，而不具备优势的区域的人口迁入自然就面临着减少的局面。同时，迁移的方向也有所调整，由珠三角都市圈为中心向长三角区域方向转变。

4.5.2　省际迁出人口的空间分布

省际迁入人口的空间格局变化还可以通过各省迁出人口数量与总迁移人口数量进行比较，从所占比例来直观衡量变化的趋势。按照"四普"、"五普"及"六普"的数据将 1985~1990 年、1995~2000 年及 2005~2010 年这几个阶段的省际迁出人口的空间格局变化形成图，加以分析。

第一个阶段，1985~1990 年。这一时间段内省际人口迁出的空间特征是总体均衡，即地区之间的迁出人口与总省际迁移人口的占比相差不大。迁出人口数量最多的是四川，达到了 131.60 万人，迁出人口数量大于 4%的还有 9 个，即河北（64.57 万人）、浙江（63.23 万人）、江苏（62.05 万人）、黑龙江（60.75 万人）、河南（58.96 万人）、广西（58.89 万人）、山东（53.48 万人）、安徽（53.34 万人）及湖南（52.87 万人），这几个地区基本上处于中国的中部地区，迁出人口的数量达到了 659.74 万人，占省际迁移人口总量的比例是 59.62%。迁出人口数量低于 2%的地区只有 7 个，分别是山西（21.85 万人）、上海（13.26 万人）、北京（13.21 万人）、海南（10.60 万人）、青海（10.21 万人）、天津（7.22 万人）及最少的宁夏（5.66 万人）。其余的 14 个地区都处于 2%~4%，相对占比也比较高。

第二个阶段，1995~2000 年。这一时间段内省际人口迁出的空间特征是差异加大，集聚迁出区显现，即地区之间的迁出人口与总省际迁移人口的占比差异较大，在一定区间范围内形成比较典型的迁出区域。迁出人口数量大于 4%的地区比 1985~1990 年的数量减少了 3 个，仅有 7 个，而且省份也更换了，新增了安徽、江西和湖北，只有四川、湖南、河南和广西保留，其中四川以 439.55 万人居于榜首。尽管地区数量减少了，但是这几个地区迁出人口的数量占总省际人口迁移数量的比重却比上一时期有了较大的提高，达到了 60.68%。从这几个地区变化可以看出，20 世纪 90 年代之后的中国省际人口迁出更集中于中国的中南部地区，整体上更为集聚。同时这些地区的迁出人口数量都比较大，基本上超过 200 万人，如湖南从上个时期的 52.87 万人，增加到 326.12 万人。与四川、安徽共同占据了省际人口迁出规模的前三位，成为最主要的迁出地区。占比在 2%~4%区间内的省际迁入人口数量的地区由 14 个减少至只有江苏等 8 个地区，主要位于的中国东部沿海及中部。迁出人口数量低于 1%的地区有 8 个，分别是新疆（21.68 万人）、海南（12.96 万人）、青海（12.32 万人）、宁夏（8.74 万人）、北京（17.44 万人）、天津（10.43 万人）、上海（16.29 万人）及最少的西藏（3.54 万人），主要集中于西部地区。还有福建等 8 个地区处于 1%~2%。能够发现的是在 1995~2000 年，中国中南部地区成为中国省际人口迁出的重要集聚区，空间格局发生了较大的变化。

第三个阶段，2005~2010 年。这一时间段内省际人口迁出的空间特征是差异继续加大，集聚更为突出。即地区之间的迁出人口与总省际迁移人口的占比差异进一步加大，集聚更为明显。迁出人口数量大于 4%的地区数量增加了 1 个贵州，其余没有变化，还是四川等 7 个地区，总的占比与上一时期基本相当，这 8 个地区的省际迁出人口的总量占比达到了总省际迁移人口数量的 60.6%，这些地区的迁出人口数量都比较大，基本上超过了 200 万人，其中，安徽的迁出人口数量是 552.56 万人，是中国迁出人口最多的地区，与四川、湖南及河南共同占据了省际人口迁出规模的前四位，成为最主要的迁出地区，迁出量达到了 2 053.6 万人，占总量的

9%。占比在 2%~4%区间内的省际迁出人口数量的地区增加了 1 个，主要是河北、山东等 9 个地区。迁出人口数量低于 1%的地区仍然有 8 个，分别是新疆（28.67万人）、海南（23.59 万人）、青海（15.00 万人）、宁夏（15.07 万人）、北京（40.60万人）、天津（21.34 万人）、上海（40.10 万人）及最少的西藏（6.25 万人），主要集中于西部地区。还有甘肃等 6 个地区处于 1%~2%。能够发现的是，省际迁出人口更加集中趋向于中国中部等地区。主要是由于这些地区在全国范围内，人口数量多，就业机会少，更多人选择迁出。

由省际迁出人口的数量来看，几个时间段内各地区人口迁出量都出现较大的增长，尤其是河南等地区迁出规模增加明显，如河南在 1985~1990 年的人口迁出量是 58.96 万人，到了 2005~2010 年人口迁出量是 543.04 万人，出现迁出人口增加的趋势，在这个时间节点内具有同样情况的还有湖南、安徽及四川 3 个地区，迁出量都在 200 万人以上，共同构成了中国四大迁出地。同时，广东等几个地区迁出的人口数量也都超过了 100 万人，迁出人口的增加也从另外一个方面反映该地区的吸引力在减弱。

4.5.3　省际人口迁移强度分布现状及变化

借助 Pearson test 对不同时间节点的各省的人口迁入率、人口迁出率及人口净迁移率进行相关性检验，可以发现，1995~2000 年的各省份人口迁入率与2005~2010年的各省份人口迁入率具有较高的相关系数，达到了 0.914（$P<0.01$），这两个时间段的各省份人口迁出率及净迁移率之间的相关系数也比较高，分别是0.913（$P<0.01$）及 0.926（$P<0.01$）。通过这个系数可以表明，在这个时间段，省际人口迁移的空间格局处于相似的状态。对 1985~1990 年与上述两个时间段进行相关性检验，得出的结果是，各省迁入率与 1995~2000 年的相关系数是 0.781（$P<0.01$），与 2005~2010 年的是 0.792（$P<0.01$）。净迁移率相关性检验得出的系数是 0.818（$P<0.01$）与 0.815（$P<0.01$），结论可以表明的是 1985~1990 年的省际人口迁移在空间格局上有着较大的差异，尤其是在人口迁出率上的差异更大。本小节主要是针对省际人口迁入率、人口迁出率及人口净迁移率展开分析（表4-9~表 4-11）。

表 4-9　1985~1990 年中国各省（区、市）人口迁入率、迁出率及净迁移率

地区	迁入率	迁出率	净迁移率	地区	迁入率	迁出率	净迁移率
北京	6.58%	1.29%	5.29%	湖北	0.83%	0.67%	0.16%
天津	2.89%	0.85%	2.04%	湖南	0.46%	0.90%	−0.44%
河北	0.89%	1.10%	−0.21%	广东	2.00%	0.40%	1.60%

续表

地区	迁入率	迁出率	净迁移率	地区	迁入率	迁出率	净迁移率
山西	1.11%	0.79%	0.32%	广西	0.35%	1.45%	−1.10%
内蒙古	1.22%	1.45%	−0.23%	海南	2.32%	1.64%	0.68%
辽宁	1.41%	0.77%	0.64%	重庆			
吉林	0.99%	1.49%	−0.50%	四川	0.45%	1.25%	−0.80%
黑龙江	1.07%	1.77%	−0.70%	贵州	0.61%	1.00%	−0.39%
上海	5.21%	1.04%	4.17%	云南	0.70%	0.78%	−0.08%
江苏	1.22%	0.96%	0.26%	西藏			
浙江	0.82%	1.54%	−0.72%	陕西	1.00%	1.15%	−0.15%
安徽	0.62%	0.98%	−0.36%	甘肃	0.93%	1.31%	−0.38%
福建	0.87%	0.83%	0.04%	青海	2.71%	2.39%	0.32%
江西	0.62%	0.81%	−0.19%	宁夏	2.08%	1.28%	0.80%
山东	0.75%	0.66%	0.09%	新疆	2.36%	1.92%	0.44%
河南	0.58%	0.72%	−0.14%				

表 4-10 1995~2000 年中国各省（区、市）人口迁入率、迁出率及净迁移率

地区	迁入率	迁出率	净迁移率	地区	迁入率	迁出率	净迁移率
北京	14.49%	1.34%	13.15%	湖北	1.03%	3.77%	−2.74%
天津	5.11%	1.08%	4.03%	湖南	0.57%	5.13%	−4.56%
河北	1.17%	1.33%	−0.16%	广东	14.95%	0.57%	14.38%
山西	1.21%	1.05%	0.16%	广西	0.64%	4.12%	−3.48%
内蒙古	1.41%	1.91%	−0.50%	海南	2.94%	1.75%	1.19%
辽宁	1.82%	0.92%	0.90%	重庆	1.48%	3.64%	−2.16%
吉林	0.96%	2.01%	−1.05%	四川	0.71%	5.31%	−4.60%
黑龙江	0.82%	2.57%	−1.75%	贵州	0.74%	3.50%	−2.76%
上海	14.19%	1.07%	13.12%	云南	1.78%	0.97%	0.81%
江苏	2.66%	1.73%	0.93%	西藏	2.82%	1.41%	1.41%
浙江	6.09%	2.18%	3.91%	陕西	1.20%	2.04%	−0.84%
安徽	0.53%	4.86%	−4.33%	甘肃	0.82%	2.27%	−1.45%
福建	4.05%	1.88%	2.17%	青海	1.60%	2.56%	−0.96%

续表

地区	迁入率	迁出率	净迁移率	地区	迁入率	迁出率	净迁移率
江西	0.58%	6.62%	−6.04%	宁夏	2.43%	1.65%	0.78%
山东	1.02%	0.99%	0.03%	新疆	6.51%	1.24%	5.27%
河南	0.52%	2.53%	−2.01%				

表 4-11　2005~2010 年中国各省（区、市）人口迁入率、迁出率及净迁移率

地区	迁入率	迁出率	净迁移率	地区	迁入率	迁出率	净迁移率
北京	21.88%	2.32%	19.56%	湖北	1.48%	6.65%	−5.17%
天津	12.81%	1.83%	10.98%	湖南	1.07%	7.12%	−6.05%
河北	1.32%	2.87%	−1.55%	广东	14.14%	1.64%	12.50%
山西	1.44%	2.29%	−0.85%	广西	1.29%	6.09%	−4.80%
内蒙古	3.41%	2.67%	0.74%	海南	3.98%	2.78%	1.20%
辽宁	2.73%	1.59%	1.14%	重庆	2.59%	6.49%	−3.90%
吉林	1.24%	3.13%	−1.89%	四川	1.30%	6.14%	−4.84%
黑龙江	0.84%	3.82%	−2.98%	贵州	1.64%	7.44%	−5.80%
上海	24.02%	1.97%	22.05%	云南	1.37%	2.41%	−1.04%
江苏	6.37%	2.47%	3.90%	西藏	3.18%	2.16%	1.02%
浙江	16.19%	2.59%	13.60%	陕西	1.97%	3.62%	−1.65%
安徽	1.36%	9.16%	−7.80%	甘肃	1.01%	4.06%	−3.05%
福建	6.78%	3.08%	3.70%	青海	3.30%	2.71%	0.59%
江西	1.59%	7.95%	−6.36%	宁夏	3.90%	2.46%	1.44%
山东	1.42%	2.14%	−0.72%	新疆	4.01%	1.37%	2.64%
河南	0.46%	5.78%	−5.32%				

（1）省际人口的迁入率分析。按照 0~2%、2%~4%及>4%三个层次将人口迁入率进行划分，可以直观地看出如下特征。

在 1985~1990 年，省际人口迁入率在各省间的差异较大，高于 4%的地区只有北京与上海，而省际人口迁入率在 2%~4%的只有广东、新疆、天津、海南、宁夏及青海这 6 个地区，除了上述这 8 个地区之外的省际迁入率都比较低。

在 1995~2000 年，省际人口迁入率的空间分布又进一步发生了变化，高于 4%的地区由原来的 2 个，增加了广东、浙江、天津、福建及新疆这 5 个地区。可以看出，省际人口迁入率较高的区域主要是东部沿海地区，依托京津冀的有北京、天津的迁入区，依托珠三角都市圈的有广东、福建的迁入区，依托长三角都市圈的有浙江、上海的迁入区。

在 2005~2010 年，省际人口迁移率在区域间的差异变得更为突出，高于 4%的迁入率的地区基本上都集中于东部沿海地区，与上一时期相比，增加了江苏。在 2%~4%的基本位于青海等西北地区，还有海南、内蒙古、重庆及宁夏。中部地区的省际人口迁入率相比则比较低。

从省际人口迁入率的不同时期的地区差异对比能够发现，存在这样的特征，其中高于 4%的地区在历年的人口迁入率上变化特别明显，差距较大，随着时间增加得十分快，如上海、天津等几个地区的省际人口迁入率在几个时间段内都发生了较大的增长，同时，如广东、新疆等地区的人口迁入率却出现了减缓，继而降低的态势。低于 4%的地区的省际人口迁入率则比较稳定，变化不是十分明显。

（2）省际人口的迁出率分析。按照 0~2%、2%~4%及>4%三个层次将人口迁出率进行划分，可以直观地看出如下特征。

在 1985~1990 年，省际人口迁出率在区域间的差异较小，超出 2%的只有 1 个地区，而且整体上人口迁出率的波动不大，比较稳定。可以得出的结论是这个时期的特征是迁移强度较弱，没有产生比较集中的省际人口迁出地区。

在 1995~2000 年，省际人口迁出率发生了较大的变化，区域间的差异出现了较为明显的变化，集中的人口迁出区域产生。其中，省际人口迁出率比较高的地区基本上位于中部地区，出现了高于 4%的几个地区，主要是安徽、湖南、四川等 5 个地区，而在 2%~4%的地区包括河南、湖北等 10 个，与 1985~1990 年相比有了明显的变化。

在 2005~2010 年这一期间，省际人口迁出率在区域间的差异进一步扩大，人口迁出区域进一步增多，数量上高于 4%的地区增加到了 10 个，基本上位于中部地区，包括安徽、湖南、江西等。与此同时，省际人口迁出率在 2%~4%的地区也发生了较大的变化，数量上增加了 6 个，主要是黑龙江、吉林、宁夏、山东等 16 个地区。

从省际人口迁出率的不同时期的地区差异对比能够发现，存在这样的特征，省际人口迁出率均出现了不同程度的增长，只有新疆出现了降低。其中，人口迁出率高于 4%的地区，波动较大，如安徽、湖南等地区，人口迁出率增长迅速，成为主要的人口迁出区域。人口迁出率低于 4%的地区则比较稳定，没有太大的变化。

（3）省际人口的净迁移率分析。在不同的时间期内，省际人口的净迁移率在区域间的变化差异不断增大，可以直观地发现，1985~1990 年的省际人口净迁移率低于 5.3%，到了 1995~2000 年范围一下就扩大到了 14.38%，差异明显。到

2005~2010 年这一变化进一步增大，净迁移率的区间是-7.79%~22.06%，差异再次变大。在 1985~1990 年人口集聚的区域比较少，而且净迁移率都不高，高于 2%的只有北京等 3 个地区，表明这段时间内省际的人口迁移不活跃，规模不大。

在 1995~2000 年，差异明显扩大，高于 2%的地区由 3 个增加到了 7 个，在原有的北京、上海和天津的基础上，范围扩大到广东、新疆、浙江及福建，其中净迁移率最高的是广东，达到了 14.38%。同时低于-2%的省际人口净迁移率的地区出现了 9 个，主要是江西、四川、安徽、湖南、广西、贵州、重庆、湖北及河南，其中净迁移率最低的是江西，是-6.03%，这一时期，省际人口迁移的模型基本上形成。

在 2005~2010 年，省际人口迁移规模不断增大，基本上形成了人口迁入区与人口迁出区的格局。省际人口的主要迁入地区的布局也相对集中，基本上位于东部沿海地区，主要包括上海、天津、北京、福建、江苏等 8 个地区，净迁移率最大的是上海，达到了 22.06%，这些地区主要依托长三角等大都市圈。另外，在国家政策、经济发展、生态移民等诸多条件的推动下，新疆的净迁移率也超过了 2%。这 8 个主要人口迁入区，其中净迁移率增长的差异也比较大，有的增长十分迅速，如浙江，从上一个时期净迁移率 3.92%迅速增长为 13.60%，增长了近 6 倍，其他的地区增长也较为迅速，只有广东和新疆两个地区的净迁移率出现下降的态势。从数据能够发现，有 5 个地区的净迁移人口超过了 200 万人，其中广东排名第一，净迁移人口为 1 226.15 万人，其余的浙江、上海、北京及江苏等 4 个地区的净迁移人口之和达到了 1 794.86 万人，这几个地区的净迁移人口占总省际净迁移人口的 81.07%。其余超过 2%净迁移率的地区是福建、天津及新疆。

这一时期，人口迁出区域的数量也发生了较大变化，基本上位于中部地区，主要是安徽、江西、河南、贵州、重庆、黑龙江、广西、湖北等地区，其中，净迁移率最低的是安徽，达到了-7.79%。在这 11 个地区中，净迁出人口超过 200 万人的有 8 个，分别是安徽、湖北、河南、湖南、江西、四川、贵州及广西，迁出最多的地区是河南，人数到达了 500.07 万人，成为最大的迁出地区。超过 100 万人的地区有 3 个，分别是黑龙江、重庆及河北。其余的地区在这个时间段的人口净迁出的变化比较稳定，净迁移率在 2%~4%。

4.5.4　省际人口迁入、迁出的方向变化

1. 省际人口迁移来源方向变化

在分析了省际人口净迁移率的空间变化特征之后，进一步来分析省际人口迁移的来源和方向。观察在几个不同时间区间内人口在东西方向上进行省际迁移的规模的变化特征，明显地发现，由东向西的方向上省际人口迁移的规模要少于由

西向东方向上的人口迁移的数量，同时还呈现差异不断增大的趋势。在1985~1990
年由西向东的数量与由东向西的数量之间的比值是1.44，到1995~2000年这一比
值增长了将近3个点，达到了1.72，而到2005~2010年这个比值进一步增大，一
跃成为2.25。由人口在由西向东方向的迁移情况能够得出，各地区迁移的数量有
很大不同，基本上分布在广东以东的一些地区。在1985~1990年的省际迁移人口
总数的87.19%是由广东以东的地区接收完成的。在1995~2000年占总数93.76%的
由西向东的迁移人口都是由广东以东的这部分地区贡献完成的。到了2005~2010年
这一比重进一步增长，到达了95.13%。由此可以说明这部分地区是中国人口自西
向东迁移的主要的迁入区域，迁入大省基本形式，集中位于东部沿海地区，具体
包括浙江、江苏及上海等地区。对于由东向西的迁移人口接收得不多。由比较得
出的结论是接收从西向东迁移人口的地区特征表现如下，以广东为界，其以东的
地区多，其以西的地区少。

　　观察在几个不同时间区间内人口在南北方向上进行省际迁移的规模的变化特
征，从数据比较能够得出，几个时间段内的人口迁移情况变化比较大。1985~1990年
从南向北方向上的省际人口迁移的数量大，到了1995~2010年发生了变化，由北
向南方向上的省际人口迁移规模增大，而且比重较大。地区之间在人口迁移方向
和数量上的差异比较明显，以四川为界，其以南区域的各地区都主要集中于接收
北方迁入的人口，主要涉及了14个地区，除此之外的地区则主要是接收南方迁入
的人口。逐渐形成了以广东为中心的珠三角人口迁入区、以浙江、江苏为中心的
长三角人口迁入区和以北京为中心的京津冀人口迁入区，这三个迁入区主要是接
收南方迁入人口。不同时间段内，接收北方迁入人口的地区变化较大，在
1985~1990年基本上是集中于广东与上海所在区域。1995~2000年出现变化，在原
有地区基础上，扩大到了7个，增加了浙江、福建、江苏、北京及新疆5个地区，
能够发现在此阶段人口从南向北的迁移距离不断增加。2005~2010年，由南向北的
人口迁移格局又出现了变化，由7个减少到了5个，北京和新疆移除此列，基本
集中于广东等南方区域。

　　2. 省际人口迁移分散方向变化

　　在分析了省际人口主要迁入来源特征变化之后，进一步分析省际人口迁出的
方向变化特征。分析在不同的时间区间内不同地区的迁出人口的空间分布及规模
特征，首先分析东西方向上的变化。由数据能看出，迁出人口的变化特征基本上
以广东为界，其以东的区域是集中的迁出地，这与地理位置存在密切关系。具体
分析每一个阶段，1985~1990年，由东向西的省际迁移人口总数的78.78%是从广
东以东区域的迁出贡献完成的。1995~2000年这一特征进一步突显，向西迁移的
人口占总数的比重达到了81.25%，而到了2000~2010年，这一比重再度增加，

达到了 82.81%。再分析由西向东方向的省际人口分散情况，这个方向上迁移的人口基本是来源于中部地区，包括河南、湖北、江西等。在不同的时间段内，以河南为代表的中部地区贡献完成了向东迁移人口总数的 50%以上，其中 1995~2000 年达到了 78.78%。

进一步分析南北方向的人口迁出空间分布特征，可以看出，由北向南方向的省际人口迁出基本位于中国中部和北部地区，在不同的时间段内，以安徽等为代表的中部地区由北向南迁出人口的规模增长十分迅速。具体分析每一个时间阶段，能够发现，1985~1990 年，由北向南迁出人口总数的 34%是由中部地区的几个省份贡献完成的。到了 1995~2000 年，这一比重大幅增长，达到了 71.23%，翻了一倍多。在 2005~2010 年，尽管比重有所回落，但仍然占总数的 65.67%是由中部地区贡献的。再从由南向北方向迁出情况分析省际人口迁移特征，主要是以宁夏为界，其以南的区域是由南向北方向迁出人口的主要集中地，占据相当大的比重，不同时间段的占比都超过了 90%，其中 2005~2010 年增长值最大，占总数的 97.85%是由宁夏以南的中部地区贡献完成的。

4.5.5　不同区域间省际人口迁移

在分析了省际人口迁出、迁入来源和方向的基础上，对中国省际人口的空间分布进行了特征描述，形成了主要人口迁入区及人口迁出区，明确了人口迁移来源和分散的方向。接下来，从区域划分角度进一步对省际人口迁移进行分析。按照地理位置等因素将中国划分为四个区域，即东部地区（河北、北京、天津、山东、江苏、上海、福建、广东和海南）、中部地区（河南、安徽、江西、湖北、湖南、广西、贵州、四川、山西和陕西）、西部地区（内蒙古、宁夏、青海、甘肃、西藏、云南和新疆）及东北地区（黑龙江、辽宁和吉林）。

不同地理区域的省际人口迁移，在不同的时期有着不同的空间特征，从表4-12~表 4-14 中能够直观地看出，人口在不同区域间的迁移差异较大，总体上是不断增长的态势，数量增长最多的出现在东部地区和中部地区之间，而东北与西部地区之间人口迁移数量一直处于规模较小的状态，东北和中部地区之间的人口迁移总量也不大。由数据可以发现，东部地区和中部地区两个区域之间的人口迁移数量非常大，而且持续上升，在 1985~1990 年有 365.56 万人在两个区域之间发生迁移，这个数量贡献了总迁移数量的 33.04%。在 1995~2000 年这一数据又发生了变化，大幅增长了 1 000 多万人，达到了 1 975.98 万人，迁移人口数贡献了总迁移人口数 61.21%的份额。2005~2010 年再一次大幅增加了将近 1 500 万人，达到了 3 450.76 万人，迁移人口数贡献了总迁移人口数 62.75%的份额。同时期，其他区域之间的人口迁移规模都不大。尤其是东北与西部地区两个区域之间的人口迁移量非常少,三个时间段的迁移人口加总仅有 97.74 万人,与东部地区和中部地区之间的迁移量差距很大。这些特征也可以反映出不同区域间人口迁移的空间格局变化特征,接下来,按照不同区域进行具体的讨论。

表 4-12　1985~1990 年不同区域之间人口迁移规模　　　单位:万人

迁入	东部地区	中部地区	西部地区	东北地区
东部地区	179.52	271.38	48.60	50.32
中部地区	94.18	153.34	54.12	15.14
西部地区	26.88	67.32	18.49	12.64
东北地区	35.93	16.98	13.99	47.70

表 4-13　1995~2000 年不同区域之间人口迁移规模　　　单位:万人

迁入	东部地区	中部地区	西部地区	东北地区
东部地区	364.21	1 851.82	74.23	100.89
中部地区	124.16	247.02	52.79	14.05
西部地区	39.26	172.55	43.16	13.08
东北地区	31.86	26.17	16.09	56.88

表 4-14　2005~2010 年不同区域之间人口迁移规模　　　单位:万人

迁入	东部地区	中部地区	西部地区	东北地区
东部地区	717.00	3 146.68	196.81	180.24
中部地区	304.08	309.02	71.65	24.50
西部地区	59.34	173.29	53.26	20.32
东北地区	44.39	42.01	21.62	75.20

（1）西部地区。西部地区包括宁夏、青海、甘肃、西藏、云南、新疆、内蒙古,总人口占全国人口的 10.12%,面积却占了全国面积的 57.46%,内部整体的自然条件不好,区位条件的优势不足,主要是高原、山地和沙漠为主的地形,常年气候条件较为恶劣,生态条件十分差,经济社会发展水平滞后,能够满足人居条件的区域不多。这种情况下,西部地区的区域内省际人口迁移数量增长缓慢,总体规模不大,在 1985~2010 年总迁移人口数只有 114.91 万人,这种迁移的规模难以带动区域内人口活力,究其原因,主要是区域内的地理条件、经济发展水平及人居条件等要素的影响,制约了人口在区域省际的迁移。

从图 4-1 可以看出,不同时期西部地区与东北地区等其他三个区域之间的人口迁移的总体情况及空间分布格局。其中,西部地区与东北地区之间的省际人口迁移数量不大，迁移人口数量由"四普"期间的 26.63 万人增长到"六普"期间的 41.94 万人，在迁入与迁出数量上大体相差不多，西部地区迁往东北地区的人口数量要稍微多一些。主要是由于这两个区域之间空间距离比较远。

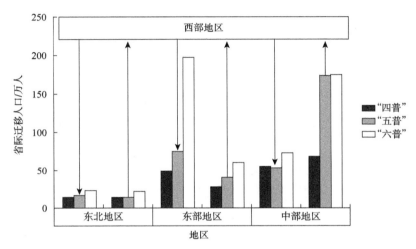

图 4-1　西部地区与其他地区间省际迁移人口

西部地区在与其他区域的人口迁移的特征上有较大的差别，与东北地区相比较，迁往中部地区的人口在规模和频次上都比较大而且数量相对稳定，从"四普"期间的 54.12 万人、"五普"期间的 52.79 万人及"六普"期间的 71.65 万人，迁出人数大体相当，增长幅度不大，没有大的波动。然而从迁入的角度看，却有很大的差异，从中部地区迁入西部地区的省际人口数量要多出很多，从"四普"期间的 67.32 万人一跃到"五普"期间的 172.55 万人，增长幅度超过了 100 万人，由此得出，西部地区是中部地区省际人口迁移的最主要的接收地。西部地区与东部地区尽管在空间上也存在着较远的距离，但是没有阻碍两个地区之间的人口迁移，加上经济、交通等条件的不断完善，迁移的规模在日益扩大。在不同时间段内，从西部地区向东部地区迁移的人口数量不断增长，由最初"四普"时期的 48.6 万人直接增长到"六普"期间的 196.81 万人，增长将近 150 万人。西部地区接收东部地区的迁移人口总量虽有增长，总量却不大，远远小于从西部地区迁出的人口数量，这也得出一个结论，就是西部地区在与东部地区的省际人口迁移过程中，是呈现人口流失的态势，尤其是"六普"时期表现得更为明显。

通过对西部地区人口迁移情况的分析，不难发现，尽管与东部地区等其他三个区域间的省际人口迁移的规模不断增长，已经从"四普"期间的 242.04 万人增长到了"六普"时期的 596.29 万人，也增长了 1 倍多，但与省际迁移人口总量相比较，贡献率却下降了很多，占比从 21.87%下降到了 10.84%。尤其是在"六普"

时期，由于迁往东部地区的人口数量不断增长，西部地区净迁移率变为负值，人口在空间上出现流失的特征。

（2）中部地区。中部地区包括河南、安徽、湖南、湖北及江西等省份，区域内总人口占全国人口的43.67%，所在区域的自然条件比较优越，气候和生态环境较好，以平原和盆地的地形地貌为主，矿产资源比较丰富，拥有重要的粮食基地，比较适合人类居住。

从图4-2及表4-10可以直观地看出，中部地区人口迁移的空间分布特征是以迁出区为主，大量人口从该区域迁出，人口不断外流，有几个省份成为中国最主要的人口迁出大省。净迁出人口的比重逐年上升，由"四普"期间的192.24万人的人口外流数量，到了"六普"期间，这一数值直接变成了2 961.75万人，一下增加了2 769.51万人，占全国省际迁移人口总量的比重也由17.37%上升到53.86%。这些外流人口主要的迁入地区是东部地区。逐渐呈现的一个趋势是人口迁移日益集中到东部地区和中部地区。具体的表现是，在"四普"期间的中部地区和东部地区的两个区域之间的人口迁移数量是1 106.54万人，贡献了全国省际人口迁移数量的33.04%的份额。在"五普"期间，中部地区和东部地区的两个区域之间的人口迁移数量是3 228.21万人，贡献了全国省际人口迁移数量的61.21%的份额。"六普"期间中部地区和东部地区的两个区域之间的人口迁移数量是3 450.76万人，贡献份额增长到了62.75%。

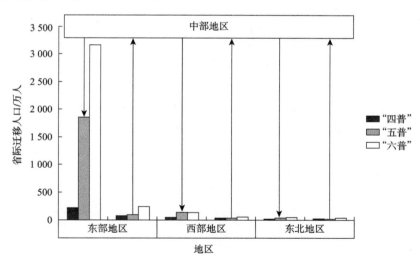

图4-2　中部地区与其他地区间省际迁移人口

综上所述，中部地区在省际人口迁移上表现出的特征如下：一是西部地区是主要的人口迁入地区，接收人口数量较大，西部地区与东北地区的省际人口迁移数量较东部地区和中部地区相对较少，但存在不断增长的趋势，且在总量上要比迁往东北地区的人口数量多；二是中部地区区域内的各地区之间的省际人口迁移规模在不断扩大，从"四普"期间到"六普"期间迁移人口增加了 215.68 万人；三是中部地区已经成为中国主要的人口迁出地，且人口迁出的规模也在不断扩大，尤其是从该区域迁往东部地区的数量逐年增长。

（3）东部地区。东部地区由江苏、上海、福建、广东和海南等省份组成，在地理区位上具有突出的优势，临海、气候条件好、社会经济发展好、人文环境也较为优越，拥有全国比较成熟的环渤海、长三角及珠三角等大都市圈，人口吸引力和竞争力都比较强。因此在这些自然、经济及人文等因素的影响下，大量的人口迁入该区域（图 4-3）。在"四普"、"五普"及"六普"期间都存在明显的净迁入状态，净迁入人口数量也快速增长，从"四普"期间的 213.31 万人快速增长到"六普"期间的 3 115.92 万人，在数量上整整增加了 2 902.61 万人，占全国迁移人口总数的比重也由"四普"期间的 19.28%上升到了"六普"期间的 56.66%，成为全国人口省际迁移的最主要的迁入地。其中由东部地区迁入的人口数量是最多的。

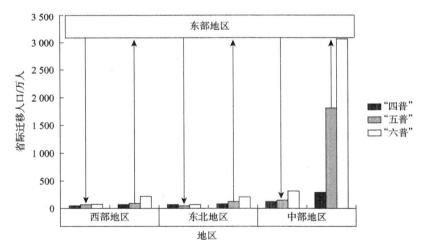

图 4-3　东部沿海地区与其他地区间省际迁移人口

与中部地区等其他的区域相比较，东部沿海地区区域内部的不同省份间进行的省际人口迁移规模也是不断增长的，且增长的量比较大，"六普"期间的区域内省际人口迁移的数量比"四普"期间增加了 537.48 万人。可以得出，东部地区已经成为中国人口空间省际迁移的重要集中区，尤其是成为中部地区的人口迁移的最主要的接收地区。

（4）东北地区。东北地区由黑龙江、吉林及辽宁三个省份组成，地理区位是中国东北部，是传统的老工业基地，重要农业产粮地区，气候条件具有分明的四季，以平原和山地为主要的地形，自然资源较为丰富，由于长期依赖于资源，经济发展水平相对不高。因为地理区位的影响，人口吸引力不强，面临着区域内人口不断迁出，人口外流态势逐年加重（图4-4）的问题。在"四普"、"五普"及"六普"期间都是呈现人口净迁出的空间特征，三个时期外流人口总数达到了182.14万人，其中"六普"期间比"四普"外流人口数增加了105.84万人。这些外流人口主要是流往东部沿海地区，尤其是在"六普"期间更为明显。由于地理区位的因素，在几个不同的时间段内，东北地区的区域内三个省份之间的人口迁移量逐年增长，比其他地区的区域内省份人口迁移量要活跃。"六普"期间比"四普"人口迁移数量多了27.5万人。可以看出，东北地区在省际人口迁移及空间分布上的总量偏小，主要是以东部地区作为迁入地。

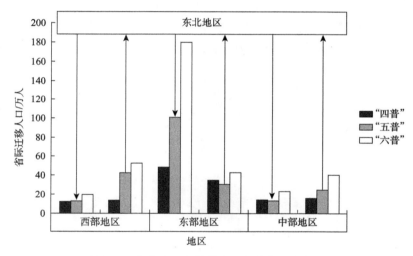

图4-4 东北地区与其他地区间省际迁移人口

（5）省际人口迁移和人口密度。通常情况下，人口空间迁移规律是由人口密度较高的区域迁往人口密度较低的区域，但由于自然、经济、社会、技术、国家政策等因素的制约，实际上的状态是人口在省际之间的迁移是由人口密度较低的区域迁往人口密度较高的区域。以下从人口密度与省际人口迁移方向的关系来分析空间人口流动的情况。

可以直观地发现，在"四普"、"五普"及"六普"期间中国不同地区内省份的人口密度的整体时空差异，其中，东部地区的人口密度最高，西部地区人口密度最低。西部地区区域内各省份的人口密度相差不大，整体偏低。四个区域的人口密度差异较大，以"六普"期间为例，按照西部地区、东北地区、中部地区及东部地区顺序，人口密度的平均值依序增加，分别为45.96人/千米^2、173.8人/千米^2、300.42人/千米^{2}及899.73人/千米^2。其中人口密度平均值最大的是东部地区，比西部地区的人口密度平均值高出了 18.6 倍。

在"四普"、"五普"及"六普"期间，不同地区的省际人口迁移存在着一定的差异（表 4-15），具体分析如下。在"四普"期间，从省际人口迁移的数量上看，东北地区与西部地区要比东部地区和中部地区少很多。但是从省际人口迁移活跃程度来看，则正好相反，东北地区与西部地区比东部地区和中部地区要高。例如，西部地区的省际人口迁移数量占其区域内总人口数的比重是 2.39%，比东部地区的 1.88% 要高出 0.51 个百分点。在"四普"期间，存在着人口从密度较高区域流向密度较低区域的现象。

表 4-15　不同区域省际人口迁移规模　　　　　单位：万人

时期	东北地区		中部地区		东部地区		西部地区	
	人口	比例	人口	比例	人口	比例	人口	比例
"四普"	192.70	2.00%	672.46	1.30%	706.81	1.88%	242.04	2.39%
"五普"	259.02	2.48%	411.16	3.45%	2 488.56	4.34%	2 586.43	6.07%
"六普"	408.28	3.76%	596.29	4.56%	4 131.23	7.08%	4 648.54	9.58%

进入"五普"时期，整体态势发生较大变化，不同地区的省际人口迁移数量进一步增加，尤其是东部地区和西部地区的省际迁移人口增长十分迅速。西部地区的省际人口迁移数量占其区域内总人口数的比重是 6.07%，比东北地区的 2.48% 要高出 3.59 个百分点。中部地区的省际迁移数量和活跃程度也不高，只有 3.45%。在此期间，省际人口迁移主要方向是由密度较低的地区向密度较高的地区移动，且主要是集中于东部沿海地区。

进入"六普"时期，省际人口迁移在不同地区之间的差异进一步扩大，尽管在迁移数量上及活跃程度上都有增长，但是趋势是东部地区和西部地区继续领跑于东北地区和中部地区，增长十分迅速。与上期相比较，"六普"时期的人口迁移方向主要从密度较低的区域向密度较高的区域进行流动，尤其是东部沿海地区。例如，西部地区的省际人口迁移数量占其区域内总人口数的比重是 9.58%，比东北地区的 3.76% 要高出 5.82 个百分点。

总体上看，表现出的特征如下：一是在"四普"时期，东北地区与西部地区要比东部沿海地区和中部地区活跃很多；二是省际人口迁移主要方向是由密度较低的地区向密度较高的地区移动，且主要集中于东部地区。

4.6　本　章　小　结

　　中国人口空间格局演化现状及特征是本书的核心内容之一，需要从人口密度、人口重心、人口空间分析、省际人口迁移特征等方面加以研究，为后续的研究提供前提条件。通过空间自相关分析，可以发现，中国大部分的县级单元呈现空间正相关，可以得出结论，中国县级单元人口密度呈现"低——低"集聚的差异不大，这一现象源自自然因素。同时，还能够发现，自相关分析中存在离群点，表明存在人口密度"低——高"集聚区域，与其他的地区相比有较大的人口密度差异。还可以发现，空间自相关分析中的区域散点向周围扩散，县级单元之间的空间集聚特征出现差异扩大的趋势，不同区域经济社会发展的差异能够解释这一现象的存在。

第5章　影响新型城镇化人口
空间格局的因素分析

我国一直高度重视人口空间分布格局问题。2007年发布的《国家人口发展战略研究报告》就明确提出要探索利用国土规划等措施，引导人口有序迁移和合理分布。2011年印发的《国家人口发展"十二五"规划》进一步明确提出要实施与主体功能区相配套的人口政策，促进形成合理的人口分布格局。1991年全国人民代表大会（以下简称人大）通过的"八五"计划，第一次使用"城市化"的表述。2001年全国人大通过的"十五"计划开始改称"城镇化"。2013年7月9日，中共中央政治局常委、国务院总理李克强在广西主持召开部分省区经济形势座谈会并做重要讲话，强调要推进"以人为核心"的新型城镇化。2013年12月召开的中央城镇化工作会议讨论了《国家新型城镇化规划》，有关部门根据会议讨论情况做出修改。2014年1月20日，《国家新型城镇化规划》修改完毕并上报，规划明确了新型城镇化建设目标、战略重点和配套制度安排。2014年3月，国务院印发了《国家新型城镇化规划（2014-2020年）》，并发出通知，要求各地区各部门结合实际认真贯彻执行。新型城镇化进程自此拉开帷幕。

新型城镇化的核心是人口城镇化，在新型城镇化进程中，人口空间分布蕴藏着巨大的潜力，是中国未来转型发展的最大推动力。合理的人口空间分布，能够带动就业、优化产业结构、提高生产效率、提高居民生活质量和社会福利，实现城乡统筹和可持续发展，最终实现"人的无差别发展"。因此，对新型城镇化进程中人口空间分布的影响因素进行分析，具有重要意义。本章将从影响新型城镇化人口空间分布的政策因素、经济因素、社会因素、技术因素、生态因素五个方面展开分析。

5.1　影响新型城镇化人口空间格局的政策因素

坚持以人为核心，引导人口的合理流动，有序地推进农业转移人口的市民化，稳步促进城镇基本公共服务常住人口全覆盖，不断促进人口素质的提升，以及人的全面发展，实现整个社会的公平和正义，使全体的居民都能够享受到现代化建设的成果，是国家新型城镇化发展规划坚持的基本原则。

人口空间分布是从数量和规模两个角度对人口的概述，是一定数量人口和人口规模在地域间的分布，是一个地区人口与其社会、经济、资源及环境相互作用的综合体现，并受社会生产方式及其经济发展水平的制约。20 世纪 50 年代，胡焕庸先生曾提出以黑河—腾冲线为中国人口的地理分界线，东南地区人口密集，西北地区人口稀少。政治因素对人口空间分布影响非常显著，会在短时间内造成人口空间分布的剧变。从新型城镇化政策演变看人口空间格局转变。

1. 健全农业转移人口落户政策，实施差别化落户政策

户籍是国家行政机关记载留存住户人口基本信息的法律文书，是公民在居住地享受公共服务、物资供应、社会福利的社会身份凭证。关于户籍传统上我国是划分为农业和非农业人口的，不同的户籍形成了不同社会身份的代表，导致城镇居民和农村居民之间面临了显著不同的发展机会，不公平性凸显。这种"画地为牢"的户籍制度，把农村人口束缚在乡村，无法进入城镇。随着经济的不断发展，户籍在限制城乡人口迁移方面的功能日益缩减，许多农民纷纷进城打工，形成大规模的"民工潮"，虽然这些农民从农村流向城镇，但并没有实现完全意义上的城镇化，即没有完成从"农民"到"市民"身份的转换。2014年国家新型城镇化规划指出，要有序推进农业转移人口市民化，健全农业转移人口的落户制度。对各类城镇提出了不同的要求，即结合当地的综合承载力，在综合考虑就业居住年限，以及社会保险参与年限的基础之上，因地制宜地提出具体的农业转移人口落户标准，积极引导农业人口到城镇中落户。国家新型城镇化发展规划明确表示"努力实现 1 亿左右农业转移人口和其他常住人口在城镇落户"，达成"常住人口城镇化率达到 60%左右，户籍人口城镇化率达到 45%左右，户籍人口城镇化率与常住人口城镇化率差距缩小 2 个百分点左右"的目标。在国家新型城镇化规划的引导下，农民工进城落户等问题，将逐步从梦想变成现实。

第一，推行居住证制度的改革。居住证制度是户籍改革中的一项重要内容，居住证制度的存在使得对人口登记掌握更加精准，为完善人口登记制度做出了一定贡献。在很多人看来，居住证制度的推行，是解决眼下所面临的现实问题的最

好选择，因为现阶段户籍制度不可能一刀切地取消，因此居住证制度可以从中起到调节作用。在促使农业人口转移为市民化的过程中，应该积极了解农业人口的意愿并予以尊重，让农业人口自主进行选择，结合各地区的综合条件，有序地推进，坚持以存量优先带动增量的原则，将专业人口列为重点的同时，也要重视对高等院校和职业院校毕业生、城镇间异地就业的人员和位于城郊的农业人口的统筹，坚持对户籍制度改革的统筹化和促进公共服务均等化的发展方向。优先对存量问题予以解决，可以通过条件筛查，帮助符合条件的落户人口转移；一定要促进中小城市的快速发展，并增强中小城市对人口的集聚能力，以及提高中小城市所具有的提供公共服务的能力，使之同新型城镇化发展相适应；扩大城镇基本公共服务的覆盖范围，实现常住人口全覆盖，争取最大限度促使改革红利的释放；加快制定《居住证管理办法》，将教育、就业、医疗等相关的领域改革和户籍制度改革相结合。

第二，实施差别化落户政策。计算城镇化率时，若以户籍人口来算的话，我国的城镇化率目前仅 35%左右，同世界水平的 52%相比较远远低于这一数值。我国现在实行的户籍和土地制度，横亘在城乡之间，这两种制度已经成为主要壁垒。在此背景之下，中共中央、国务院印发的《国家新型城镇化规划（2014-2020 年）》给出了明确的政策指导，即实行差别化的落户政策，根据城市人口规模的不同，推行不同的落户政策，对于建制镇和小城市放开其落户的限制，此外城市根据人口规模的不同有序放开相应的限制。户籍制度的变革依旧是农民进城的关键，也是加快新型城镇化进程步伐的一个重要推力。在国家相关政策的指导下，我国各类的城镇在推行健全农业专业人口落户制度时，一定要以当地的发展和综合承载力作为依据，制定出符合各地实际情况的具体的农业转移人口落户标准。户籍在限制城乡人口自由流动方面的功能极大减弱，我国人口开始更多地由农村向城市流动。

2. 农业转移人口享有城镇基本公共服务政策逐步推进

一直以来，城乡二元结构的存在是城乡基本公共服务均等化的一个障碍，使得城乡之间公共服务存在较大的差距，公共服务的二元体制状态明显。随着城镇化的不断深入推进，农业转移人口已经进入城镇居住，并且在城镇内实现了就业，有些甚至已经完成了全家迁移，但是他们并没有享受到和城镇居民相同的福利待遇。主要是因为以下问题的存在：农业转移人口没有得到有效的服务，且没能在其就业居住地享受到再就业的相关保障；转移人口随迁子女的教育问题，农业转移人口的随迁子女中部分无法享受到城镇子女所享受到的优质教育，据统计，农业转移人口随迁子女中仍有 20%在民办学校或者农民工子弟学校就读，这类学校师资力量相对薄弱，基础设施条件也相对落后，更加突出了随迁子女教育方面的相关问题，尤其是中考和高考问题；农业转移人口的医疗保险体系不健全，异地结算医保非常困难，"看病难、看病贵"问题凸显，在有些地方流动人口甚至无法和当地城镇居民享受到同等的公共卫生服务，其子女计划免疫的接种率较低；农业转移人口在城镇内参加社会保险的比率较低，且享受到的社会保障水平也较低，主要是因为农业转移人口在其流入地未能够享受到同等的社会福利待遇，也没能被纳入城镇住房保障体系之中；由于农业转移人口文化生活的贫乏，其所享受到的文化权益缺乏相应的保障制度。农业转移人口市民化的过程，其实可以看作公共服务日益均等化的过程。在此过程中，户口只是一种形式上的转化，随着转移过程的深入，转移人口所享受到的服务的具体变化才是根本。因此，要想推进农业转移人口市民化的顺利进行，必须要推进城镇基本公共服务全覆盖，以此来保证农业转移人口能够享受到同城镇居民同等的基本公共服务。

改革和完善城镇基本公共服务制度迫在眉睫。为了加快城镇化进程，推进农村人口向城镇人口的转移，对农业转移人口享有的基本公共服务政策逐渐完善和落实。第一，健全我国中小学生学籍信息管理系统。一方面，要为农业转移人口随迁子女提供学籍转接方面的便捷服务，帮助随迁子女学籍顺利转移；另一方面，要利用财政保障随迁子女的义务教育，力争让随迁子女接受的义务教育是以公办学校为主的。第二，完善公共就业创业服务体系。通过对农民工不断提供职业技能培训，帮助农民工提升其自身的能力及就业创业能力，引导农民工创业。针对帮助农民工创业方面，有关部门制定了农民工职业技能提升专门计划，给予转移到非农产业的劳动力初级就业技能培训；对同企业签订合同的在岗农民工，实行符合岗位技能要求的提升培训；对那些本身具有一定技能的农民工，展开高技能提升培训，并对这些农民工给予相应的补贴；对已经完成初中或高中阶段学习但无法继续升学而准备从事非农务工的人员，建立储备性预备制培训；积极开展社区的公益性培训，强化社区技能培训能力建设。第三，要扩大社会保障的覆盖面。按照法律的相关规定把农民工纳入城镇职工基本医疗保险范围之内，在全国实行统一的基本养老制度，扩大农民工参与城镇各类保险的比例。第四，改善基本医疗卫生条件。将农民工及其随迁的家属都纳入社区卫生服务的体系之中，提供免费的健康教育、保健、预防接种等公共服务。第五，拓宽住房保障渠道。农村人口进入城镇的障碍性因素之一是住房，城镇住房由于价格高，农民无法承受，而导致农村人口望而止步。随着廉租房、公租房、租赁补贴等多种方式帮助农民工改善居住条件后，解决了农民工进城的住房压力，为农民向城镇转移提供了动力。

3. 建立健全农业转移人口市民化推进机制

国家新型城镇化规划指出，要强化各级政府的责任，合理分担公共成本，充分调动社会力量，构建政府主导、多方参与、成本共担、协同推进的农业转移人口市民化机制。

第一，建立成本分担机制。农业转移人口市民化的过程中，面临义务教育、劳动就业、基本养老、卫生及住房等方面的成本投入，政府应该对这些成本予以承担，来帮助农民工减轻压力，以提高农民工融入城镇中的能力。从农业转移人口市民化的过程来看，其成本支出不是暂时性的而是一个长期的支出过程。从短期视角来看，需要政府来承担的主要是子女教育、公共卫生、低保及保障性住房等方面的支出。从长远视角看，随着转移人口在城镇居住时间的延长，其退休后的养老金发放也需要政府来给予补贴。同时转移人口不断增加，政府还需要对城镇的基础设施加大投资力度，来保障城镇对持续增加人口的供养。概括而言，农业转移人口市民化过程中所产生的成本并不是不可以承受的，关键是要在各级政府之间、政府和企业之间、企业和个人之间形成合理的成本分担机制。

第二，合理确定各级政府职责。在农业转移人口市民化进程中，中央政府应该肩负统筹责任负责政策的制定，各个省级政府应该对中央政府的政策予以落实，同时结合自己本省的实际情况，制定出符合本省发展的转移人口方案和与中央相配套的政策。各个市县政府基本上就是负责对具体实施细则的落实。目前，我国农业转移人口各级政府的责任划分尚不合理。要想保障农业转移人口能够平等地享受到基本公共服务，从中央政府的角度讲，应该加大对地方政府的转移性支付，但在对地方政府转移支付时要将转移人口公共服务支出因素和各地所能够吸收承载的外来人口数量一并纳入考虑范围之内。从地方财政角度讲，应该坚持以人为本的原则，将各项民生支出作为重点，优化财政支出的结构，持续增加基本公共服务投入，逐步建立起覆盖城乡、功能完善、分布合理、管理有效、水平适度的基本公共服务体系。

第三，完善农业转移人口社会参与机制。加深农民工融入城镇的程度，推进其以工作的方式融入企业之中，其子女通过入学融入学校，其家庭能够顺利融入所在社区之中，保证享受到城镇社会的生活，建造包容型的城市。提高农民工在各级人大代表中所占的比例，引导农民工加入党组织及各类社会组织之中，并引导转移人口合理有序地逐步参与到社区管理活动之中。不断强化对农民工的思想教育工作，帮助农民工提高自身的文明素质和科学文化水平，为农业转移人口参与社区建设和管理营造良好的氛围。政府和企业都应该加强对农业转移人口的人文关怀，丰富农民工的文化生活。

新型城镇化进程中，突出人的主体地位，制定各种政策规划引导农业转移人口市民化，从松动户籍制度限制，到对农业转移人口的公共服务保障，再到建立各种农业转移人口市民化的推进机制。这一系列政策的演变为农业转移人口进程减轻了制度性障碍，完善的政策体系极大地鼓励了人口自农村向城镇的转移，城镇人口数量超过农村人口数量，人口空间格局形成从农村向城镇集聚的明显趋势特征。

5.2 影响新型城镇化人口空间格局的经济因素

自从马尔萨斯以来，关于人口和经济之间的关系就成为学术界研究热点之一。不同的学者对人口和经济之间的关系具有不同的观点，很多数学家认为经济的快速发展能够带动人口的聚集，经济学家则认为经济和人口具有交互作用，如库兹涅茨（Kuznets，1955）认为，经济的繁荣加快了人口的增长，而人口的增长又推动经济的进一步增长。一般来讲，经济对人口的流动具有导向作用，进而影响人口的空间格局。

5.2.1 经济发展水平对人口空间格局的影响

GDP 被认为是衡量一个国家经济状况的最佳指标，能够反映出一个国家（或地区）的经济实力和市场规模。GDP 能够直接反映出一个国家或地区的经济发展状况和发展水平，通常来讲，GDP 总量和人均 GDP 越高的地区，经济发达程度越高，而经济发达程度越高的地区人口越密集。分别选取了 2000 年、2005 年、2010年、2014 年、2015 年、2016 年、2017 年和 2018 年共计 8 年的全国各省（区、市）的 GDP 总量、人均 GDP 和人口数量相关数据进行分析（表 5-1~表 5-4）。

表 5-1　2000~2005 年各省（区、市）GDP 总量、人均 GDP 及人口数量

区域	省（区、市）	2000 年			2005 年		
		GDP 总量/亿元	人均 GDP/元	人口数量/万人	GDP 总量/亿元	人均 GDP/元	人口数量/万人
东北地区	黑龙江	3 151.4	8 294	3 820	5 513.7	14 434	3 807
	吉林	1 951.51	7 351	2 716	3 620.27	13 348	2 682
	辽宁	4 669.06	11 177	4 221	8 047.26	18 983	4 184
华北地区	北京	3 161.66	24 122	1 538	6 569.52	45 444	1 364
	天津	1 701.88	17 353	1 043	3 905.64	35 783	1 001
	河北	5 043.96	7 592	6 851	10 012.11	14 782	6 674
	山西	1 845.72	5 722	3 355	4 230.53	12 495	3 247
	内蒙古	1 713.81	6 502	2 403	3 905.03	16 331	2 372

续表

区域	省（区、市）	2000 年			2005 年		
		GDP 总量/亿元	人均GDP/元	人口数量/万人	GDP 总量/亿元	人均GDP/元	人口数量/万人
西北地区	宁夏	295.02	5 376	596	612.61	10 239	554
	新疆	1 363.56	7 372	1 963	2 604.19	13 108	1 849
	青海	263.68	5 138	543	543.32	10 045	517
	陕西	1 804	4 968	3 690	3 933.72	9 899	3 644
	甘肃	1 052.88	4 129	2 545	1 933.98	7 477	2 515
西南地区	四川	3 928.2	4 956	8 212	7 385.1	9 060	8 329
	云南	2 011.19	4 769	4 450	3 462.73	7 835	4 241
	贵州	1 029.92	2 759	3 730	2 005.42	5 052	3 756
	西藏	117.8	4 572	280	248.8	9 114	258
	重庆	1 791	5 616	2 798	3 467.72	10 982	2 849
华中地区	湖北	3 545.39	6 293	5 710	6 590.19	11 431	5 646
	湖南	3 551.49	5 425	6 326	6 596.1	10 426	6 562
	河南	5 052.99	5 450	9 380	10 587.42	11 346	9 448
	江西	2 003.07	4 851	4 311	4 056.76	9 440	4 149
华东地区	山东	8 337.47	9 326	9 248	18 366.87	20 096	8 998
	江苏	8 553.69	11 765	7 588	18 598.69	24 560	7 327
	安徽	2 902.09	4 779	6 120	5 350.17	8 670	6 093
	浙江	6 141.03	13 416	4 991	13 417.68	27 703	4 680
	福建	3 764.54	11 194	3 557	6 554.69	18 646	3 410
	上海	4 771.17	29 671	1 890	9 247.66	51 474	1 609
华南地区	广东	1 041.25	12 736	9 194	22 557.37	24 435	8 650
	广西	2 080.04	4 652	4 660	3 984.1	8 788	4 751
	海南	526.82	6 798	828	918.75	10 871	789

资料来源：国家统计局官网

表 5-2 2010~2014 年各省（区、市）GDP 总量、人均 GDP 及人口数量

区域	省（区、市）	2010 年			2014 年		
		GDP 总量/亿元	人均 GDP/元	人口数量/万人	GDP 总量/亿元	人均 GDP/元	人口数量/万人
东北地区	黑龙江	10 368.6	27 076	3 833	15 039.38	39 226	3 833
	吉林	8 667.58	31 599	2 747	13 803.14	50 160	2 752
	辽宁	18 457.27	42 355	4 375	28 626.58	65 201	4 391
华北地区	北京	14 113.58	73 856	1 962	21 330.83	99 995	2 152
	天津	9 224.46	72 994	1 299	15 726.93	105 231	1 517
	河北	20 394.26	28 668	7 194	29 421.15	39 984	7 384
	山西	9 200.86	26 283	3 574	12 761.49	35 070	3 648
	内蒙古	11 672	47 347	2 472	17 770.19	71 046	2 505
西北地区	宁夏	1 689.65	26 860	633	2 752.1	41 834	662
	新疆	5 437.47	25 034	2 185	9 273.46	40 648	2 298
	青海	1 350.43	24 115	563	2 303.32	39 671	583
	陕西	10 123.48	27 133	3 735	17 689.94	46 929	3 775
	甘肃	4 120.75	16 113	2 560	6 836.82	26 433	2 591
西南地区	四川	17 185.48	21 182	8 045	28 536.66	35 128	8 140
	云南	7 224.18	15 752	4 602	12 814.59	27 264	4 714
	贵州	4 602.16	13 119	3 479	9 266.39	26 437	3 508
	西藏	507.46	17 072	300	920.83	29 252	318
	重庆	7 925.58	27 596	2 885	14 262.6	47 850	2 991
华中地区	湖北	15 967.61	27 906	5 728	27 379.22	47 145	5 816
	湖南	16 037.96	24 719	6 570	27 037.32	40 271	6 737
	河南	23 092.36	24 446	9 405	34 938.24	37 072	9 436
	江西	9 451.26	21 253	4 462	15 714.63	34 674	4 542
华东地区	山东	39 169.92	41 106	9 588	59 426.59	60 879	9 789
	江苏	41 425.48	52 840	7 869	65 088.32	81 874	7 960
	安徽	12 359.33	20 888	5 957	20 848.75	34 425	6 083

续表

区域	省（区、市）	2010 年			2014 年		
		GDP 总量/亿元	人均 GDP/元	人口数量/万人	GDP 总量/亿元	人均 GDP/元	人口数量/万人
华东地区	浙江	27 722.31	51 711	5 447	40 173.03	73 002	5 508
	福建	14 737.12	40 025	3 693	24 055.76	63 472	3 806
	上海	17 165.98	76 074	2 303	23 567.7	97 370	2 426
华南地区	广东	46 013.06	44 736	10 441	67 809.85	63 469	10 724
	广西	9 569.85	20 219	4 610	15 672.89	33 090	4 754
	海南	2 064.5	23 831	869	3 500.72	38 924	903

资料来源：国家统计局官网

表 5-3　2015 年、2016 年各省（区、市）GDP 总量、人均 GDP 及人口数量

区域	省（区、市）	2015 年			2016 年		
		GDP 总量/亿元	人均 GDP/元	人口数量/万人	GDP 总量/亿元	人均 GDP/元	人口数量/万人
东北地区	黑龙江	15 083.67	39 462	3 812	15 386.09	40 432	3 799
	吉林	14 063.13	51 086	2 753	14 776.8	53 868	2 733
	辽宁	28 669.02	65 354	4 382	22 246.9	50 791	4 378
华北地区	北京	23 014.59	106 497	2 171	25 669.13	118 198	2 173
	天津	16 538.19	107 960	1 547	17 885.39	115 053	1 562
	河北	29 806.11	40 255	7 425	32 070.45	43 062	7 470
	山西	12 766.49	34 919	3 664	13 050.41	35 532	3 682
	内蒙古	17 831.51	71 101	2 511	18 128.1	72 064	2 520
西北地区	宁夏	2 911.77	43 805	668	3 168.59	47 194	675
	新疆	9 324.8	40 036	2 360	9 649.7	40 564	2 398
	青海	2 417.05	41 252	588	2 572.49	43 531	593
	陕西	18 021.86	47 626	3 793	19 399.59	51 015	3 813
	甘肃	6 790.32	26 165	2 600	7 200.37	27 643	2 610

续表

区域	省（区、市）	2015 年			2016 年		
		GDP 总量/亿元	人均 GDP/元	人口数量/万人	GDP 总量/亿元	人均 GDP/元	人口数量/万人
西南地区	四川	30 053.1	36 775	8 204	32 934.54	40 003	8 262
	云南	13 619.17	28 806	4 742	14 788.42	31 093	4 771
	贵州	10 502.56	29 847	3 530	11 776.73	33 246	3 555
	西藏	1 026.39	31 999	324	1 151.41	35 184	331
	重庆	15 717.27	52 321	3 017	17 740.59	58 502	3 048
华中地区	湖北	29 550.19	50 654	5 852	32 665.38	55 665	5 885
	湖南	28 902.21	42 754	6 783	31 551.37	46 382	6 822
	河南	37 002.16	39 123	9 480	40 471.79	42 575	9 532
	江西	16 723.78	36 724	4 542	18 499	40 400	4 592
华东地区	山东	63 002.33	64 168	9 847	68 024.49	68 733	9 947
	江苏	70 116.38	87 995	7 976	77 388.28	96 887	7 999
	安徽	22 005.63	35 997	6 144	24 407.62	39 561	6 196
	浙江	42 886.49	77 644	5 539	47 251.36	84 916	5 590
	福建	25 979.82	67 966	3 839	28 810.58	74 707	3 874
	上海	25 123.45	103 796	2 415	28 178.65	116 562	2 420
华南地区	广东	72 812.55	67 503	10 849	80 854.91	74 016	10 999
	广西	16 803.12	35 190	4 796	18 317.64	38 027	4 838
	海南	3 702.76	40 818	911	4 053.2	44 347	917

资料来源：国家统计局官网

表 5-4　2017 年、2018 年各省（区、市）GDP 总量、人均 GDP 及人口数量

区域	省（区、市）	2017 年			2018 年		
		GDP 总量/亿元	人均 GDP/元	人口数量/万人	GDP 总量/亿元	人均 GDP/元	人口数量/万人
东北地区	黑龙江	15 902.68	41 916	3 789	16 361.62	43 274	3 773
	吉林	14 944.53	54 838	2 717	15 074.62	55 611	2 704
	辽宁	23 409.24	53 527	4 369	25 315.35	58 008	4 359

续表

区域	省（区、市）	2017 年			2018 年		
		GDP 总量/亿元	人均GDP/元	人口数量/万人	GDP 总量/亿元	人均GDP/元	人口数量/万人
华北地区	北京	28 014.94	128 994	2 171	30 319.98	14 0211	2 154
	天津	18 549.19	118 944	1 557	18 809.64	12 0711	1 560
	河北	34 016.32	45 387	7 520	36 010.27	47 772	7 556
	山西	15 528.42	42 060	3 702	16 818.11	45 328	3 718
	内蒙古	16 096.21	63 764	2 529	17 289.22	68 302	2 534
西北地区	宁夏	3 443.56	50 765	682	3 705.18	54 094	688
	新疆	10 881.96	44 941	2 445	12 199.08	49 475	2 487
	青海	2 624.83	44 047	598	2 865.23	47 689	603
	陕西	21 898.81	57 266	3 835	24 438.32	63 477	3 864
	甘肃	7 459.9	28 497	2 626	8 246.07	31 336	2 637
西南地区	四川	36 980.22	44 651	8 302	40 678.13	48 883	8 341
	云南	16 376.34	34 221	4 801	17 881.12	37 136	4 830
	贵州	13 540.83	37 956	3 580	14 806.45	41 244	3 600
	西藏	1 310.92	39 267	337	1 477.63	43 397	344
	重庆	19 424.73	63 442	3 075	20 363.19	65 933	3 102
华中地区	湖北	35 478.09	60 199	5 902	39 366.55	66 616	5 917
	湖南	33 902.96	49 558	6 860	36 425.78	52 949	6 899
	河南	44 552.83	46 674	9 559	48 055.86	50 152	9 605
	江西	20 006.31	43 424	4 622	21 984.78	47 434	4 648
华东地区	山东	72 634.15	72 807	10 006	76 469.67	76 267	10 047
	江苏	85 869.76	107 150	8 029	92 595.4	115 168	8 051
	安徽	27 018	43 401	6 255	30 006.82	47 712	6 324
	浙江	51 768.26	92 057	5 657	56 197.15	98 643	5 737
	福建	32 182.09	82 677	3 911	35 804.04	91 197	3 941
	上海	30 632.99	126 634	2 418	32 679.87	134 982	2 424
华南地区	广东	89 705.23	80 932	11 169	97 277.77	86 412	11 346
	广西	18 523.26	38 102	4 885	20 352.51	41 489	4 926
	海南	4 462.54	48 430	926	4 832.05	51 955	934

资料来源：国家统计局官网

　　从整理的近 8 年的 31 个省（区、市）的 GDP 和人均 GDP 数据来看，广东、江苏、山东、浙江、上海、重庆、北京、天津等地 GDP 总量和人均 GDP 相对较高，排名位于全国前列；宁夏、甘肃、青海、西藏、海南、黑龙江、吉林等地 GDP 总量相对较低，人均 GDP 数量也相对较低，排名相对靠后。2016 年我国 GDP 总量最高的广东 80 854.91 亿元，是 GDP 总量最低的西藏 1 151.41 亿元的约 70 倍；人均 GDP 最高的北京 118 198 元，是人均 GDP 最低的甘肃 27 643 元的约 4.3 倍。2017 年我国 GDP 总量最高的广东 89 705.23 亿元，是 GDP 总量最低的西藏 1 310.92 亿元的 68 倍多；人均 GDP 最高的北京 128 994 元，是人均 GDP 最低的甘肃 28 407 的约 4.5 倍。2018 年我国 GDP 总量最高的广东 97 277.77 亿元，是 GDP 总量最低的西藏 1 477.63 亿元的近 66 倍；人均 GDP 最高的北京 140 211 元，是人均 GDP 最低的甘肃 31 336 的约 4.5 倍。从各省（区、市）的数据来看，各地区经济发展水平差异较大，在较大经济发展水平差异的驱动下，西部经济发展水平较低的地区人口数量减少，东部经济发展水平较高的地区人口数量增加。

　　为了更清晰地看出经济发展水平对人口空间格局的影响，将搜集整理的 2000~2018 年的统计数据进行汇总（表 5-5），按照地理位置的划分，将我国七大地区的人口在全国占比及 GDP 在全国占比进行计算汇总。

表 5-5　各地区人口、GDP 在全国占比

	项目	东北地区	华北地区	西北地区	西南地区	华中地区	华东地区	华南地区
2000 年	人口总量/万人	10 757	15 190	9 337	19 470	25 727	33 394	14 682
	人口数量全国占比	8.37%	11.82%	7.26%	15.15%	20.01%	25.98%	11.42%
	GDP 总量/亿元	9 771.97	13 467.03	4 779.14	8 878.11	14 152.94	34 469.99	3 648.11
	GDP 总量全国占比	10.96%	15.10%	5.36%	9.96%	15.87%	38.66%	4.09%
2005 年	人口总量/万人	10 673	14 658	9 079	19 433	25 805	32 117	14 190
	人口数量全国占比	8.47%	11.64%	7.21%	15.43%	20.49%	25.50%	11.27%
	GDP 总量/亿元	17 181.23	28 622.83	9 627.82	16 569.77	27 830.47	71 535.76	27 460.22
	GDP 总量全国占比	8.64%	14.40%	4.84%	8.33%	13.40%	35.98%	13.81%
2010 年	人口总量/万人	10 955	16 501	9 676	19 311	26 165	34 857	15 920

续表

	项目	东北地区	华北地区	西北地区	西南地区	华中地区	华东地区	华南地区
2010 年	人口数量全国占比	8.21%	12.37%	7.25%	14.48%	19.62%	26.13	11.94%
	GDP 总量/亿元	37 493.45	64 605.16	22 721.78	37 444.86	64 549.19	152 580.14	57 647.41
	GDP 总量全国占比	8.58%	14.78%	5.20%	8.57%	14.77%	34.91%	13.19%
2014 年	人口总量/万人	10 976	17 206	9 909	19 671	26 531	35 572	16 381
	人口数量全国占比	8.06%	12.63%	7.27%	14.44%	19.47%	26.11%	12.02%
	GDP 总量/亿元	57 469.1	97 010.59	38 855.64	65 801.07	105 069.41	233 160.15	86 983.46
	GDP 总量全国占比	8.40%	14.18%	5.68%	9.62%	15.35%	34.07%	12.71%
2015 年	人口总量/万人	10 947	17 318	10 009	19 817	26 657	35 760	16 556
	人口数量全国占比	7.99%	12.63%	7.30%	14.46%	19.45	26.09%	12.08%
	GDP 总量/亿元	57 815.82	99 956.89	39 465.8	70 918.49	112 178.34	249 114.1	93 318.43
	GDP 总量全国占比	7.80%	13.83%	5.46%	9.81%	15.52%	34.47%	12.91%
2016 年	人口总量/万人	10 910	17 407	10 089	19 967	26 831	36 026	16 754
	人口数量全国占比	7.91%	12.62%	7.31%	14.47%	19.45%	26.11%	12.14%
	GDP 总量/亿元	52 409.79	106 803.48	41 990.74	78 391.69	123 187.54	274 060.98	103 225.75
	GDP 总量全国占比	6.72%	13.69%	5.38%	10.05%	15.79%	35.13%	13.23%
2017 年	人口总量/万人	10 875	17 479	10 186	20 095	26 943	36 276	16 980
	人口数量全国占比	7.83%	12.59%	7.34%	14.47%	19.40%	26.13%	12.23%
	GDP 总量/亿元	54 256.45	112 205.08	46 309.06	87 633.04	133 940.19	300 105.25	112 691.03
	GDP 总量全国占比	6.40%	13.25%	5.47%	10.34%	15.81%	35.43%	13.30%

续表

项目		东北地区	华北地区	西北地区	西南地区	华中地区	华东地区	华南地区
2018年	人口总量/万人	10 836	17 522	10 279	20 217	27 069	36 524	17 206
	人口数量全国占比	7.76%	12.55%	7.36%	14.48%	19.38%	26.15%	12.32%
	GDP总量/亿元	56 751.59	119 247.22	51 453.88	95 206.52	145 832.97	323 752.95	122 462.33
	GDP量全国占比	6.20%	13.04%	5.63%	10.41%	15.94%	35.39%	13.39%

资料来源：国家统计局官网

从各地区人口占全国总人口比例可以看出，我国人口主要分布在华东、华中、华北、华南地区，东北、西南和西北地区人口分布相对较少。从各地GDP量全国占比来看，从高到低依次是华东、华中、华北、华南、东北、西南和西北，即经济发展水平与人口空间分布集中度之间具有高度一致性。

GDP数值高的地区也是人口分布密集的地区。华中、华东和华南地区GDP量全国占比达60%以上，分布在这些地区的人口也占我国总人口的一半以上，可以看出GDP数值越高表明该地区经济发展水平越高，经济活动越多，随着GDP不断提高，带来就业机会的增加、人均收入的增长及社会综合条件的改善等，为人口的聚集提供较强的吸引力。总体上，经济的发达程度和对人口的吸引力成正比，经济发达地区城镇密度大，人口密集，经济欠发达地区城镇密度小，人口稀疏。因此，经济发展水平的高低直接影响到人口空间格局的密集和稀疏。

5.2.2 产业结构调整对人口空间格局的影响

产业结构调整影响城市空间布局，进而影响人口空间格局。三次产业占比是衡量经济发展类型和经济结构的重要指标。通过整理2014~2018年共5年的数据发现，我国整体产业结构不断优化，第三产业占比不断提高，第一产业占比有所下降，已经形成"三、二、一"的产业格局。2015~2018年，我国第三产业占比一直保持在50%以上，且逐步提升（表5-6）。

表5-6 2014~2018年我国三次产业构成情况

年份	2014	2015	2016	2017	2018
第一产业占比	8.7%	8.4%	8.1%	7.9%	7.2%
第二产业占比	43.3%	41.1%	40.1%	40.5%	40.7%
第三产业占比	48.0%	50.5%	51.8%	51.6%	52.2%

资料来源：国家统计局官网

　　从三次产业各自的区域分布上看，第一产业主导的城市集中于东北地区、中部地区；第二产业主导的城市集中于中部、东北地区，多为资源型城市；第三产业主导的城市相对集中在东部地区，涵盖较多省会城市和发达地级市。整理2014~2018 年全国各地区三次产业增加值情况发现（表 5-7），华东地区、华中地区、华北地区和华南地区第三产业增加值较多，第三产业占比提升较快，东北地区、西北地区、西南地区第三产业增加值相对较少，第三产业占比提升较慢。通过 2014~2018 年的人口数据可以看出，我国人口主要集中分布在广东、江苏、河南、山东、四川、北京、天津、河北、安徽、湖北和湖南。与第三产业增加值速度较快的省份基本保持一致，换言之，第三产业占比越高的省（区、市），人口分布越多，即随着产业结构不断优化，第三产业占比提升能够带动人口的迁移聚集。

表 5-7　全国各地区 2014~2018 年三产业增加值情况　　　　单位：亿元

区域	2014 年			2015 年		
	第一产业增加值	第二产业增加值	第三产业增加值	第一产业增加值	第二产业增加值	第三产业增加值
东北地区	6 421.12	27 215.64	23 832.34	6 613.81	24 845.76	26 356.25
华北地区	6 123.09	42 703.2	48 084.3	6 189.06	40 828.58	52 939.25
西北地区	4 437.22	19 028.2	15 390.22	4 557.49	17 760.21	17 148.1
西南地区	7 954.24	29 967.57	27 879.26	8 621.88	30 257.59	32 039.02
华中地区	12 169.37	51 398.95	41 501.09	12 624	52 643.32	46 911.02
华东地区	14 741.32	110 578.41	107 840.4	15 482.65	113 244.67	129 386.78
华南地区	6 389.78	39 620.68	40 973	6 765.71	41 206.88	45 345.84

区域	2016 年			2017 年		
	第一产业增加值	第二产业增加值	第三产业增加值	第一产业增加值	第二产业增加值	第三产业增加值
东北地区	6 342.04	20 012.18	26 055.57	5 962.89	20 258.91	28 034.65
华北地区	6 264.99	41 355.34	59 183.15	5 788.29	41 945.13	64 471.66
西北地区	4 789	18 391.71	18 810.03	4 642.07	20 518.54	21 148.45
西南地区	9 389.65	32 136.7	36 865.34	10 031.8	35 059.5	42 541.74
华中地区	13 428.44	56 100.91	53 658.19	12 501.91	60 320.74	61 117.54
华东地区	15 911.9	121 479.11	136 569.97	15 719.97	131 353.03	153 032.25
华南地区	7 439.52	44 289.27	51 496.96	7 452.58	46 455.26	58 783.19

续表

区域	2018 年					
	第一产业增加值	第二产业增加值	第三产业增加值			
东北地区	6 195.01	20 466.89	30 089.69			
华北地区	6 123.86	43 194.01	69 929.35			
西北地区	4 991.53	22 772.44	23 689.91			
西南地区	10 593.58	36 632.86	47 620.03			
华中地区	12 797.81	63 827.53	69 208.49			
华东地区	16 181.45	139 203.11	168 368.37			
华南地区	7 851.92	49 863.92	64 747.53			

资料来源：国家统计局官网

2014~2018 年，我国各地区产业结构都在不断调整优化，三次产业增加值都在不断提升，第三产业增加值在总产量中所占份额最高、速度最快，各省份已经基本形成"三、二、一"的产业格局。从表 5-7 的数据中可以看出，华东地区（山东、江苏、安徽、浙江、福建、上海）第三产业增加值最高，增速最快，与第三产业增加值相呼应，2014~2018 年华东地区每年分别增加 183 万人、188 万人、266 万人、250 万人和 248 万人，平均每年增加 200 万人以上。2018 年我国三次产业就业人员分别为 20 258 万人、21 390 万人和 35 938 万人，占比分别为 26.1%、27.6% 和 46.3%，第三产业已经成为吸纳就业人口的主力，因此，第三产业增加值越高的地区，提供的就业机会就越多，能够吸纳的就业人口数量也就越多，人口的空间格局也相对集中。

将 2014~2018 年我国各地区三次产业增加值情况和人口增加值情况作图进行分析（图 5-1~图 5-5），从整体来看，我国各地区人口增加情况和第三产业增加值呈同趋势变动，且第三产业增加值越高的地区人口数量增加的也越多。但是，东北地区虽然自 2014~2018 年第三产业增加值也在不断提升，2014 年东北地区第三产业增加值为 23 832.34 亿元，2018 年东北地区第三产业增加值为 30 089.69 亿元，其人口增长数量却是从 2014 年的 0 增长，一直保持负增长，到 2018 年的-39 万人，人口与第三产业增加值呈反方向的变动，这与东北地区经济发展水平常年落后和经济发展条件薄弱有关，故即使东北地区第三产业增加值不断提高，东北地区的人口也在不断减少，形成人口外流的趋势。

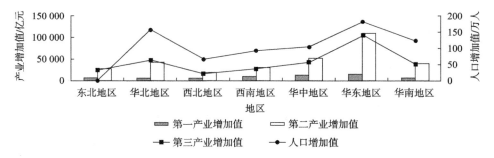

图 5-1　2014 年我国各地区三产业增加值和人口增加数量图

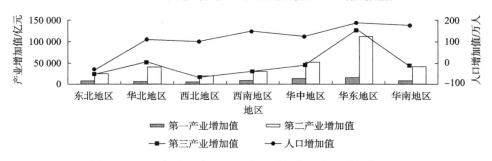

图 5-2　2015 年我国各地区三产业增加值和人口增加数量图

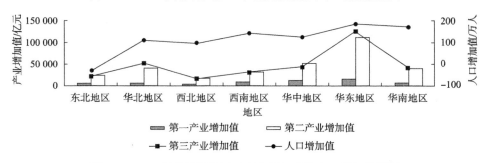

图 5-3　2016 年我国各地区三产业增加值和人口增加数量图

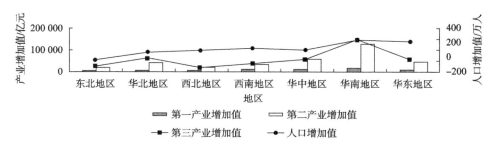

图 5-4　2017 年我国各地区三产业增加值和人口增加数量图

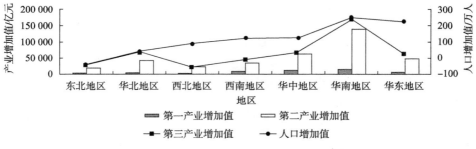

图 5-5　2018 年我国各地区三产业增加值和人口增加数量图

5.2.3　居民人均可支配收入对人口空间格局的影响

收入是人们进行选择的约束条件，个人为了实现效用最大化，一定要在自身收入约束的限制下去选择最佳居住地区。一般来讲，收入水平越高，人均可支配收入越高，换言之，人均可支配收入能够测度居民的收入水平。人均可支配收入与人们的生活水平成正比，人均可支配收入越高，人们生活水平越高。通过搜集整理 2014~2018 年居民人均可支配收入（表 5-8），可以发现，上海、北京、浙江、天津、江苏等地居民人均可支配收入位居全国前列，其数值远远高于青海、云南、贵州、甘肃、西藏等地。居民人均可支配收入高的地区，收入的预算约束高，人们可以进行的选择往往多于人均可支配收入低的地区的居民。居民人均可支配收入高的地区恰恰也是人口数量多的省份，表明居民人均可支配收入同人口的集聚之间具有正向作用，人均可支配收入越高的地区人口空间格局就越密集。

表 5-8　2014~2018 年居民人均可支配收入　　　　　　　　单位：元

区域	省（区、市）	2014 年	2015 年	2016 年	2017 年	2018 年
东北地区	黑龙江	17 404.39	18 592.65	19 838.5	21 205.79	22 725.85
	吉林	17 520.39	18 683.65	19 966.99	21 368.32	22 798.37
	辽宁	22 820.15	24 575.58	26 039.7	27 835.44	29 701.45
华北地区	北京	44 488.57	48 457.99	52 530.38	57 229.83	62 361.22
	天津	28 832.29	31 291.36	34 074.46	37 022.33	39 506.15
	河北	16 647.4	18 118.09	19 725.42	21 484.13	23 445.65
	山西	16 538.32	17 853.67	19 048.88	20 420.01	21 990.14
	内蒙古	20 559.34	22 310.09	24 126.64	26 212.23	28 375.65

续表

区域	省（区、市）	2014 年	2015 年	2016 年	2017 年	2018 年
西北地区	宁夏	15 906.78	17 329.09	18 832.28	20 561.66	22 400.42
	新疆	15 096.62	16 859.11	18 354.65	19 975.1	21 500.24
	青海	14 373.98	15 812.7	17 301.76	19 001.02	20 757.26
	陕西	15 836.75	17 394.98	18 873.74	20 635.21	22 528.26
	甘肃	12 184.71	13 466.59	14 670.31	16 011	17 488.39
西南地区	四川	15 749.01	17 220.96	18 808.26	20 579.82	22 460.55
	云南	13 772.21	15 222.57	16 719.9	18 348.34	20 084.19
	贵州	12 371.06	13 696.61	15 121.15	16 703.65	18 430.18
	西藏	10 730.22	12 254.3	13 639.24	15 457.3	17 286.06
	重庆	18 351.9	20 110.11	22 034.14	24 152.99	26 385.84
华中地区	湖北	18 283.23	20 025.56	21 786.64	23 757.17	25 814.54
	湖南	17 621.74	19 317.49	21 114.79	23 102.71	25 240.75
	河南	15 695.18	17 124.75	18 443.08	20 170.03	21 963.54
	江西	16 734.17	18 437.11	20 109.56	22 031.45	24 079.68
华东地区	山东	20 864.21	22 703.19	24 685.27	26 929.94	29 204.61
	江苏	27 172.77	29 538.85	32 070.1	35 024.09	38 095.79
	安徽	16 795.52	18 362.57	19 998.1	21 863.3	23 983.58
	浙江	32 657.57	35 537.09	38 529	42 045.69	45 839.84
	福建	23 330.85	25 404.36	27 607.93	30 047.75	32 643.93
	上海	45 965.83	49 867.17	54 305.35	58 987.96	64 182.65
华南地区	广东	25 684.96	27 858.86	30 295.8	33 003.29	35 809.90
	广西	15 557.08	16 873.42	18 305.08	19 904.76	21 485.03
	海南	17 476.46	18 978.97	20 653.44	22 553.24	24 579.04

资料来源：国家统计局官网

　　人均可支配收入作为人们日常生活的消费约束，其数值的高低直接影响人们的生活质量的好坏，一般而言，人均可支配收入越高的地区，人们的生活越富裕，生活质量就相对越高，对人们的吸引力就越大。依据人口推—拉理论，一个地区所容纳的人口受地区拉力的影响，人均可支配收入即拉力的表现方式之一，人们对美好生活的向往，使之对人均可支配收入高的地区充满期待，而人均可支配收入高的地区凭借其优势对人口形成一种巨大的拉力，在拉力的作用下，人口趋向于居民人均可支配收入高的地区集聚。将表 5-8 的居民人均可支配收入的数据同前文的各地区人口数据进行结合，可以看出居民人均可支配收入排名靠前的省份也是我国人口数量较多的省份，二者之间具有一致性。

5.3　影响新型城镇化人口空间格局的社会因素

社会因素渗透在人们生活的方方面面，对人口空间分布具有较大的影响，通常包括交通通信的发展、文化教育事业的发展、家庭和婚姻状况等。

（1）交通运输改革进程加快。国家统计局 2019 年 8 月 13 日发布《新中国成立 70 周年经济社会发展成就系列报告之十六》，报告显示，我国交通运输改革进程不断加速，迈向交通强国新征程，高铁营业历程占据世界高铁总里程的三分之二，位居世界第一，高速公路总里程位居世界第一。我国交通运输业蓬勃发展，实现历史性跨越，报告指出，2008 年我国京津高铁开始运营，该线路的开通运营标志着我国开始迈入高铁时代。经过多年的建设，我国"四纵四横"高铁网建成运营，标志着我国成为全世界唯一一个高铁成网运营的国家。相关统计数据显示，截至 2018 年末，我国的高铁营业总历程达到 3.0 万千米，这一数据同 2008 年相比增长了 44.5 倍，年平均增长 46.2%。截至 2018 年末，我国铁路营业里程 13.1 万千米，公路里程 486.45 万千米，内河航道里程 12.71 万千米，定期航班航线里程 8 370 800 千米，国际航线线路长度 3 598 900 千米，管道输油（汽）里程 12.23 万千米，交通运输线路建设成效显著[①]。交通运输业的快速发展，为人口空间流动提供了支撑，相对缩小了地区之间的距离，一定程度上减少了人口流动的障碍，加快了人口在全国范围内的流动。便利的交通运输条件，方便人们的出行和同外界的联系，故而从人口的空间格局上看，交通便利的地区人口分布多。

（2）通信业发展突飞猛进。中华人民共和国成立初期，通信业基础设施薄弱，全国电缆 1 635 皮长千米，电话用户数 21.8 万户，电话普及率极低，平均 0.05 部/

---

① 数据来源：国家统计局官网（http://www.stats.gov.cn）。

百人。受通信业落后的影响，信息闭塞，各地区联系疏远，人口空间流动受阻。随着社会经济的发展，人们的通信需求与日俱增，国务院、工信部先后制定"宽带中国"战略，推进"光进铜退工程""网络提速降费"等政策。我国通信网络规模容量成倍扩张，已经建成覆盖全国的光纤、卫星、移动通信等网络。截至 2018 年末，我国移动用户量猛增至 25.9 亿户，光缆线路增至 4 358 万千米，互联网宽带接入端口增至 8.9 亿个。移动通信领域经历了 1G 空白、2G 跟随、3G 突破、4G 同步、5G 引领的崛起历程。到 2018 年末，我国 4G 用户数达到 11.7 亿户，用户规模发展壮大，电话用户规模跃居世界第一。网民数量稳步提高，从 1997 年的 62 万人，激增到 2018 年的 8.3 亿人[①]。互联网与实体经济的深度融合，为经济的发展增添了活力，开阔了人们的视野，增进了区域之间的交流互通，极大地推进了人口区域间的流动，人口空间流动进程加快。

（3）人口流动意愿转变。自古以来，我国就有着"安土重迁""在家千日好，在外一日难""父母在，不远行"的思想观念，人口流动意愿低，这与中国农耕社会有着紧密的联系。《中华人民共和国政治协商会议共同纲领》中指出，公民有自由迁徙的权利。1951 年公安部出台城市户籍管理暂行办法，对公民迁徙自由予以保障。1954 年《中华人民共和国宪法》规定，公民有居住和迁徙的自由。在这些政策纲领的指引下，大量的农村人口开始向城市流动。1978 年改革开放后，城镇经济体制改革步伐加快，对劳动力有着极大的需求，而农村经历过 20 世纪 50~60 年代的生育高峰期，面临着巨大的失业隐患，城镇经济快速发展对人口流动形成拉力，农村失业隐患，发展落后对人口流动产生推力，在推力和拉力的共同作用之下，农村人口开始大量向城市流动，人口的流动意愿得以强化。1984 年我国开始放开户籍制度的"小口子"，并对流动人口的子女教育问题予以重视，同时注重流动人口居住保障，更进一步增强了人口的流动意愿。2014 年以来，国家新型城镇化规划中指出要有序推进农业转移人口市民化，人口流动意愿从最初的较低转变为较高，较高的人口流动意愿促进了我国人口空间格局演变。

（4）区域间教育供给差异性。百年大计，教育为先，教育是立国之本，教育是民生之基。教育的公共产品性质，对教育供给有着较高的要求。一般来讲，一个地区的教育供给越充足，教育资源就越丰富，公共服务水平也就越高，对人口迁入的吸引力也越大。我国 31 个省（区、市）由于经济发展水平、人口数量、社会文化基础等方面不同，各地区之间的教育供给存在差异，主要表现在教育经费投入方面的差异。搜集整理了 2014~2016 年全国各省（区、市）教育经费投入情况数据，见表 5-9。

---

① 数据来源：国家统计局官网（http://www.stats.gov.cn）。

表 5-9　2014~2016 年各省（区、市）教育经费情况　　　单位：万元

省（区、市）	教育经费			国家财政性教育经费			社会捐赠教育经费		
	2016 年	2015 年	2014 年	2016 年	2015 年	2014 年	2016 年	2015 年	2014 年
黑龙江	7 336 607	7 040 039	6 278 812	6 385 696	6 078 141	5 276 808	1 265	400	1 665
吉林	6 439 837	5 975 239	5 353 180	5 403 748	5 022 614	4 460 292	3 644	2 613	3 217
辽宁	9 206 907	8 781 171	8 700 533	7 421 874	7 101 812	7 053 396	3 893	1 018	1 223
北京	11 934 724	11 171 250	10 937 374	10 491 718	9 810 774	9 683 640	10 879	9 623	10 431
天津	5 365 129	5 605 736	6 326 265	4 530 501	4 775 063	5 532 759	3 656	3 194	4 864
河北	14 203 834	12 861 641	10 861 672	11 888 154	10 732 988	8 926 512	7 217	6 080	12 107
山西	7 942 196	8 442 363	7 036 233	6 633 065	7 233 564	5 762 332	1 349	3 639	2 533
内蒙古	7 624 806	7 072 130	6 393 778	6 648 963	6 324 669	5 735 677	3 795	4 248	3 897
宁夏	2 072 544	1 963 258	1 697 964	1 795 089	1 696 500	1 502 629	3 242	5 518	3 464
新疆	7 823 914	7 132 774	6 349 792	7 196 691	6 508 191	5 858 129	1 320	25 895	18 416
青海	2 162 973	2 073 501	1 976 886	1 918 513	1 906 170	1 843 741	2 065	1 581	2 580
陕西	10 049 114	9 674 438	9 101 672	8 086 909	7 754 202	7 305 175	7 661	5 539	5 343
甘肃	6 706 137	6 134 547	5 181 631	6 065 624	5 518 606	4 633 088	6 221	5 766	7 557
四川	17 620 946	16 409 562	14 508 458	14 423 197	13 362 232	11 779 275	36 263	58 796	37 028
云南	11 886 446	10 455 388	9 199 396	10 227 745	9 039 569	7 930 673	22 110	17 710	18 094
贵州	10 335 342	9 277 347	7 700 061	8 909 339	8 039 152	6 761 067	9 000	9 102	14 986
西藏	1 857 714	1 919 434	1 529 504	1 829 919	1 892 997	1 507 576	172	806	699
重庆	8 863 208	7 971 003	6 979 973	7 054 576	6 400 963	5 538 929	13 178	13 124	24 460
湖北	13 009 264	11 435 059	9 874 547	10 446 404	9 035 539	7 634 018	6 898	11 208	7 625
湖南	13 781 959	12 223 238	11 285 463	10 836 439	9 540 802	8 809 278	6 988	19 525	19 735
河南	18 902 582	17 411 099	16 385 611	14 922 439	13 678 565	13 181 810	6 032	9 806	7 727
江西	10 468 837	9 732 898	8 930 127	8 816 174	8 146 382	7 394 986	13 337	14 324	9 317
山东	22 422 970	20 632 259	18 847 752	18 754 460	17 346 983	15 811 214	19 004	13 597	12 724
江苏	24 020 855	22 463 773	20 800 931	19 233 685	18 190 920	16 716 834	92 081	64 808	109 974

续表

省（区、市）	教育经费			国家财政性教育经费			社会捐赠教育经费		
	2016 年	2015 年	2014 年	2016 年	2015 年	2014 年	2016 年	2015 年	2014 年
安徽	12 357 931	11 578 495	10 457 811	10 304 306	9 572 661	8 629 778	9 871	11 457	8 305
浙江	18 908 104	17 568 215	16 079 755	14 235 711	12 922 271	12 081 380	34 872	37 607	51 029
福建	10 473 975	10 028 329	8 928 771	8 403 251	8 100 240	7 151 769	55 910	32 803	39 182
上海	11 218 946	10 131 153	9 892 212	9 237 025	8 264 220	7 965 263	8 503	12 403	10 419
广东	33 675 376	30 474 906	27 356 552	24 875 764	22 611 396	20 220 035	93 098	131 742	93 661
广西	10 914 241	10 111 559	8 586 224	9 137 061	8 467 679	7 163 058	9 386	11 744	7 569
海南	3 068 767	2 809 962	2 413 904	2 496 491	2 337 554	1 992 064	2 814	3 470	1 570

资料来源：国家统计局官网

通过比较各省（区、市）的教育经费、国家财政性教育经费、社会捐赠教育经费的供给数额，可以发现，我国广东、江苏、山东、浙江、河南、四川、湖北、湖南、安徽、北京、上海等地教育经费供给量较高，教育发展水平也相对较高，而黑龙江、甘肃、青海、宁夏、西藏等地教育经费供给量较少，教育发展水平较低。可以发现，教育经费供给量与教育发展水平成正比，而各地区教育发展水平又直接影响到该地区的人口格局，我国教育供给充足，教育发展水平高的省（区、市）同时也是人口迁入量大、人口较多的地区；教育供给相对较少，教育发展水平相对低的省（区、市）同时也是人口迁出量大、人口分布相对较少的地区。综上，区域间教育供给差异对人口空间格局具有一定的影响，教育供给充足的地区对人口空间格局具有拉力，而教育供给不足的地区对人口空间分布具有推力。在区域间教育供给差异的趋势下，人口空间格局也有所不同。

5.4　影响新型城镇化人口空间格局的技术因素

科学技术是第一生产力，是人类社会的一种特殊活动。人类的发展离不开技术的进步，随着时代不断向前发展，各类高新技术纷至沓来，以人才密集、知识密集、技术密集、资金密集、信息密集为特点，展现出智能化和信息化的优势。在各类高新技术蓬勃兴起的新时代，人与技术之间的关系正发生着改变，从最初改变技术、控制技术到当下人与技术逐渐融为一体。各类科学技术的应用，更新了人们传统的生活方式，在生产过程中节省了大量的人力、物力、财力，并降低了生产成本、提高了生产效率。日常生活中，高科技是一道靓丽的风景线，与人们的衣食住行紧密相连，融入人类生活的点滴之中，成为人们日常生活中不可或缺的部分。

（1）科技带动就业。随着科技的不断进步，科技成果与人类生活联系日益密切已经成为一个不争的事实，而高科技园区作为科技成果转化与应用的载体，直接影响着科技与人类的融合。自1998年我国正式启动第一个高科技园区（北京市新技术产业开发试验区）以来，各地区纷纷结合当地的特点和条件，积极创办高科技园区，截至2018年国家批复的高新技术区达到168个。从国家科技区的空间分布来看，主要集中在我国的东部地区，东部地区的8省3市河北、辽宁、江苏、浙江、福建、山东、广东、海南、北京、天津、上海汇集了国家70个高新技术区，占国家高新技术区的42%，其中江苏、广东、山东分别以17、14、13的数量位居全国前三。中部6省汇集了国家43个高新技术区，占比26%，其中湖北省以12个高新技术区位居中部第一。西部地区拥有39个国家级高新技术区，占比25%。东北地区拥有16个高新技术区，占比9%。对于高科技园区而言，人是最大的资本，高科技园区对人才具有较大的需求，科技能够带动当地的就业，吸引人才的聚集，进而影响人口的流动。由于科技能够带动就业，为人的发展创造机会，我国科技园区的空间分布与人口空间格局几乎一致。

（2）科技改变生活。当今社会科技促进了人们生活方式的改变。一方面，科技改变了人们的沟通方式，从过去的书信往来到电报电话再到现在各类线上交流软件的转变，人与人之间的沟通变得更加便捷高效；另一方面，科技改变了人们的出行方式，汽车、轮船、飞机等现代交通工具的推广应用，极大地提升了人们出行的速度，加强了区域间的沟通和联系。区域间快速密切的沟通和往来时间的缩短，为人口的流动奠定了基础，加快了人口流动的步伐，增强了人口流动的意愿。

（3）科技助力健康。人类的生命健康与科技的应用不无关系，高新技术的应用提升了人类的健康水平。各类疫苗的应用，使人类抵御疾病的能力增强，一度被认为是绝症的疟疾、鼠疫、霍乱等传染病得到有效的遏制。各种先进科技设备的投入，提高了医生确诊的准确度，在患者病情的抢救、诊断、治疗、康复等方面发挥了重要的作用。各类基因工程探索的不断深入，对人类基因组构成的了解增强，许多病症得以攻克。科技的应用促使人类预期寿命不断提高，根据国家统计局官方数据，我国人口的预期寿命从2000年的71.4岁到2005年的72.95岁，到2010年的74.83岁再到2015年的76.34岁。科技助力健康，提升人口预期寿命，提高人口流动的可能性。

5.5　影响新型城镇化人口空间格局的生态因素

（1）地形条件对人口空间格局的影响。我国幅员辽阔，地形复杂多样，山区面积大。总体来看，地势西高东低，西部地区以山地、高原和盆地为主，东部地区以平原和丘陵为主。地势呈三级阶梯：第一级阶梯柴达木盆地、青藏高原，位于昆仑山、祁连山之南，横断山脉以西，喜马拉雅山以北，平均海拔 4 000 米以上；第二级阶梯内蒙古高原、黄土高原、云贵高原，盆地有准噶尔盆地、四川盆地、塔里木盆地，平均海拔 1 000~2 000 米；第三级阶梯东北平原、华北平原、长江中下游平原，丘陵有辽东丘陵、山东丘陵、东南丘陵，大部分海拔在 500 米以下。第一、二级阶梯以昆仑山脉、祁连山脉和横断山脉为分界线；第二、三级阶梯以大兴安岭、太行山脉、巫山、雪峰山为分界线。

第二级阶梯由于地势高，以高原盆地地形为主，在进行交通建设时，常常需要考虑如何穿越阶梯的交界，地势太高，交通网络建设难度大，人类正常的生产活动受阻，加之高地势造成的空气稀薄，不适宜人类的日常居住，故人口稀少。第三级阶梯，地形以平原为主，交通建设难度小，阶梯内部交通线路密集，呈网状，环境宜人、生产生活条件优越，故人口稠密。总体上受我国地势西高东低的影响，人口流向呈现出趋向低平地势、趋向沿海、趋向暖湿气候的特征，人口空间格局受地形的影响主要集中在第三级阶梯，导致我国人口空间分布呈现出西少东多的格局。

（2）气候条件对人口空间分布的影响。我国南北纬度跨度大，自北向南依次分为寒温带、中温带、暖温带、亚热带、热带等温度带，以及特殊的青藏高寒区。也可细分为寒温带、中温带、暖温带、北亚热带、中亚热带、南亚热带、边缘热带、中热带、赤道热带、高原亚寒带、高原温带。气候类型大致包括热带季风气候、亚热带季风气候、温带季风气候、温带大陆性气候和高原气候五种类型，从我国气候类型分布图可以看出，内蒙古、宁夏、甘肃、新疆属于温带大陆性气候；黑龙江、吉林、辽宁、北京、天津、河北、河南、山东、山西属于温带季风气候；陕西、四川、重庆、云南、贵州、湖北、湖南、江西、安徽、上海、浙江、福建、广东、广西属于亚热带季风气候；云南、海南属于热带季风气候；西藏、新疆和青海属于高原山地气候。温带大陆性气候，干旱少雨，冬季严寒，夏季炎热，年气温变化较大，适合作物生长的周期短，不适宜开展生产活动，导致人口稀少。温带季风气候典型特征是夏季高温多雨，冬季寒冷干燥，四季分明，是亚热带、热带的过渡气候，适宜人类的生存和生产生活的开展，故人口相对较多。亚热带季风气候区域热量丰富，年平均温度在 13~20 摄氏度，春暖秋凉，夏热冬寒，四季分明，十分适宜人类居住，加之光照、降水充沛和气温适宜，农作物生长周期长，作物一年两熟到三熟，为人类生产生活奠定了基础，因此，该气候区域人口集中且稠密。热带季风气候终年高温，年均气温在 22 摄氏度以上，旱雨季明显，降水集中在雨季，且降水量大，极端温度天气相对较多，人口相对较少。高山高原气候太阳辐射强，海拔高、空气密度减少，昼夜温度差异显著，降水明显受到地形的影响，高原内部雨量较少，高原外部雨量较大。风力强，多大风、雷暴和冰雹等天气较多，不适宜人类居住，人口分布少，且我国高原高山气候区的人口大多分布在盆地和沙漠绿洲附近，相对便于开展耕地、雨水相对充足。

（3）自然灾害对人口空间格局的影响。我国自然灾害种类多，受地形地势和气候环境的影响，不同地区自然灾害不同，我国常见的自然灾害有旱灾、洪涝、山体滑坡、泥石流、台风、风雹、地震。根据国家统计局官网发布的数据，将 2016年全国各地各类自然灾害发生次数和灾害导致的受灾面积汇总如表 5-10 所示。

表 5-10　2016 年全国各地自然灾害发生次数及受灾面积

区域	省（区、市）	旱灾受灾面积/千公顷	洪涝、山体滑坡、泥石流和台风受灾面积/千公顷	风雹灾害受灾面积/千公顷	地震灾害次数/次	发生地质灾害次数/次
东北地区	黑龙江	2 955	957.3	210.9		1
	吉林	524.3	143.8	61.3		15
	辽宁	401	141.5	39.4	1	8
华北地区	北京			18.6		67
	天津			0.4		1
	河北	216.7	953.5	261.6		30
	山西	77	256.5	104.5	1	4
	内蒙古	2 770.5	256.2	418.7		5
西北地区	宁夏	279.2	11.7	33.3		3
	新疆	19.5	418.7	359.9	6	65
	青海	38.3	13.5	66.5	2	21
	陕西	240.1	98.3	286.8		45
	甘肃	998.2	104.3	76.7		34
西南地区	四川	113	138.7	71.7	1	227
	云南	47.7	244.9	158.1	1	460
	贵州	6.6	201.1	111.1		86
	西藏	0.8	12.9	0.5	1	185

续表

区域	省(区、市)	旱灾受灾面积/千公顷	洪涝、山体滑坡、泥石流和台风受灾面积/千公顷	风雹灾害受灾面积/千公顷	地震灾害次数/次	发生地质灾害次数/次
西南地区	重庆	47.2	127.7	1.8	2	96
华中地区	湖北	341.9	1 870.2	36.9		1 790
	湖南	11.6	1 145.3	45.3		4 478
	河南	173.3	206.8	139.1		89
	江西	35.3	424.8	35.2		386
华东地区	山东	211.6	105.6	208.5		13
	江苏	134.3	92.6	70.1		32
	安徽	179.5	1 107.2	35.2		724
	浙江		189.4	0.4		400
	福建		229.3	1.5		1 327
	上海		3.1			1
华南地区	广东		479.9	2.3		213
	广西	34.6	121	51.2		183
	海南	15.5	459.4	0.5	1	8

资料来源：国家统计局官网

从我国各地区自然灾害的发生情况可以看出，内蒙古、宁夏、新疆、青海、云南、西藏等地自然灾害发生频率和自然灾害种类较多，这些省份基本上都有旱灾、洪涝、山体滑坡、泥石流、台风、风雹、地震等，这些省份的人口数量少于其他各省份。自然灾害会危及人类自身的安全，也会造成经济损失，影响人类正常生活，因此人口空间格局受自然灾害影响较大，自然灾害发生频率高、种类多的省份人口分布较少。

5.6　各地区人口空间格局影响因素实证分析

为了更进一步区分不同区域人口空间分布的影响因素，收集整理相关数据，采用面板数据多元回归分析方法进行判断。

5.6.1　数据来源及处理

收集整理 2010~2018 年《中国统计年鉴》《中国人口统计年鉴》及各省（区、

市）统计年鉴的相关数据。考虑数据获取的难易程度，结合影响人口空间分布的各要素，选取了 12 个综合反映各影响因素的指标作为影响因子。为了消除异方差对回归结果的影响，对各影响因子进行取对数处理。

5.6.2 变量设计

（1）被解释变量。人口密度是反映人口分布形式和衡量人口分布地区差异的主要指标。人口密度值能够更加直观地反映人口分布情况，揭示人口空间分布的特征及演化的过程。因此，本书选取"人口密度"作为被解释变量，纳入相关模型之中。

（2）解释变量。参考其他研究，提出影响我国人口空间分布的四大因素：第一因素是自然因素；第二因素是经济因素；第三因素是社会文化因素；第四因素是政策因素。从人口空间分布成因看，地形地势、气候变化、降水等先天自然条件是促进人口空间分布格局形成的第一因素；在自然禀赋决定的基础上，城市建设和经济发展日趋分异，成为影响人口空间分布格局形成的第二因素；不同的自然和经济条件塑造了不同的社会文化，而社会文化氛围对人口的感染力不同，这是影响人口空间分布的第三因素；社会的发展离不开政策的引导，政策投入作为影响人口空间分布的第四因素，对人口空间分布具有一定的导向作用。

自然指标中，海拔、气温和降水能够反映出一个区域所在地理位置的自然环境情况，直接体现出区域适合人类生存发展的程度；经济指标中，地区生产总值反映该地区经济发展状况，人均可支配收入反映人口生活的物质质量，住房是人类生存的安居之所，房价会影响人们在何地居住；社会文化指标中，以公共图书馆数量体现文化水平，以客运量及局用交换机容量反映该地区交通能力和通信能力；政策指标中，一般公共服务支出展现该地区公共服务水平，教育支出从供给侧保障教育发展，医疗支出体现医疗服务水平，间接促成人口流动。

5.6.3 分析模型

本书采用面板数据的回归模型：

$$\ln y_{it} = \alpha + \beta_1 \ln x_{1it} + \beta_2 \ln x_{2it} + ... + \beta_n \ln x_{nit} + \varepsilon_{it}$$

其中，y 为人口密度；i 表示地区；t 表示年份；α 为常数项；x_{it} 表示 i 地区 t 时间对人口密度产生影响的各影响因子；ε_{it} 为独立同分布的误差项。

在进行面板数据多元回归分析时，为了确定采用固定效应模型还是随机效应模型，进行豪斯曼检验，原假设是"随机效应模型"，备择假设是"固定效应模型"，由于本书数据豪斯曼检验结果 p 值为 0.000 0，故强烈拒绝原假设，即应该使用固定效应模型，因此，本书给出的结果也是固定效应模型下的结果。

5.6.4　各区域人口空间格局影响因素分析

（1）全国人口空间格局的影响因素。从全国范围看，自然因素、经济因素、社会因素和政策因素对人口的空间格局均具有影响，但自然因素、经济因素和政策因素对人口空间格局的影响尤为显著（表 5-11）。自然因素中，气温对人口空间格局具有正向促进作用，海拔和降水对人口空间格局具有负向作用；经济因素中，地区生产总值对人口空间格局具有微弱的促进作用；社会因素中，交通、通信对人口空间格局具有显著的正向作用；政策因素中，公共服务水平、教育质量和医疗水平对人口空间格局具有正向促进作用。我国东部地区位于第三级阶梯，地形以平原为主，海拔较低，气候温暖、降水充足，人居环境良好，交通通信线路密集发达，公共服务体系完善，教育、医疗水平均处于全国前列；西部地区干旱多风沙，天气气候恶劣，地形以高原山地为主，不利于交通线路的建设和经济活动的快速开展。因此，自然因素、经济因素、社会因素和政策因素共同促成我国人口"东多西少"空间格局的形成。

表 5-11　人口空间分布影响因素的回归结果

因素		全国	东部地区	中部地区	西部地区	东北地区
自然因素	气温	1.029 6*** (0.140 1)	0.338 7** (0.131 9)	0.600 5 (0.431 5)	−0.091 9* (0.033 4)	0.379 7 (0.291 9)
	海拔	−0.313 7*** (0.927 2)	0.172 1** (0.066 0)	0.059 0 (0.067 2)	−0.084 4* (0.097 8)	−2.486 5 (0.423 2)
	降水	−0.303 8*** (0.092 7)	0.007 4 (0.478)	−0.256 4 (0.071 4)	0.007 9 (0.002 2)	−0.001 1 (0.000 4)
经济因素	地区生产总值	0.207 1* (0.126 2)	0.800 3*** (0.210 7)	0.031 4 (0.022 3)	−0.005 7* (0.002 0)	−0.000 5** (0.000 0)
	可支配收入	0.034 7 (0.183 2)	0.466 5* (0.236 9)	0.000 2 (0.006 4)	0.028 5* (0.015 7)	0.000 7 (0.000 2)
	商品房房价	0.049 2 (0.142 7)	−0.069 6* (0.092 5)	−0.004 2 (0.023 8)	0.017 6 (0.017 0)	−0.001 3** (0.001 6)
社会因素	文化	−0.309 1 (0.121 8)	0.083 1 (0.077 6)	0.031 9 (0.023 6)	0.004 1 (0.002 8)	0.393 6 (0.153 9)
	交通	0.249 2*** (0.062 1)	0.009 2 (0.007 9)	0.341 8*** (0.045 2)	0.014 5* (0.006 9)	0.000 1** (1.932 1)
	通信	0.188 0*** (0.044 2)	0.015 6** (0.006 3)	0.010 9** (0.003 8)	−0.006 2 (0.005 3)	7.462 1 (1.082 1)

续表

因素		全国	东部地区	中部地区	西部地区	东北地区
政策因素	公共服务支出	1.437 4*** (0.205 3)	0.028 2 (0.054 4)	−0.008 8 (0.010 3)	0.001 5 (0.014 2)	0.013 7* (0.004 6)
	教育支出	1.092 8*** (0.308 8)	−0.004 6 (0.030 8)	0.004 5 (0.008 6)	0.022 2* (0.010 7)	0.011 2*** (0.000 9)
	医疗支出	0.320 4* (0.187 4)	0.006 6 (0.035 1)	0.002 1 (0.004 6)	0.006 7 (0.007 4)	−0.019 8 (0.008 2)

*、**、***分别表示在 10%、5%、1%的水平上显著

注：括号内的数为回归系数的标准误

（2）东部地区人口空间格局的影响因素。从东部地区看，气温、海拔、地区生产总值、可支配收入和通信与人口密度之间存在显著的正相关关系，即这些因素对人口的集聚具有促进作用，商品房房价与人口密度之间呈负相关关系，在东部地区高房价的压力之下，很多人望而生畏，故对人口集聚具有抑制作用。可以发现，东部地区之所以能够吸引大量的人口集聚，主要依赖于其优越的自然条件和发达的经济条件。东部地区相对于其他地区具有优越的自然条件，温暖的气候、平坦的地势和充沛的降水使得东部地区具有吸引人口集聚的天然优势。东部地区的地区生产总值对全国 GDP 的贡献率约为 53%，是全国经济发展的中心地带，发达的经济盘活了整个社会的运转，提供了更多的就业岗位吸纳大量的劳动人口，居民可支配收入位列全国第一，远高于中部、西部和东北地区居民人均可支配收入。虽然其他因素对东部地区人口格局也具有一定的影响，但影响程度远不及自然和经济因素。东部地区发达的经济条件和优越的自然环境是其高人口密度的根本。

（3）中部地区人口空间格局的影响因素。从中部地区看，交通和通信与人口密度之间具有显著正相关关系。中部地区位于中国内陆腹地，是东部和西部互通往来的必经之路，多交通枢纽、中转中心和交通干线，交通网络相对密集，通信设备较为先进，通信线路稠密，是国家综合运输网络的中心区域。中部地区凭借其便利的交通和通信等带动了人口的汇集，成为全国人口密度的第二大区域，拥有全国 28%的人口。中部地区的自然环境不如东部地区优越，经济发展水平也没有东部地区高，但作为连接东西部的要道，具有天然的交通区位，属于全国人口密度第二大区。

（4）西部地区人口空间格局的影响因素。从西部地区看，气温、海拔、地区生产总值同人口密度呈负相关关系，可支配收入、交通和教育支出同人口密度之间具有正相关关系。实证分析结果表明，西部地区较高的海拔和较低的气温限制了人口的集聚，而地区生产总值同人口密度之间的负相关关系说明西部地区在经

济增长的情况下依然出现了人口外流，仅仅依靠经济的发展已经无法为西部地区留住人口、吸引人口；西部地区交通能力的改善和教育支出的增加都会对西部地区的人口密度的增加起到促进作用。综上，西部地区人口密度较低，形成了地广人稀的空间分布格局，一方面，是西部地区恶劣的自然环境造成的；另一方面，则是因为西部地区交通不便，教育投入不足，教育水平落后。

（5）东北地区人口空间格局的影响因素。从东北地区看，地区生产总值和商品房房价同人口密度之间呈负相关关系；交通、公共服务支出和教育支出同人口密度之间呈正相关关系。东北地区人口密度的回归结果表明，东北地区在经济发展的情况下依然出现了人口流失问题，东北地区经济发展对人口增长的拉动乏力，然而东北地区相对较低的房价是吸引人口留住的一个重要因素。交通条件的改善和教育支出力度的加大也能够促进东北地区人口的增加，进而提高东北地区的人口密度。东北地区经济不景气制约了东北地区人口密度的增加，制度环境的顽疾是东北地区发展的瓶颈，应加大政策投入力度，将交通发展摆在关键位置，促进经济的发展，同时加大教育支出的投入，提高教育质量，为经济建设提供人才支撑，从而促使东北地区人口密度的增加。

5.7　本　章　小　结

本章归纳了影响人口格局演变的主要因素。运用面板数据的回归模型对影响人口空间格局演变的因素进行系统分析，体现在政策因素、经济因素、社会因素、技术因素、自然因素、生态因素等几个方面。结果表明：自然因素中，气温对人口格局具有正向促进作用，海拔和降水对人口格局具有负向作用；经济因素中，地区生产总值对人口格局具有微弱的促进作用；社会因素中，交通、通信对人口格局具有显著的正向作用；政策因素中，公共服务水平、教育质量和医疗水平对人口格局具有正向促进作用。我国东部地区位于第三级阶梯，地形以平原为主，海拔较低，气候温暖，降水充足，人居环境良好，交通通信线路密集发达，公共服务体系完善，教育、医疗水平均处于全国前列；西部地区干旱多风沙，天气气候恶劣，地形以高原山地为主，不利于交通线路的建设和经济活动的快速开展。因此，自然因素、经济因素、社会因素和政策因素共同促成我国人口"东多西少"格局的形成。

第6章　新型城镇化进程中人口空间格局演变机理

人口空间格局演变机理就是通过对人口空间分布的内部原因进行分析研究，从而找出人口空间分布格局变化规律。党的十九大报告中提出要"继续推进农业转移人口市民化"，推进新型城镇化高质量发展，实现人口空间有序流动，就需要明确人口空间格局演变的过程和机理，遵循发展演进的规律和机理，相应的制度改革与机制完善才可能有效地实施。本章在对新型城镇化进程中人口空间格局分布的影响因素进行分析的基础之上，阐释新型城镇化进程中人口空间格局演变的机理，包括了演进的驱动机制、演进的总体脉络及演进的主要机理。尤其是分阶段分析人口空间格局演变的机理。

6.1　人口空间格局演变的驱动机制

新型城镇化的发展进程中，人口在区域间大量流动，尤其是从基础条件差、发展落后的地区向发达地区迁移。新型城镇化的空间格局也在不断变化，区域的经济、社会、人口格局也同样发生着变化。新型城镇化是为了实现公共服务的均等化，实现人的发展。人口空间流动推进城镇化进程的方式主要包括就地、就近城镇化和异地城镇化两种。这个过程又是双向的，城镇化和人口空间格局分布之间存在内部动力传导机制。通常意义来讲，新型城镇化发展进程中的人口流动是人口规模与区域经济发展状态失衡造成的。一个区域内的经济发展水平差异会推动人口在空间上的迁移，最终实现一种经济与人口的稳定均衡。

新型城镇化的发展实际上是剩余劳动力转移的过程，会受到诸多因素的影响，包括地区经济发展水平、教育水平、社会福利等不同的方面。产业结构的优化调整可以带动较多的工作机会，提供更好的收入水平，引导人口进行空间流动。在人口不断集聚的过程中，要有相适应的城市基本公共服务供给，满足流入人口的基本需求。需要推进城镇化的高质量发展，改善各种公共服务设施。人口流动过程中还会考虑收入与生活支出之间的均衡问题，过高的生活成本也会阻碍人口的流动。所以，一个城市的生活成本也是影响人口空间流动的重要因素。具体形成一个基本的动力传导机制。框架路线如图 6-1 所示。

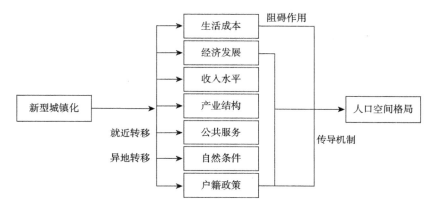

图 6-1　人口空间格局演变的驱动机制

6.1.1　户籍政策驱动：自农村向城镇演变

我国传统计划经济体制下实行的二元户籍制度，阻碍了我国城镇化进程，在二元社会格局的背景下，城乡间人口无法进行自由迁移，农村剩余劳动力无法转移出去。1978 年改革开放以后，我国经济体制由计划经济向市场经济转变，大量被土地束缚的农民纷纷进城，形成"民工潮"，但受户籍制度的限制，进城的农民无法融入城镇的各类组织，如经济组织和行政组织，无法真正地融入城镇的生活之中，导致城镇化进程缓慢。2014 年国家新型城镇化规划中指出，要有序推进农业转移人口市民化，统筹推进户籍制度改革，明确要以就业年限、居住年限、城镇社会保险年限等为基准条件，结合各地区人口规模，实行差别化的落户政策，引导农业转移人员在城镇落户。为农民工随迁子女提供良好的教育环境，保障随迁子女平等享有受教育的权益，逐步完善给予农民工子女教育补助政策，减缓农民工在城镇生活的压力。加强对农民工的职业技能培训，帮助农民工提升就业创业的素质和能力。扩大社会保险参保缴费覆盖范围，鼓励农民工积极参保、连续参保，为农民工在城镇生活提供基础保障。与此同时，采取廉租房、公租房、租赁补贴等多种方式改善农民工的居住条件，拓宽住房保障的渠道，农民进城障碍减小，城镇化进程加快，大量农村人口由农村流向城市，真正融入城镇生活之中。

我国早期实行城乡二元制的户籍制度，农村户籍和城市户籍在各项公共服务中享受的社会福利待遇有所不同，农村人口很难真正向城镇转移。随着城乡二元制政策限制放宽，户籍制度松动，农村人口开始大量向城镇转移，各地区城镇化率逐渐提高（表 6-1），常住人口城镇化率从中华人民共和国成立初期的 10.6%增长到 1978 年的 17.9%，2014 年的 54.77%，2018 年的 59.6%，到了 2019 年常住人口城镇化率达到 60.6%。户籍制度的改革和居住证制度的推进，打破了农村和城镇之间人口流动的障碍，为农村人口向城镇转移提供了条件和保障，加快了人口自农村向城镇的流动速度，形成我国人口自农村向城镇流动的趋势。

表 6-1　2014~2017 年我国各地区城镇人口比重

区域	2014 年	2015 年	2016 年	2017 年
全国	54.77%	56.10%	57.35%	58.52%
黑龙江	58.01%	58.80%	59.20%	59.40%
吉林	54.81%	55.31%	55.97%	56.65%
辽宁	67.05%	67.35%	67.37%	67.49%
北京	86.35%	86.50%	86.50%	86.50%
天津	82.27%	82.64%	82.93%	82.93%
河北	49.33%	51.33%	53.32%	55.01%
山西	53.79%	55.03%	56.21%	57.34%
内蒙古	59.51%	60.30%	61.19%	62.02%
宁夏	53.61%	55.23%	56.29%	57.98%
新疆	46.07%	47.23%	48.35%	49.38%
青海	49.78%	50.30%	51.63%	53.07%
陕西	52.57%	53.92%	55.34%	56.79%
甘肃	41.68%	43.19%	44.69%	46.39%
四川	46.30%	47.69%	49.21%	50.79%
云南	41.73%	43.33%	45.03%	46.69%
贵州	40.01%	42.01%	44.15%	46.02%
西藏	25.75%	27.74%	29.56%	30.98%
重庆	59.60%	69.94%	62.60%	64.08%

续表

区域	2014 年	2015 年	2016 年	2017 年
湖北	55.67%	56.85%	58.10%	59.30%
湖南	49.28%	50.89%	52.75%	54.62%
河南	45.20%	46.85%	48.50%	50.16%
江西	50.22%	51.62%	53.10%	54.60%
山东	55.01%	57.01%	59.02%	60.58%
江苏	65.21%	66.52%	67.72%	68.76%
安徽	49.15%	50.50%	51.99%	53.49%
浙江	64.87%	65.80%	67.00%	68.00%
福建	61.80%	62.60%	63.60%	64.80%
上海	89.60%	87.60%	87.90%	87.70%
广东	68.00%	68.71%	69.20%	69.85%
广西	46.01%	47.06%	48.08%	49.21%
海南	53.76%	55.12%	56.78%	58.04%

资料来源:《中国统计年鉴 2018》

6.1.2　经济发展水平驱动：自欠发达地区向发达地区

城镇化进程中人口由欠发达地区向发达地区的单向迁移是经济社会发展的必然趋势。中国人口流动趋势一直以来都是从中西部经济欠发达地区流向东南沿海经济发达地区。经济发达地区在生活条件、就业机会、工资收入、公共服务完善度等方面较经济欠发达地区具有较强的优势，对人口极具吸引力。

（1）地区生产总值。我国东部地区，经济发展速度较快，广东地区生产总值从 2000 年的 1 041.25 亿元增长到 2018 年的 97 277.77 亿元，增加了 96 236.52 亿元，翻了 92 倍多；江苏地区生产总值从 2000 年的 8 553.69 亿元增长到 2018 年的 92 595.4 亿元，增加了 84 041.71 亿元，翻了近 10 倍；山东的地区生产总值从 2000 年的 8 337.47 亿元增长到 2018 年的 76 469.67 亿元，增加了 68 132.2 亿元，翻了 8 倍多；浙江的地区生产总值从 2000 年的 6 141.03 亿元增长到 2018 年的 56 197.15 亿元，增加了 50 056.12 亿元，翻了 8 倍多；湖南的地区生产总值从 2000 年的 3 551.49 增长到 36 425.78，增加了 32 874.29 亿元，翻了 9 倍多。由此可见，东部地区的地区生产总值增速快，总量大，经济发展水平高，属于经济发达地区。

西部地区和东北地区经济发达程度相对较低，属于我国的欠发达地区。2000年黑龙江的地区生产总值为 3 151.4 亿元，2018 年黑龙江的地区生产总值为43 274 亿元；2000年吉林的地区生产总值为 1 951.51 亿元，2018 年吉林的地区生产总值为 55 611 亿元；2000 年辽宁的地区生产总值为 4 669.06 亿元，2018 年辽宁的地区生产总值为 58 008 亿元。2000 年宁夏的地区生产总值为 295.02 亿元，2018 年宁夏的地区生产总值为 3 705.18；2000 年青海的地区生产总值为 263.68亿元，2018 年地区生产总值为 2 865.23 亿元；2000 年贵州的地区生产总值为1 029.92 亿元，2018年贵州的地区生产总值为 14 806.45 亿元。2000 年西藏的地区生产总值为 117.8 亿元，2018 年西藏的地区生产总值为 1 477.63 亿元。从地区生产总值的数量上看，东部地区的地区生产总值约是东北地区的 2 倍，是西部地区的近 10 倍，可以看出东部和西部及东北部之间经济发展差距，东部地区经济发展水平远高于西部和东北部。在地区生产总值的影响下，人口趋向于东部经济发达地区。

（2）人均地区生产总值。2000 年我国人均地区生产总值超过 1 万元的省（市）仅有 8 个，分别如下：辽宁 11 177 元、江苏 11 765 元、福建 11 194 元、广东 12 736 元、浙江 13 416 元、天津 17 353 元、北京 24 122 元、上海 29 671元。2014 年我国人均地区生产总值超过 5 万元的省（区、市）有 11 个，分别如下：吉林 51 086 元、山东 60 879 元、福建 63 472 元、广东 63 469 元、辽宁65 354 元、内蒙古 71 046 元、浙江 73 002 元、江苏 81 874 元、上海 97 370 元、北京 106 497 元、天津 107 960 元。2018 年我国人均 GDP 超过 8 万元的省（市）共有 6 个，分别是广东 86 412 元、浙江 98 643 元、江苏 115 168 元、天津 120 711元、上海 134 982 元、北京 140 211 元。与发达国家人均地区生产总值相比，我国东部发达地区的人均地区生产总值基本已达到中等发达国家水平的行列。伴随着东部地区经济发展水平的不断扩张，其他地区经济发展水平较东部地区特别是东部沿海地区有所落后，区域间经济发展的不均衡，最终导致了人口分布的空间差异。

（3）居民人均可支配收入。经济发达地区居民收入水平和城镇居民收入水平普遍高于欠发达地区，居民人均可支配收入高。2017 年东部地区居民人均可支配收入为 33 414.0 元，西部地区居民人均可支配收入为 20 130.3 元，东北地区居民人均可支配收入为 23 900.5。东部地区是我国经济发展水平较高的地区，从居民人均可支配收入角度看，东部地区的居民人均可支配收入远远高于西部地区和东北地区，高出近 1.5 倍。

通过表 6-2、表 6-3、表 6-4 的数据可以看出，东部地区无论是居民人均可支配收入、城镇居民人均可支配收入还是农村居民人均可支配收入，均高于中部、西部和东北地区，同西部地区和东北地区的差距较为悬殊。通过地区生产总值、人均地区生产总值和人均可支配收入三个指标可以直观地反映出我国东部地区经济发达，西部和东北地区经济欠发达，经济发展区域不平衡较为严重，最终导致了人口由经济欠发达地区向发达地区流动。

表 6-2 全国居民按东、中、西部及东北地区分组的人均可支配收入　　单位：元

地区	2014 年	2015 年	2016 年	2017 年
东部地区	25 954.6	28 223.3	30 654.7	33 414.0
中部地区	16 867.7	18 442.1	20 006.2	21 833.6
西部地区	15 376.1	16 868.1	18 406.8	20 130.3
东北地区	19 604.4	21 008.4	22 351.5	23 900.5

资料来源：《中国统计年鉴 2018》

表 6-3 城镇居民按东、中、西部及东北地区分组的人均可支配收入　　单位：元

地区	2014 年	2015 年	2016 年	2017 年
东部地区	33 905.4	36 691.3	39 651.0	42 989.8
中部地区	24 733.3	26 809.6	28 879.3	31 293.8
西部地区	24 390.6	26 473.1	28 609.7	30 986.9
东北地区	25 578.9	27 399.6	29 045.1	30 959.8

资料来源：《中国统计年鉴 2018》

表 6-4 农村居民按东、中、西部及东北地区分组的人均可支配收入　　单位：元

地区	2014 年	2015 年	2016 年	2017 年
东部地区	13 144.6	14 297.4	15 498.3	16 822.1
中部地区	10 011.1	10 919.0	11 794.3	12 805.8
西部地区	8 295.0	9 093.4	9 918.4	10 828.6
东北地区	10 802.1	11 490.1	12 274.6	13 115.8

资料来源：《中国统计年鉴 2018》

6.1.3　产业布局调整驱动：自西部内陆向东部沿海

产业是一个城市生产力的代表，产业布局的调整对整个城市的规划和城市人口空间分布具有重要影响。产业布局各要素、各部门在空间上的分布和地域上的组合，因产业发展需要大量的劳动力，产业与人口之间形成相辅相成的密切关系。

产业布局的调整，会直接影响产业劳动力的空间分布。

（1）1953~1975 年，公平优先的均衡产业布局。中华人民共和国成立初期，我国工业和交通运输业的 70%以上都集中在东部沿海地区，重工业主要集中在辽宁中部地区，轻纺织工业主要分布在上海、无锡、青岛等少数城市，西南、西北地区的工业几乎为零，产业布局严重失衡。为了打破这种失衡的区域发展格局，"一五计划"（1953~1957 年）重点平衡工业布局，大力发展内地工业，在西部地区形成了以兰州、西安、成都等城市为依托的新工业城市，帮助西部地区构建起一定的工业基础。"二五计划"（1958~1962 年）、"三五计划"（1966~1970 年）、"四五计划"（1971~1975 年）期间，产业区域布局重心大规模向西移动，"二五计划"结束，西部地区形成了兰州、西宁、乌鲁木齐、银川、贵阳等机械工业基地。"三五计划""四五计划"期间重点开展"大三线"建设，在西南、西北、豫西、鄂西和湘西等地区开辟了一系列工业基地。与此同时，国家计划从东部沿海地区向内陆地区搬迁部分企业和科研单位，扩充了内陆地区的工业。产业布局转移带动就业人口的转移，在均衡产业布局的战略引导下，各地区都相应建立起了产业园区，减少了人口的外流。但由于西部地区工业基础薄弱，条件艰苦，加之东部地区产业布局依然占有优势，并没有吸引大量的人口从东部向西部迁移。

（2）1978~1999 年，效率优先的非均衡产业布局。1978 年国家对产业布局做了重大调整，实施产业布局向东部倾斜，逐步向东西部地区梯度推进的重大战略。1979 年中央做出在深圳、珠海、汕头、厦门试办特区的决定，经济特区便成了产业布局的重点区域。"六五计划"（1981~1985 年）明确提出，优先发展沿海地区的工业，通过沿海地区的发展带动西部和中部内陆地区发展。"七五计划"（1986~1990 年）将我国产业空间布局，按照优先发展东部地区、然后中部地区、再西部地区的顺序推进，国家投资重点向东部地区倾斜。产业布局整体倾向于东部地区，呈现出明显的自东向西逐渐衰减的低度分布态势，西部地区就业机会减少，人口生存压力大，故随着产业布局的空间调整，人口也开始自西向东大量移动，东部地区人口密集、西部地区人口稀少。

（3）21 世纪以来，区域协调发展的产业布局。为了缩小东西部之间的发展差距，促进国民经济的稳定和发展，国家开始重新思考非均衡产业布局所产生的结果。自 1999 年西部大开发战略的实施，振兴东北老工业基地、中部崛起等促进区域间协调发展的战略逐步推进。国家提出新的产业布局模式，按优化开发区、重点开发区、限制开发区和禁止开发区 4 种类型的主体功能区进行产业布局，实现人与自然的和谐。珠三角、长三角、天津滨海新区、关中—天水经济区、辽宁和江苏沿海地区、黄河三角洲、广西北部湾、安徽等地成为当地产业布局的重点，同时也成为引领经济发展的增长极。初步扭转了东西部地区差距不断扩大的局面。但长三角、珠三角、环渤海地区依然是我国产业布局的集中地，且经济增长速度依然较快。因此，区域协调发展的产业布局战略，虽然在一定程度上引导了产业空间分布趋于均衡，但并没有打破东部产业布局优于西部产业布局的局面，加之长期以来东部产业基础较西部雄厚，各类基础设施完善，从而导致人口依然自西向东进行较大规模的流动。

6.1.4　自然因素驱动：自山地向平原演变

地形之所以会对人口分布产生显著影响，是因为随着海拔增高，气温和气压会随着降低，对人们的生理生命机能产生限制。高原山地，由于海拔过高而产生寒冷、大风气候，并且具有热量少、生长周期短、土壤贫瘠和交通不便等制约生产活动开展的因素，使得农业发展受限，同时也不利于经济活动的开展，尤其是海拔越高的地区，对生产生活的限制就越显著。因此，一般来讲，山地和高原人口分布较为稀疏。目前，我国还有约 19.32% 的地区由于自然条件太差无法进行改造或者加以利用，不适合人类居住和生活，最终成为无人居住区。从空间范围上看，我国无人区主要位于我国的西北部地区，包括羌塘高原、塔里木盆地中部、阿拉善高原。

（1）高原山地环境恶劣，人口稀少。位于我国西藏北部的藏北高原（也称为羌塘高原），平均海拔高度超过 5 000 米，雪山连绵，气候极其寒冷，有"死亡之地"之称，年平均气温在-8 摄氏度以下，年降水量低于 150 毫米，适合生长的期限不超过 2 个月，生存条件恶劣，阻碍工农业生产的顺利开展，人类生存所需的条件不足，基本上无人居住。位于青藏高原以北，新疆南部的塔里木盆地，由帕米尔高原、昆仑山和天山山脉所围成的巨大的盆地之间，浩瀚的塔克拉玛干沙漠，同库木塔格沙漠、噶顺戈壁沙漠连在一起，是我国最干燥的地区，年降水量不足 15 毫米，干燥度高达 80，恶劣的自然环境导致该地区无人居住，整个沙漠除了探险家和考察队涉足外，一直无人进入生存。内蒙古西部为荒漠和戈壁，气候干旱，风沙肆虐，植被稀疏，人类几乎无法生存，人口稀少。

（2）平原地形气候宜人，人口稠密。我国东部地区地处我国第三级阶梯，地形以平原为主，海拔多在 200 米以下，降水充沛，气候宜人，自然环境良好，具备优越的开展生产生活的天然基础。平坦的地形为交通运输网络的建立提供了便利，使得平原地区的交通发展迅速，同外界联系密切，发展迅速。平原地区地形气候等自然条件相对优越，人们进行生产生活要比高原山地地形气候下的自然条件中容易，故而平原地区人口稠密。

6.2 人口空间格局演变机理：民本自发与政府主导

人口空间格局的演变是人们在各种驱动力量的作用下，综合衡量生活是否改善而做出的决定，是政府的政策制度与人们追求美好生活的意愿共同作用的结果。在上一章分析人口空间格局演变的影响因素的基础上，围绕着驱动机制的各项内容，构建了人口空间格局演变的分析框架（图 6-2），人们在改善生活质量的诉求驱动下，在政府的各项制度、政策的变革中，按照自身意愿，在收入水平、产业结构、经济发展、医疗水平、教育水平等方面的引导下自发地进行区域间的迁移，实现了人口空间上的流动。

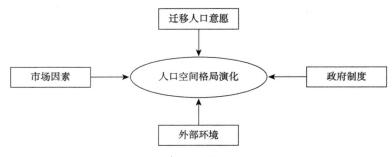

图 6-2　人口空间格局演变机理

6.3 人口空间格局分阶段演进机理

本节分阶段阐释人口空间格局演进的机理，以人口空间格局特征、过程等为基础，以改革开放为时间节点，将人口空间格局演变划分为 5 个阶段，即农村剩余劳动力快速增长阶段（1978~1983 年）、农村剩余劳动力就地城镇化阶段（1984~1988 年）、人口异地城镇化阶段（1989~2003 年）、人口回流阶段（2004~2013 年）和新型城镇化战略全面推进阶段（2014 年至今）。对不同阶段的人口空间格局演进机理进行分析。

6.3.1 农村剩余劳动力快速增长阶段（1978~1983 年）

中国的改革由农村的土地制度改革开始，实施家庭联产承包责任制，极大地调动了农民的积极性，改变了原有的平均主义制度下的效率低下、生活贫苦的局面。家庭联产承包责任制是农民自发进行的一次改革，并得到了国家的认可和推广。在这种改革背景下，农民获得了极大的自主权利，能够充分享有土地经营权带来的收益，提高了农业生产效率，激发了农村活力，调动了农村经营组织的运行动力，更多的农村劳动力被解放出来，剩余劳动力快速增长。同时，受到户籍制度的限制，大量的农村剩余劳动力不能自由流入城市，只能在农村地区继续生活，不断寻找赖以生存的方式，此时，小规模的农村企业开始逐步出现（图 6-3）。这部分农村剩余劳动力既脱离了传统农业，又根植于农村，身份的变化及观念的转变，催生了农村经济和社会发展的重要力量的产生，促进了农村的快速发展。人口空间格局的分布未发生大的变化。

图 6-3　农村剩余劳动力快速增长阶段机理

6.3.2　农村剩余劳动力就地城镇化阶段（1984~1988 年）

为了缓解过剩的农村剩余劳动力，1984 年国家对户籍制度进行了适度的调整，城镇落户的限制放宽了，农民可以进城务工、经商并落户。实现了农民身份的转移，大量的农村剩余劳动力流入乡镇企业。在不断完善的农村家庭联产承包责任制的改革基础上，大力推进集体乡镇企业的发展，政府放权让利的格局初步形成。因各种改革没有在城市开展，户籍制度仍然对人口流动有着严格的控制，农村剩余劳动力的总量还比较大。在国家政策的激励下，乡镇企业快速发展，吸收了更多的农村剩余劳动力，人口转移的 80%都是进入乡镇企业，农民的生活状态发生了极大的改变，城乡之间的收入差距逐步缩小。在这一阶段的人口转移基本上是乡镇企业的快速发展、市场化的改革共同推进的。在政府各项扶持政策的作用下，乡镇企业快速发展，推动了农民就地城镇化的发展模式，在小城镇进行了人口的集聚。但由于户籍制度、社会福利制度等方面的制约，此时的人口流动范围不大。国家出台的关于农民落户城镇的相关政策有力地推进了人口的流动，如《公安部关于城镇暂住人口管理的暂行规定》通过寄住证制度，对外来人口在城镇的居留提供了条件，更改了原来对暂住人口的居住限制。《国务院关于农民进入集镇落户问题的通知》中明确了农民可以落户城镇的条件，即农民满足务工、经商等条件，并取得固定住所，具有经营能力即可落户（图 6-4）。对于农村劳动力的流动已经放宽了条件，为人口空间格局的演变提供了一定的制度保障。

图 6-4   农村剩余劳动力就地城镇化阶段机理

6.3.3   人口异地城镇化阶段（1989~2003 年）

随着内外部环境的变化，乡镇企业的发展趋势放缓，吸纳剩余劳动力的能力不断减弱，农村剩余劳动力在原有模式下进行就地城镇化的模式难以为继，在城市市场化改革的不断推动下，更多的农村剩余劳动力开始寻求进入城市的机会，获取新的就业空间，城市的拉动力量逐渐显现。受各种改革的影响，城市的市场化进程加快，城乡之间的差距日益增大，乡镇企业对劳动力的吸纳能力 1989~1992 年下降了将近 80%，仅有 260 万人左右。表明了乡镇企业作为农村剩余劳动力的重要载体已经发生转变，无法再继续解决大量人口流入的问题。

1992 年在党的十四大中确立了改革的方向和目标，即建立社会主义市场经济体制，这为劳动力流动提供了市场方向。各种政策陆续出台，尤其是外资优惠政策，推动了大量的外资企业、合资企业的出现，在东部沿海地区形成了规模庞大的就业空间。同时，乡镇企业的衰落，国企改革的加快，大量的农村剩余劳动力需要疏导。在此时代背景下，国家对农民进城的政策又进行了调整，允许农民可以自由进入城市进行务工，但是对农民身份仍然有着严格的控制。此时，大量的中部地区、西部地区的农村剩余劳动力流入东部沿海城市。在这一阶段出现了人口异地城镇化的模式，大量人口进行了城乡流动。原因在于：一是农村体制改革的完善使得农民获得了较为自由独立的择业权利，为城乡流动提供了前提；二是农业生产效率的不断提高及乡镇企业的衰落，使得大量的农村剩余劳动力需要寻找生存的出路；三是社会主义市场经济体制改革的推进，城市的发展需要更多的劳动力。社会主义市场经济体制改革目标的确立，为农村剩余劳动力在城乡的有序流动提供了条件和方向，政府政策主导作用显现。

在市场化改革的推动下，各种资源要素的优化配置，农民在市场规律的引导下，追求经济利益最大化，大量的人口流入就业机会更多的东部沿海地区，从事制造业、加工业、出口贸易等工作，推动大量的地区间的人口转移，1995 年外出务工人口达到了 7 000 万人，比 1989 年增长了 4 000 万人（图 6-5）。这些转移的劳动力具有明显的特征，也面临着双重困境：一是改变了传统农业生产的职业身份，实现了以工资作为收入的身份转变；二是户籍仍然在农村，还是农民，无法获得城市均等化的社会待遇。此时的人口空间格局演进是市场化因素驱动，实现中西部向东部的转移。

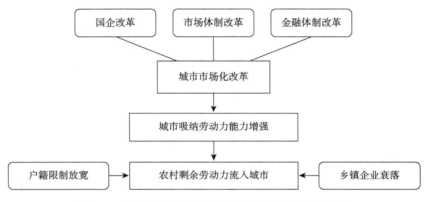

图 6-5　人口异地城镇化阶段人口空间格局演变机理

6.3.4　人口回流阶段（2004~2013 年）

进入 21 世纪，在全球经济发展的影响下，我国的改革开放进入了新的阶段，战略进一步深化和调整，以招商引资和外向型经济为主，大力发展第二、三产业，新增大量的就业岗位，市场呈现劳动力供求变化。一方面东部地区对劳动力的大量需求；另一方面人口出现向中、西部回流的趋势。党的十六大确立了社会主义市场经济体制，各种市场要素向东部沿海地区集聚，尤其是劳动力和资本要素大量流入大城市，区域间的经济发展不均衡态势加大。政府需要采取政策措施缓解区域间发展差距，主要是通过政策手段转移经济资源。相应地制定了一系列的发展战略，如西部大开发、振兴东北老工业基地及中部崛起等，大力推进工业园区的建设，尤其是中西部地区发展在政策和战略资源的扶持下发展迅速，吸引了大量的人口在省际进行流动。同时，政府重视对农业的扶持，加大了政策补贴力度，引导一部分在城市务工的农民开始回流，继续从事农业生产（图 6-6）。表明这是在市场化导向下，进行了经济理性比较做出的抉择。也是政府通过政策缓解区域发展不均衡的发展方略。

随着社会主义市场经济体制的确立，市场对资源的有效配置作用增强，在国家的宏观调控指导下，实现了有机结合。在此阶段，政府明确指出"农村剩余劳

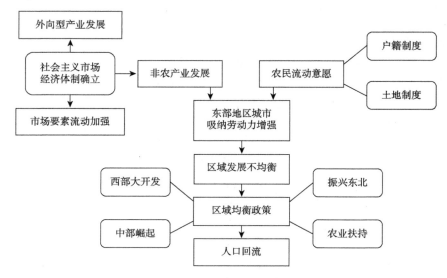

图 6-6　人口回流阶段人口空间格局演变机理

动力向非农产业及城镇转移，是实现工业化与现代化的必然趋势"，从政策上消除不利于城镇化发展的各种制度约束，引导农村的剩余劳动力有序地在区域间流动。消除就业市场上的歧视，对流动人口的社会福利待遇、随迁子女教育、医疗等加以保障。完善相关的政策和制度，引导农民市民化的进程，发挥政府主导作用。

中央政府推动区域之间均衡发展的各项政策，引导人口有序回流，缩小地区之间的发展差距，尤其是在平衡发展方面的政策措施不断出台，借助政府行政手段进行区域之间的经济资源配置，优化资源结构，理顺发展优先顺序。政府对各区域的土地利用进行总体规划，统筹协调平衡，对东部地区的建设用地进行合理限制，对中西部的建设用地给予一定的政策倾斜。土地利用规划、生态功能区规划的实施及中西部城市开发区的建立，增加了东部地区产业发展的固定成本，中西部城市开发区的建设引导大量人口回流，随之增加了长三角、珠三角等城市群的城市用工成本，产生了人口回流及用工荒的矛盾。

6.3.5　新型城镇化战略全面推进阶段（2014年至今）

随着经济新常态的到来，人口红利的逐渐消失，地区间劳动力的结构性短缺日益凸显，究其原因主要是二元城乡结构、二元户籍制度、社会保障制度、教育制度等方面。在党的十八大报告中明确提出了"要加快推进户籍制度改革，有序实现农业转移人口的市民化,努力实现城镇基本公共服务全覆盖",2014年出台《新型城镇化发展规划》《国务院关于进一步推进户籍制度改革的意见》等一系列政策文件，指出要促进有能力在城镇稳定就业和生活的常住人口有序实现市民化，要推进以人为核心的新型城镇化发展，全面推动户籍制度的相关改革，健全就业服务，完善医疗、养老、住房等保障制度，优化农业转移人口的随迁子女教育体系，实现城镇基本公共服务的均等化，加大财政转移支付力度，大力推进新型城镇化发展，推进市民化进程（图 6-7）。解决人口在社会保障、职业、教育等方面的困境，推进城乡一体化发展，完善城乡统筹的社保制度，改革土地征用制度，优化人口的空间布局。

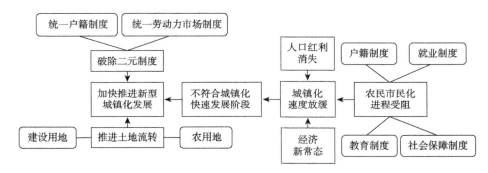

图 6-7　新型城镇化战略全面推进阶段人口空间格局演变机理

6.4　本章小结

本章在对人口空间格局演变的影响因素分析的基础上，进一步分析人口空间格局演变的机理，首先，阐释了人口空间格局演变的驱动机制，来自自然因素驱动、产业结构调整驱动、户籍政策驱动等；其次，提出了总体演进机理，即政府主导与民本自发相结合；最后，分阶段阐释人口空间格局演变的机理，包括农村剩余劳动力快速增长阶段、人口就地城镇化阶段、人口异地城镇化阶段、人口回流阶段、新型城镇化战略全面推进阶段 5 个不同的阶段，分析其演进机理。

第7章 人口空间格局宏观调控手段与效果评价

本章将利用定量与定性相结合的分析方法,对现有的人口空间格局调控的手段和效果进行分析评价,主要围绕着人才政策、行政控制、产业引导、空间疏导等方面展开,挖掘这些手段的效果优劣及产生的深层次原因。

7.1 人口空间格局宏观调控手段

7.1.1 人才政策——"以策引人"

人口空间格局调控的重要手段之一是人才政策。借助人才政策能够引导人口按照不同层次需求流入不同地区。本章搜集的人才政策主要包括改革开放以来,国务院相关部、委,省、市级政府,以及省、市各级政府所属厅、局职能部门,所制定和发布的关于人才的相关政策文件。通过梳理各地区人才政策的数量、内容及分布,从而分析人才政策促进人口空间流动的效果。

(1)人才政策文件的颁布数量。1978~2018 年,由中央、省(自治区、直辖市)、市、县级政府下发的法律、条例、办法、制度、规范、规划、计划、方案、细则等,共计 807 件。其中,按照政策出台的主体,中央政府颁布共 87 件;省级政府颁布 191 件;市、县颁布 504 件;自治区颁布 25 件。其中通知 535 件、条例 15 件、法规 1 件、办法 181 件、规定 75 件。改革开放之初,关于人才的相关政策很少,自 1983 年以来开始逐渐增加,进入 21 世纪后,相关文件颁布数量激增,2011 年达到顶峰,2013 年开始逐渐回落。

(2)人才政策文件涉及的内容。自 1983 年以来,各级政府颁布的文件涉及内容主要如下:人才流动,人才待遇,人才社会保障,人才培养,人才的教育和发展，农村人才队伍建设，人才创业，人才强省、强市等。其中，按照发文数量多少，依次如下：有关人才的教育和发展 127 件，人才流动 72 件，人才培养 68 件，人才创业 37 件，人才社会保障 25 件，人才待遇 14 件，农村人才队伍建设 8 件，人才强省、强市战略 8 件。

其中，有关人才流动的文件 72 件，主要涉及的内容包括：城市与农村人才流动就业管理问题；人才流动中的有序化、柔性流动、合作流动；鼓励人才向企业及农村流动问题；人才流动过程中福利问题及争议处理办法；专业技术人员与管理人员流动问题；等等。有关人才引进的文件 262 件，涉及的内容包括：国内外高端人才的培养与引进；人才引进专项资金管理；人才引进优惠政策；柔性引进人才；等等。人才流动与人才引进合计 334 件。人才社会保障 25 件，其中，涉及人才落户文件 17 件，人才居留 5 件。可见，改革开放之后，关于人才的流动、人才引进、人才社会保障等内容是政策的重心，也是地方政府人才管理的重点。

随着社会经济发展的需要，关于人才的培养和发展也日益受到各级政府的重视。关于人才发展的政策，主要涉及的内容包括人才发展体制机制改革、各行业人才发展行动纲要、人才发展专项资金管理等问题。颁发文件中有关人才培养 68 件，人才教育 37 件，人才发展 90 件，合计 195 件。随着创新创业发展战略的提出，近几年，中央和地方政府还比较关注人才创业等问题，下发关于人才创业问题的文件 37 件，除此之外，还涉及关于人才强市、强省、贫困地区、农村人才队伍建设等内容。

（3）人才政策文件的颁布地区。改革开放之后，地方政府在人才引进、管理等方面的自主性和决定权得到了极大的提高，特别是进入 21 世纪以来，颁发的文件更是呈现激增的现象。1983~2000 年地方各级政府的发文数量为 72 件；从 2001 年开始，地方政府的发文数量开始显著上升，在 2001~2016 年发文数量合计达到 260 件；2011~2018 年发文数量虽有所下降，但波动不大。但是，不同地区市级政府在颁发文件的数量上还是存在着明显的差距，见表 7-1。

表 7-1　1983~2018 年不同地区市级政府颁布人才政策数量比较　　单位：件

时间	东部地区	东北地区	中部地区	西部地区	南部地区	合计
1983~1992 年	3	4	1	5	2	15
1993~2000 年	26	7	2	11	11	57
2001~2010 年	85	14	15	25	12	151
2011~2016 年	32	24	9	18	26	109
2016~2018 年	43	2	2	20	30	97
合计	189	51	29	79	81	429

东部地区下发文件数量最多，为 189 件，其次是南部地区 81 件。2001~2018 年，地方政府下发的文件共 357 件，远远超过中央政府下发的文件，说明地方政府的自主性得到极大提高，在提高人才待遇、人才引进等方面，结合当地情况出台的政策更加符合实际情况，有效激励人才发挥作用。以引进高层次优秀人才和人才队伍建设为例，2001~2018 年，东部经济发达地区发文共 174 件，颁布政策的城市包括：北京、福州、厦门、佛山、江门、深圳、珠海、无锡、南京、济南、常州、温州、泉州、淄博、杭州、徐州、苏州、海口、南平、广州、宁波、日照、嘉兴等，人才落户及住房补贴相关配套政策、人才队伍建设、人才专项资金管理等问题都有涉及，其中如北京、厦门、佛山、广州、福州、南京、深圳等城市，在不同阶段、针对不同内容，对政策进行了补充、完善、优化、升级。在人才引进的待遇、落户、子女就学等方面激励力度很大，政策效果突出，而作为对比，东北地区下发文件总共才有 51 件，涉及的城市仅有哈尔滨、大连、葫芦岛、辽阳、佳木斯、沈阳、通化等。政策激励力度不够，造成了人才的大量流失，从 20 世纪 80~90 年代的人口流入地区，到 2014 年变为了人口流出地区，人才大量流失，限制了地区人才发展的创新力量，限制了经济的发展。

（4）人才政策演进历程。通过以上分析，按照颁发人才政策的内容和中国人才体制改革实际发展情况，将改革开放之后人才体制改革划分为五个阶段。

一是人才体制改革的探索和实验阶段（1983~1992 年）。这一阶段是从国家统一计划、人才禁止流动，市场经济确立之前（1983~1992 年）到人才体制改革的探索和实验阶段。由于市场经济体制刚刚建立，人才体制改革正在进行探索和实验，这一阶段出台的政策相对较少，多是指导性的文件，该阶段文件共计 35 件。1983 年，国务院印发《国务院关于科技人员合理流动的若干规定》，允许科技力量薄弱的单位或地区到科技人员富余的地区招聘科技人才。此后，人才流动迅猛发展，成为干部人事制度改革的一个热点；同年，国务院制订颁发了《国务院关于引进国外人才工作的暂行规定》强调人才的引进工作，规定中明确将工作重心放在聘请国外专家来华工作上，基于当时的社会形势，我国急需引进的是能够使我国的生产技术和管理水平得到快速提高的专家和技术人员。虽然放宽了人才的流动限制，但是这一阶段仍然非常强调人才引进中政府的计划和管理。响应国家的战略方针，这一时期各地方政府开始制订人才的引进计划，不断完善相应的管理规定。例如，1987 年颁布的《大连市引进国外人才工作管理办法》明确了尊重人才、合理运用人才、引进人才过程中的经费问题等。1992 年颁布的《珠海市引进接收海外人才暂行规定》还考虑到了有关国外人才来华工作的福利待遇及优惠政策问题。这一阶段，国家的职能重点主要是加强人才的福利待遇和流动的争议管理等。例如，允许人才利用技术、资金等参股入股，为人才提供良好的工作、生活条件，在税收等方面给予照顾等；国内外各行业人才合理流动及其管理问题，允许科技人员在一定条件下辞职，合理流动的专业技术人员不得带走原单位的科研成果和技术资料等；以及涉及人才流动争议仲裁的规定；等等。

二是人才体制改革初步确立和完善阶段（1993~2000 年）。1993 年 11 月，党中央召开了十四届三中全会，会议通过了《中共中央关于建立社会主义市场经济体制若干问题的决定》，使经济体制改革的方向与目标更加明确、具体化，社会主义市场经济体制初步确立。这一阶段的特点是随着市场经济体制从初步确立逐步走向完善，在前期探索实践的基础上，逐步打破人才流动壁垒，特别是自 1996 年开始，毕业大学生与用人单位进行双向选择，改变原来大学生毕业分配的计划统筹方式。原有的一些人才政策已不再适用于当时的社会环境，在人才的流动、引进、培养等方面，急需新的制度保障和支持，面对这一社会问题，各级地方政府及时对政策进行调整，下发的人才政策文件也开始增多，该阶段下发文件达到了 118 件。这一阶段人才政策的重点主要包括以下几个方面：①鼓励出国留学人员回国工作，为人才流动提供了多方面的保障。例如，出国留学人员可自行决定是否迁入户口，以确保其来去自由；保障人才能够"对口择业，双向选择"并在工作、生活中为其提供各种福利，配偶、子女和父母可以在其工作地落户。例如，1994 年《安徽省人民政府办公厅关于印发鼓励留学人员来安徽工作的若干规定的通知》中明确提出留学回国人员配偶、未成年子女系农村户口的，照顾解决"农转非"。1999 年《江苏省引进海外高层次留学人员的若干规定》，在其实施细则中明确当地各部门应为海外高层次留学回国人员的配偶和子女落户、就业提供便利。②加强人才的合理流动及争议的仲裁。由于地域的限制，很多偏远地区的发展急需高层次人才，各级政府是保证国家重点项目人才需要的前提下，大力支持人才向急需发展和调整的地区和单位流动。随着国家对人才流动的大力支持，人才流动争议的解决办法也趋于完善。③加强人才培养。这一阶段，各级政府开始关注人才的培养，制定的相关政策主要是鼓励不同行业人才进行不同方式的深造，按照"学用一致，专业对口"的原则加强人才的培养及使用，建立相应的考核制度和奖惩措施。

三是人才建设战略制定及实施阶段（2001~2010 年）。2003 年我国召开了 1949 年以来第一次以人才为主题的全国性会议——全国人才工作会议。在会议上，确立了科学人才观的内涵，明确提出要"大力开发人才资源，走人才强国之路""以培养造就高层次人才带动整个人才队伍建设，促进各级各类人才协调发展"，这次全国人才会议提出了六点核心工作：①人才强国、党管人才；②科学人才观的提出并形成体系；③以能力建设为核心加强人才培养；④注重人才评价和使用机制；⑤建立完善市场体制，促进人才合理流动；⑥完善人才分配激励机制。全国人才工作会议的召开，以及颁布并实施的人才建设纲领性文件《中共中央、国务院关于进一步加强人才工作的决定》，成为 21 世纪、新阶段人才工作的行动纲领。这一阶段，也成为人才体制改革战略发展的重要阶段。

全国人才工作会议之后，响应国家人才战略发展要求，各级政府下发的文件开始激增，下发文件达到 310 件。这一阶段，第一，采取更加灵活的人才管理方式，并且提出了"人才柔性流动"这一观念。与以前的人才流动方式相比，柔性流动更强调了个人的来去自由和用人单位的独立自主。柔性流动打破了传统的国籍、户籍、身份、档案等刚性制约因素，提倡的是在不改变人才与其原单位隶属关系的条件下，经过双向选择，对人才以灵活的方式实现共享，"不求人才为我所有，但求人才为我所用"，将人才的价值发挥到最大。第二，提高海外留学人才引进的要求。例如，2001 年《中国科学院关于引进国外杰出人才的管理办法》中规定，引进的人才必须是具有中国国籍的公民或自愿放弃外国国籍来华或回国定居的专家学者，这体现出我国对人才稳定性要求的提高。第三，政府更加着力打造专业化的人才队伍。例如，2009 年《广西壮族自治区人民政府关于加强工业专业技术人才和经营管理人才队伍建设的意见》提出，通过提高人才素质、强化载体、完善奖惩机制、改革管理体制等加强工业专业技术人才和经营管理人才队伍建设的要求。

四是人才体制机制创新发展阶段（2010~2016 年）。2010 年 6 月，中共中央、国务院印发了《国家中长期人才发展规划纲要（2010-2020 年）》，并发出通知，要求各地区各部门结合实际认真贯彻执行。该规划是我国首个中长期发展规划，该规划出台后成为全国人才工作的指导文件。该纲要指出，建设人才市场体系，促进市场服务功能的不断完善，拓宽人才流动的渠道，强化政府的作用。政府部门应该做好宏观调控、保障市场主体的公平竞争，为人才自主择业和自由流动搭建平台。健全人才市场供求、价格、竞争机制，进一步促进人才供求主体到位，大力发展人才服务业，加强政府对人才流动的政策引导和监督，推动产业、区域人才协调发展，促进人才资源有效配置。健全专业化、信息化、产业化、国际化的人才市场服务体系。在该纲要中，人才体制机制创新成为重点内容，涉及的内容主要包括：改进人才工作管理体制；创新人才工作机制；完善人才流动配置机制；等等。该纲要的制定和颁布，为我国长期的人才发展规划制定了发展的远景和蓝图。

自《国家中长期人才发展规划纲要（2010-2020 年）》颁布后，关于人才的相关政策下发数量迅速增加。各级地方政府纷纷出台以创新为重点的人才政策。第一，致力于引进海内外高层次创新创业人才，提供各种优惠政策。例如，2010 年《福建省引进高层次创业创新人才暂行办法》中提到应为海外引进人才缴纳基本养老、城镇职工基本医疗、工伤保险等社会保险，并为其未就业的配偶、子女缴纳社会保险。帮助解决其配偶的就业问题、子女的入学问题等，在福利待遇方面也做出了详细的规定。第二，充分发挥人力资源的作用，实现我国经济的转型升级，加快创新创业型人才队伍的建设。

五是人才发展体制改革的深化发展阶段（2016 年至今）。2016 年 3 月，中共中央印发了《关于深化人才发展体制机制改革的意见》，并发出通知，要求各地区各部门结合实际认真贯彻落实。2016 年 5 月 6 日，习近平总书记就深化人才发展体制机制改革做出重要指示，综合国力竞争说到底是人才竞争。他指出，"要把《关于深化人才发展体制机制改革的意见》落到实处"，在全世界范围内构建起具有竞争力的人才制度体系，消除体制机制所产生的障碍，将更多的权力分给用人主体，坚持为人才松绑的原则，促使人才创新活力的充分发挥，使得各行业人才能够在各自的岗位上各司其职、各得其所。同时要加强对人才的保护，从意识上开始强化，加大对人才的关爱力度，激发人才的能力，让更多的人才能够充分发挥其才能，并且为实现中华民族的伟大复兴贡献出坚定的力量，为实现百年奋斗目标提供才智。这一阶段是人才体制改革的深化阶段，截至 2018 年，该阶段下发文件共计 68 件。为了加快构建具有全球竞争力的人才制度体系，改革方向是着力破除体制机制障碍，特别是在引进高层次人才措施、人才发展规划、人才队伍建设、人才培养及教育、引进优秀人才的社会保障等方面要深化改革。转变政府在人才管理方面的职能，将用人主体的自主权落到实处，健全市场化、社会化人才管理服务体系，促使人才创新创造活力得以充分发挥。以问题为导向，通过明确问题作为指引，促使政策实施更加精准，创新人才培养、评价、流动、激励、引进、保障机制，着力解决人才管理中的行政化。

7.1.2　产业引导——"以业控人"

产业结构是地区经济结构的一个重要部分，是决定区域经济功能和性质的内因。产业结构调整带动了就业结构的变化，而就业结构变化必定会对劳动力的流动规模和趋势产生影响，产业结构与劳动力人口流动之间具有密切的联动关系。本小节以东北三省为例，分析产业结构调整与人口流动的关系。

（1）东北三省产业结构调整优化概述。自改革开放以来，我国经济发展方式不断转变，产业结构不断调整、优化升级，东北三省的产业结构调整也取得了显著的成效，三次产业增加值的比例，由 2007 年的 12.4∶51.4∶36.2 转变为 2016 年的 12.1∶38.4∶49.5，见表 7-2。

表 7-2　东北三省地区总产值及各产业占比　　　　　　　　单位：亿元

年份	东北三省地区生产总值	第一产业	占比	第二产业	占比	第三产业	占比
2007	23 324.98	2 884.38	12.4%	11 998.87	51.4%	8 441.73	36.2%

续表

年份	东北三省地区生产总值	第一产业	占比	第二产业	占比	第三产业	占比
2008	28 195.66	3 307.8	11.7%	14 942.63	53%	9 945.23	35.3%
2009	30 632.55	3 549.77	11.6%	15 284.02	49.9%	11 798.56	38.5%
2010	37 090.36	3 983.55	10.7%	19 389.79	52.3%	13 717.02	37.0%
2011	45 060.41	4 898.6	10.9%	24 069.2	53.4%	16 092.71	35.7%
2012	50 430.72	5 701.61	11.3%	26 169.55	51.9%	18 579.46	36.8%
2013	54 442.06	6 347.74	11.7%	27 045.93	49.7%	21 048.39	38.6%
2014	57 469.81	6 469.96	11.3%	27 263.66	47.4%	23 736.19	41.3%
2015	58 101.21	6 613.78	11.4%	25 517.76	43.9%	25 969.67	44.7%
2016	52 310.21	6 342.06	12.1%	20 093.42	38.4%	25 874.73	49.5%

资料来源:《黑龙江统计年鉴 2017》《吉林统计年鉴 2017》《辽宁统计年鉴 2017》

从表 7-2 的数据中可以看出，第二产业增加值所占比重明显减少，第一产业总产值呈现出稳定增长态势，第三产业总产值的增长则相对较快。从三次产业结构占比来看，东北三省第一产业所占比重在三次产业中最低，且这一比重在 2007~2016 年呈现出缓慢下降的趋势;第三产业总产值展现出先慢后快的小幅度增长态势，自 2006~2010 年小幅度的慢速增长之后，在 2011 年和 2012 年又略有下降，然后从 2013 年起开始逐渐快速增长，其中黑龙江第三产业比重上升最快，上升幅度为 19.8%，辽宁次之，上升幅度为 15.1%，吉林最低，上升幅度为 3.2%。与第一、三产业情况变化趋势不同，东北三省第二产业总值大体上呈现出持续下降的趋势，从各个省份的具体数值来看，2007~2016 年，黑龙江、吉林、辽宁第二产业比重降低数量分别为 24.6%、5.5% 和 14.3%。东北三省的产业结构变化表现出一个共同特点，都是第三产业总产值上升速度最快。黑龙江同吉林和辽宁第一产业所占比重下降情况不同，黑龙江的第一产业产值所占比重一直在增加。总体概括来看，东北三省的三次产业结构占比转变都较大，第一产业发展变动相对平稳，吉林、辽宁略有下降，黑龙江略微上升，产业结构变动主要发生在第二、三产业之间，由第二产业转向第三产业。东北一直以来以工业为主，第二产业向第三产业的转变预示着工业发展进入后期阶段，产业不断优化升级。东北三省三次产业所占比值，已经由"二三一"模式转变为"一二三"模式，且在现有模式下稳步发展。

（2）产业结构调整使劳动力向第三产业大量转移。伴随着产业结构的调整，东北三省就业结构也发生了一定的变化。2010~2016 年，三次产业就业人员结构从 37.2：23：39.8 转变 33.5：21.6：44.9，具体数据参见表 7-3。

表 7-3　东北三省三次产业就业结构

产业	省份	1980 年	1990 年	2000 年	2010 年	2016 年
第一产业	黑龙江	46.8%	39.6%	50.2%	41.3%	36.6%
	吉林	46.0%	48.3%	50.2%	43.3%	33.8%
	辽宁	41.4%	34%	33.4%	30.3%	30.7%
第二产业	黑龙江	32.2%	35.1%	21.7%	19.4%	17.8%
	吉林	32.4%	28.6%	19.2%	20%	21.7%
	辽宁	39.2%	41%	31.7%	27.7%	24.9%
第三产业	黑龙江	21%	25.3%	28.1%	39.3%	45.6%
	吉林	21.6%	23.1%	29.6%	36.7%	44.5%
	辽宁	19.4%	25%	34.9%	42%	44.5%

资料来源：根据《中国劳动统计年鉴》（2017）计算得出

2000 年以后，随着经济体制改革的不断深入，产业结构升级速度加快，就业人员在三次产业中的分布情况随之发生了显著的变化，就业人员从过去主要集中在第一产业之中，开始转变为由第一产业向第二、三产业逐渐过渡分散的态势，尤其是向第三产业转移的就业人员数量持续增长。比较 2010 年与 2000 年的数据可以发现，第一产业就业人员所占比重下降 1.4%、第二产业就业人员所占比重下降 3.7%，而第三产业就业人员所占比重却增加了 5.1%。2010~2016 年，东北三省的劳动力主要分布在第三产业之中，说明第三产业已经成为吸引劳动力的主要力量。截至 2016 年末，东北三省总就业人口为 5 880.23 万人，与 2010 年相比增加了 319.15 万人，增长了 5.1%。总体来看，产业的发展使就业规模不断扩大，因此增加了就业机会，同时也吸纳了更多的劳动人口。但是不同产业对劳动力的吸纳存在差异，2010~2016 年的数据显示，第一产业和第二产业的就业人数都有所下降，分别减少了 95.5 万人和 11.2 万人，然而第三产业的就业人数却增加了 425.7 万人，与第一、二产业形成了鲜明的对比，第三产业就业人员增加的数量远远超过第一、二产业就业人员减少的数量，因此，可以看出随着产业结构的调整，就业人员不断向第二、三产业转移，尤其是向第三产业转移，第三产业已经成为当下吸纳劳动力的最主要部门。

7.1.3 空间置换——"生态移民"

从人口流动的角度来看，生态移民是为了保护某个区域的生态，对某个区域的生态进行修复而开展的人口迁移，是将超出生态承载力的人口规模进行调控。也可以是因为自然环境过于恶劣，不适合生活居住，而进行的人口整体迁出的过程。我国主要生态移民的举例如下。

（1）三峡生态移民。这一移民行动是为了有效地对三峡地区的生态环境进行保护，改善三峡水库的水资源环境。坚持以人为本，改善贫困地区经济发展的重要举措，开展空间人口转移，将不宜人居的生态脆弱区的人口迁出，转移到具有良好的生产、生活条件的地区。通过三峡移民工程能够缓解环境压力、解决人口贫困，改善居民生活水平，推进新型城镇化发展，实现三峡生态移民与经济、环境协调发展，优化人口空间布局。

通过集中安置、分散安置及外迁安置三种农业安置模式进行安置，其中的集中安置主要是通过征用、租用、调剂土地等方式进行新的农村居民点建设，对库区人口进行异地安置，这也是最主要的一种农业安置方式。还借助产业引导的安置方式，对年龄超过 30 岁的人口进行职业技能培训，引导其进入商贸、旅游等第二、三产业，解决就业和生活问题。通过政府多方筹措资金，完善基础设施，遵循群众自愿的原则，引导人口有序流动。

（2）陕南地区移民搬迁安置。由于陕南地区的地质条件比较差，自然环境恶劣，山体的稳定性比较脆弱，容易产生季节性的山洪、山体滑坡及泥石流等地质灾害，因此，需要政府主导下进行生态移民。陕南有安康、汉中及商洛三个城市，按照《陕南地区移民搬迁安置总体规划（2011—2020 年）》的基本设计，陕西将要从这三个城市搬迁居民 240 万人，规划分步实施，依据三位一体的人口迁移思路，从小城镇建设、现代农业发展及扶贫搬迁三个方面集中资源，提升公共服务供给能力，加强基础设施建设力度，进行农业综合开发，在科学规划部署的指导下，实现陕南地区的民生改善，脱离自然灾害的影响，优化人口的空间布局。

7.1.4 行政控制——"以房控人"

人口流动到某一地区需要具备一定的条件，如就业机会、生活设施等方面，尤其是居住问题是一个必须要考虑的问题。因此，人口调控的手段也就随之出现，就是针对外来人口的居住问题出台相关的政策，特别是在城镇化发展比较先进的地区，"以房控人"是重要的调控方式。本节以上海为例，进行该项调控手段的分析。

（1）上海"以房控人"的政策演进历程。上海针对外来人口房屋租赁出台了相应的规定，如 1987 年颁布的《上海市私有居住房屋租赁管理暂行办法》成为房屋租赁政策的起始，该办法明确规定了出租人和承租人之间应当履行的权利和义务。到 1996 年又对政策进一步细化，出台了《上海市外来流动人口管理条例》，涉及外来人口在租赁房屋方面的规定。1998 年又出台了《上海市外来流动人员租赁房屋治安管理办法》，该管理办法集中对外来流动人口租赁房屋的设施、结构等方面做出了较为明确的规定。2004 年在原有基础上，进一步明确了房屋租赁的规定，出台了《上海市居住房屋租赁管理实施办法》，对居住房屋的结构进行了细化。2011 年对上一实施办法升级，颁布了《上海市居住房屋租赁管理办法》，这个管理办法中明确了房屋居住的面积及结构等内容，这些政策对外来人口如何通过房屋租赁方式解决居住问题给出了详细政策指导。

除了房屋租赁政策内容，对于房屋买卖也出台了具体的管理规定，自 2011 年上海实施了住房购买的限购政策，外来人口想要在上海买房需要遵循更加严苛的限购规定，其中，非上海户籍的单身成年人口不能购买房屋。这些政策管理严格地控制了上海人口的迁入规模。

（2）"以房控人"的相关政策呈现的特征。针对外来流动人口的房屋租赁政策管理内容随时间变化发生了较大的调整，从单纯规范外来人口的租赁房屋的行为演变到重视租赁环境。租赁房屋的管理规定也同样发生变化，由对承租人义务的规定转变为对承租人的权益保障，管理重心出现明显变化。对房屋租赁市场进行了管理规范，对群租、违建等相关违法现象进行了遏制，净化了交易市场。外来人口购房政策方面呈现的特征变化更为明显，由最初的购房可以落户转变为房屋限购，这一转变在很大程度上对外来人口迁入规模进行了控制。

7.1.5　人口管理政策——"以证控人"

人口管理政策是有效调节人口分布和格局的重要手段，在不同人口规模的地区，发挥着不同的调控作用。本节选择东部地区核心的城市上海为例，分析人口管理政策手段对人口的调节作用。

（1）上海人口管理政策的演变历程。对于上海，其人口管理政策基本上可以分为三个主要的实施阶段。

第一个阶段：暂住人口的登记管理阶段（1984~1993 年）。这一阶段以《上海市外来寄住户口管理暂行办法》的出台作为起始点，开启了上海对外来人口登记管理的过程，主要是针对外来寄住人员的管理，仅仅是起到登记管理的作用。之后，到了 1988 年，在原有暂行办法基础上，《上海市暂住人口管理规定》颁布，该规定主要是针对外来暂住人口的管理，维护上海的社会稳定，对外来人口的权益加以保护，但是，该规定没有对外来人员的随迁子女教育、社会保障等方面提供同等的待遇。

第二阶段：外来人口身份转换阶段（1993~2002 年）。这一阶段以 1993 年上海市蓝印户口管理办法出台作为发端，成为外来人口获得上海市民身份的途径，该办法主要是针对在上海投资、购房及人才输入的外来人口类型提供身份转换的条件，即上述三种类型的人员通过蓝印户口可以享有上海的社会福利及各项公共服务，并在规定的年限内能够转换为常住户口，为外来人员提供了转换身份的途径。1994 年进一步对外来人口，尤其是普通从业人员的参加社会保险、计生防疫等方面做出相应的规定。2000 年，外省市进沪通道再次放宽，可以通过《上海市引进人才工作证》获取相关保障，该方案对外来人口的福利待遇给出新规定，对随迁子女教育、社会保障等方面待遇给出了明确的规定。到了 2002 年，一项新的管理制度出台，即《上海市居住证》制度，该制度对上海引进人才有了更为明确的管理要求，也标志着上海对外来人口管理将进入新的阶段。

第三阶段：全面享有社会服务阶段（2002 年至今）。这一阶段以《上海市居住证暂行规定》的颁布作为起始点，是上海对外来人口管理政策重要转变的开始。转变在于扩大了人口管理政策的对象范围，该规定从上一阶段仅仅针对人才作为身份转换对象，到针对所有的外来人口，将就业与投考就学两类人群也涵盖进来。持有上海市居住证的外来人口按照管理规定满足一定的条件就能够申领上海的常住户口。这一暂行规定一直沿用到 2014 年《上海市居住证管理办法》的出台，以及《上海市居住证积分管理试行办法》和实施细则颁布，该办法是对所有到上海务工并能够实现稳定就业的外来人口进行的管理，从不同的指标进行积分制管理，包括工作性质、从事专业、年龄及上海居住年限等内容，通过积分来取得上海的各类社会服务，这种通过积分进行人口管理的办法使得上海在人口管理政策方面取得了极大的突破。2017 年上海又对《上海市居住证管理办法》进行了修订，政策内容上没有太大的变化。

（2）上海人口管理政策演变的主要特征。从上海对外来人口管理政策的演变历程不难发现，政策内容呈现出的特征主要如下：一是从强调管理到重视服务。上海对外来人口进行管理的制度演变是一个逐步升级的过程，从最初的以登记证明为目的的管理职能阶段，上升到外来人口身份转换、社会服务享有的服务职能阶段。而且在保障外来人口自身权益和义务的基础上，对随迁子女的教育及社会保障等待遇有了明确的规定。二是服务对象范围扩大。上海对外来人口的管理从最初的登记暂住人口，到人才引进，再到所有外来务工人口，整个服务的对象范围扩大了。而且明确了外来人口应享有的权益和需要接受的义务，形成了具有鲜明梯度的服务管理机制。外来人口管理由最初没有享受待遇的资格，到作为人才引进可以享受部分待遇，再到依据积分规定全面享有本地社会服务的梯度变化。按照积分管理原则，从外来人口在上海居住的年限、对上海的贡献等方面来决定社会服务待遇的数量，这种梯度变化是一个重要人口管理制度的创新。上海建立的对外来人口管理的成熟管理制度，是以居住登记作为管理主线，依托就业、保险、计生、住房等载体的居住证管理办法，规范统一了对外来人口的管理。从寄住证明、就业证明到蓝印户口、人才居住证、普通就业证明再到统一涵盖所有外来人口的居住证，实现了从多证管理到一证规范。

7.2　人口空间格局宏观调控效果评价

通过上述人口调控手段的分析，以人才政策控人、以证控人、以业控人、以房控人等这些手段和方法在不同时期都发挥了作用，取得了一定的成效，主要表现在如下几个方面。

7.2.1　人口内部结构趋于优化

不同的人口调控手段发挥了不同的效果，重要的一个表现就是在人口结构上的优化。

（1）流动人口的性别比例逐年下降。借助调控和管理办法，流动人口的性别比例有了较为明显的变化，逐年下降。根据人口调控政策所涉及的内容分析，尽管没有针对人口性别结构的直接调控安排，但却因为在随迁子女教育、医疗、社会保障、就业保险等方面人口管理政策内容的增加，使得外来流动人口不再是单独个体流动，会增加随迁人口的数量，这在一定程度上优化了人口的性别结构。这种调控的效果日益显现。

以上海为例，外来流动人口的性别比例不断下降，由 2000 年的 129.97 下降到 2010 年的 118.7，10 年下降了 11.27 个百分点。从劳动年龄人口来看，性别比例也有较大的变化，2010 年比"五普"时期下降了 13.31 个百分点。主要是由于人口管理政策的不断调整，推动了随迁家庭的规模扩大，在享有更多在随迁子女教育、医疗保障等方面的社会福利的同时，随迁家庭的数量也自然增加。从上海统计局的相关调查可知，外来流动人口中，有 80%属于夫妻一起到上海就业。同时，由于外来务工女性人口的规模增加，也在一定程度上将上海常住人口的劳动年龄的原有人口性别比例降低。

（2）流动人口规模的扩大将缓解老龄化问题。外来流动人口中比重较大的都是劳动年龄人口，由于人口管理政策没有对年龄的直接规定，所以迁入人口在年龄上以劳动年龄为主。仍以上海为例，2010 年的劳动年龄人口数量是 1 756.67 万人，比 2000 年增加了 562.75 万人。劳动年龄人口数量的快速增长直接缓解了上海的人口老龄化问题。值得关注的情况是，按照年龄段划分，青少年劳动人口的比重上升，中年劳动年龄人口占比下降，超过 45 岁的劳动年龄人口占比上升，即呈现了 U 形结构。人口管理政策更倾向通过管理手段引导更多的年轻人口迁入，以调整人口的年龄结构。

（3）流动人口的教育结构优化。仍以上海人口调控政策为例，最初的蓝印户口主要就是针对外来人才引进制定的，主要内容就是围绕投资、购房及人才这三种外来人口提供社会服务的，制度中对人才引进有着明确的规定，就是为了通过管理政策优化人才结构，引导更多的外来人才进入上海，吸引具有高学历、高技能的外来人口到上海就业和定居。通过人才引进，提升城市的核心竞争力，优化城市人口的受教育结构。在积分制管理办法中，具有较高学历、年轻的外来流动人口获取的积分分值也比普通的劳动者高。这些人口调控政策在很大程度上增加了高素质人口的数量，使得整体的教育结构优化。同时，产业结构的调整也会带动高层次人才的迁入。在产业结构调整过程中，增加的高新技术产业、高端服务业都吸引了大量的高层次人才流入。迁入并落户的人口主要集中于高层次人才，人口的教育结构得到了不断优化。

7.2.2　人口数量调控的效果分异

人口调控的各类政策是以调控人口规模为根本目的的，可以说人口调控政策是对落户的一种控制。例如，蓝印户口的管理办法就是结合城市的经济和人口承载能力对持有蓝印户口的外来人口转变身份的一种控制，也是对外来流动人口获取蓝印户口资格的一种控制，从发放数量上进行了严格的控制。居住证制度和积分制度也是同样对外来人口数量控制的重要手段，审批年限和获得积分的条件都很好地限制了迁入人口的数量，效果十分明显，每年在上海获得户籍的人口数量在不断地缩紧，表明人口调控政策对控制人口数量的增长发挥着重要的作用。对于普通就业者，因为没有获得与城市本地户籍人口一样的社会服务，所以对迁入的数量有所抑制。人口调控政策会从不同层面来影响和调控城市人口的规模，宏观上产业布局调整和优化，就会带动人口数量的变化。

虽然东北三省近年来产业结构不断优化，第三产业发展步伐加快，但是依然有大量的人口流出，尤其是青壮年人口流失严重，究其原因可以发现，就业机会作为一个中间纽带将产业结构的转变同区域间的人口流动连接到一起。每个产业所需的生产要素都不相同，因此，对产业升级所需的技术、资本劳动力等各种要素的构成比例也不相同。落后的产业发展，所能提供的就业机会十分有限，当产业结构进行调整时，第一产业和第二产业会出现大量的剩余劳动力，这些剩余的劳动力若在短期之内无法被本地区第三产业容纳，就会导致大量的人口外流现象发生，而东北三省恰恰是这种情况。从人口流出后所到达的区域看，东北三省流出的人口主要倾向于北京、天津、上海和广东等经济发达的省市，流向这些地区的东北人口占据东北三省总流出人口的 68.2%。人口流出后所趋向的省市通常都是具有经济或政治区位优势的地方，凭借着优势对人口流出有着巨大的吸引力。反观东北三省经济发展相对落后，所能提供的就业机会同发达省市相比相对较少，故而人口流出严重。

7.2.3　人口空间格局分布更趋优化

人口调控政策在调控人口规模、优化人口质量结构的同时，还会促进人口空间流动，实现人口空间合理布局。从不同地区的人口调控实践可以看出。

（1）跨省域流动人口主要流入东部经济发达地区，但增幅减少。从跨省流入人口的格局分布情况看，北京、上海、江苏、浙江、福建、广东一直是集中的流入地区，其跨省域流入的人口数量占比全国跨省域的人口流入总量的 90%左右，但呈现的趋势是比重逐年下降。2016 年跨省流入这 6 个省市的人口占比是 87.6%，比 2011 年的流入人口占比下降了 1.7 个百分点。在 6 个省市的内部情况分析是，浙江流入人口占比由 23.7%下降到了 19.0%，下降了 4.7 个百分点。北京、天津、上海这三个直辖市中，2016 年跨省流入人口占全国跨省流入人口比重为 23.7%，比 2011 年下降了 1.2 个百分点。江苏、广东的比重有所上升。

（2）跨省流出人口主要来自中西部人口省份，但增幅下降。安徽、江西、河南、湖北、四川等几个省份是主要的人口流出省份，流出的人口贡献了全国跨省流出人口总量的 60%。随着人口调控政策的作用，跨省份流出的规模和速度有所降低，2016 年这 6 个省份的流出占比只为 58%，比 2011 年减少了 1.7 个百分点。比较不同省份间跨省人口流出的情况发现有一定的差异，主要如下：河南、湖北、湖南的跨省流出人口在全国的比重变化幅度不大，变化幅度在 0.3 个百分点左右。安徽、江西、四川三个省份 2016 年跨省人口流出占全国的比重相对下降，其中，安徽占比下降了 0.6 个百分点，江西降幅是 0.5 个百分点，四川降幅是 0.8 个百分点。河南变化幅度不大，一直处于 11.2%~11.4%区间内。湖北的占比与 2011 年相比下降了 0.2 个百分点。

7.2.4 流动人口享有权益不断增加

通过人口管理政策的调控，流动人口的权益得到不断的保障，在不同的时期，人口管理政策对外来人口的权益有着不同的规定，最初针对外来人口只有义务的规定，对权益没有提及。在之后的管理办法中多了社会服务待遇方面的内容，权益有所增加，但这种增加需要具备一定的条件，是有相关限制的。例如，有的是针对人才引进的社会服务待遇，而居住证在教育、计生防疫等方面有了权益的增加。积分制管理办法则对所有稳定就业的外来人口都提供均等的随迁子女教育、社会保障、医疗等相关的服务。在房屋租赁方面也给予外来流动人口很大的权益，规定了面积、结构等相关内容。

虽然外来人口的权益得到不断的保障，但人口调控政策中仍然有着比较大的空间，在教育、保险、购房等方面还有较大的提升空间。

7.2.5 产业发展的容纳力不够，造成就业人口大量迁出

从产业结构演进的角度看，产业结构的变化一定会带来就业人口的变动，表现为就业人口在不同行业和部门之间的变动，进而导致就业结构发生变化。由于不同产业具有不同的吸纳能力，因此，产业结构发生变化时就会对人口流动产生影响。与 2010 年相比较，东北三省 2010 年净迁出的人口总数为 219.1 万人。根据"六普"数据，东北三省常住人口不断流出，累计流出 180 万人。2011~2016 年，东北三省人口外流的趋势不断加剧。分省来看，黑、吉、辽三省的产业就业结构变化趋势相同，第一产业、第二产业人数减少，第三产业人数增长较快。除个别年份外，黑、吉、辽三省人口净迁出率基本呈现不断上升趋势，由人口迁入省份，变为人口迁出省份。其中，吉林、黑龙江两省的净迁出规模分别为 91.6 万人和 204.7 万人。

7.3 人口调控政策存在的问题分析

虽然人口调控的各种手段取得了一定的效果，但也存在着一定的不足和问题，主要表现在如下几个方面。

7.3.1　不健全的社会服务管理手段制约了人口结构优化

人口在不同区域内的流动需要进行综合管控，通过不同人口调控政策对外来人口进行管理。不同地区在不同时期的调控政策和手段也会不同。以流动人口登记为例，实现了对外来流动人口的主动登记管理，但是这种暂住证形式的管理方式没有赋予外来人口享受社会服务的相关权益，暂住证只是对外来人口的一种管理，一种义务，而没有体现出对其相关权益的保障，因此，外来人口对于办理暂住证登记是出于强制，而主观积极性不高。人才引进的居住证尽管给外来人才赋予了享有相关社会服务的权益，对高端人才产生了较好的吸引能力，但是对于普通的劳动者，缺少稳定的工作和住所，尤其是低端外来人口，通过居住证获取的社会服务十分有限，这种管理方式将这部分群体分离在外。这部分外来人口的数量还比较大，自然会对社会的稳定造成一定的影响。如何给予这部分流动性较大的群体足够的社会服务，是保障社会稳定的重要措施。人口调控政策中应当充分考虑这部分弱势人群，给予更多的享有社会公共服务的权益。

尽管城市积分管理制度取得了一定的人口管控效果，但是在实施过程中，积分的申请标准虽然对于高端人才有着很好的政策效果，却限制了很多底层外来人口。其中低学历人员想要达到享有同等社会服务的待遇，需要很高的标准，几乎无法实现。但是，一个城市的人口结构合理与否，不只是依靠高学历及高技术的人群，还需要各层面的服务人员，不同领域的人口存在才能优化人口结构。所以，积分制度也在一定程度上需要完善，需要调整对于低端人口的准入条件。只有这样，才会让城市的人口结构变得合理。

7.3.2　滞后的人口统计数据难以满足调控过程管理要求

城市人口调控不仅仅是基于目标的管理，同时也十分重视过程的管理，是基于调控目标指导下的过程管理，目标与过程是一体的。调控目标在城镇化发展规划和人口调控规划中都已经明确，而人口调控的过程管理需要有动态的、真实的人口数据作为支撑，没有数据，人口过程管理就失去了基础。目前，在人口调控手段和政策的运用过程中，不同地区的政策内容和效果差异很大，以北京、上海、广州、深圳这几个特大城市为例，都普遍存在着一种现象，就是城市内部出现的"人户分离"，对真实的常住人口和户籍人口进行统计存在困难，数据有着一定的迟滞。

以北京为例，登记的户籍人口数据可以通过各街道和公安户籍管理部门获取准确的统计结果，但由于人口流动产生人户分离，户籍人口和该地区的常住人口没有统一，很难获取较为准确的常住人口数，都是依据年末的抽样调查数据推算得来，因此各地区无法及时获取辖区内常住户籍人口信息。迟滞的人口统计数据为人口调控政策实施和目标达成带来一定的障碍。各街道、乡镇进行人口调控管理主要针对外来流动人口，而政府要求的人口调控目标是以常住人口数量为依据的，因此在统计口径上产生偏差。

常住户籍人口数据统计过程的迟滞为整体的人口调控过程带来了一定的困难和风险。例如，各街道、乡镇进行人口数据统计的过程中，对分流和疏导出去的人口比较重视，对外来流入人口的关注不够，就会产生外来人口数量增减变化的不准确，存在虚高现象。以 2016 年 11 月北京某区各街道、乡镇统计数据为例，外来流动人口调减数量是 20 多万人，与北京对该区调减人口数量的估值数 2 万多人不一致，差异很大。同时，还会发现，在常住外来流入人口的登记过程中，老年人和儿童的统计缺失严重，造成实际常住外来流入人口数值偏低。迟滞的人口统计数据难以满足人口调控过程管理的需要，影响人口调控政策目标的实现。

7.3.3 不充分的人口调控市场导致行业人员效率差异

从业人员的劳动生产效率可以通过从业人员人均地区生产总值的数值来表示，不同行业之间会存在着较大的人员效率差异，如金融业、地产业是效率较高的行业，而农林牧渔业、住宿和餐饮业等行业的效率很低。外来流入人口主要流入效率不高的行业。根据相关统计，北京在 2010 年对外来从业人员进行的统计，有 53.1%的流入人口进入商业、服务等效率不高的行业，与进入高效率行业的人口相比有较大的差异。城市对外来人口的调控，需要借助产业引导，如果不能做好产业结构的调整和升级，建立充分的人口调控产业市场，就无法应对人口调控的需要，导致更大行业人员效率差异。

城市在调整产业结构时，应减少低效率行业用工人员数量，然而受结构调整效应的滞后影响，一方面外来流入人口集中流入低效率行业；另一方面行业招工困难。外来流入人口的调控也会促进人口的流动，增加行业用工的稳定性风险和成本，没有充分的准备适应人口流动的结构差异和行业效率差异。

7.3.4 强制的行政手段引发调控政策实施困难

人口调控的目的是实现人口有序流动，与城市发展相匹配，产业与人口相适应。实现这个目标应当是政府和市场共同来实现的，是市场拉力和政府推力合力完成的。然而在人口调控政策实施过程中，由于调控目标层层分解，政府强制性地行政分派任务，基层的街道、乡镇等机构实施调控的压力巨大，为了达成下达的任务指标，往往会针对性地选择调控数据上报，存在数据虚报现象，不能真实地反映实际的人口情况，人口统计的根本目的发生偏差。由于不同地区的外来人口规模、层次等都存在着较大的差异，用一刀切的调控任务进行管理，导致调控的力度会出现较大的不同，人口流动的方向也会发生改变，使不同地区的基层工作产生极大的困难，不利于调控政策的设施。

同时，在实施调控政策时，过于依赖强制的行政手段，也会产生一定范围内的矛盾和冲突，如对城市内外来人口集聚的城中村的治理，对违建和非法群租的行为管制，影响到部分群体的既得利益，如果没有妥善的执法措施，只是用强制的行政手段，就会产生阻挠和冲突。另外，在进行产业结构调整和升级的过程中，引导一部分低端产业向城市外围迁移，会带动人口就业、生活安置等方面的问题，引发这部分群体的抵制，如一味用强制手段，必然会产生冲突，带来社会的不稳定。因此，人口调控政策实施不能仅是通过强制的行政手段来实现，需要综合考虑人口调控政策实施的对象和目标。

7.4　导致人口调控政策存在问题的原因分析

7.4.1　重"控"而轻"调"的政策导向

人口空间格局调控政策是为了实现人口在空间上的合理分布，以及人口的有序流动。这一过程包括两个层面的内容：一方面是"调"，就是调节的意思，针对的是当前人口的存量；另一方面是"控"，就是控制的意思，指的是对人口增量的控制。实际的人口调控手段和政策却失之偏颇，重心放在了对人口增量的控制，目的是引入更多高端人才而减少低端人口的迁入，未能对人口存量加以重视。调控政策的两个都不可或缺，调节人口存量在实现人口空间格局优化方面的作用更为明显，主要是针对一个地区的现有人口存量的结构进行调节，通过对人口的技能培训提升其工作和生存能力，实现人口结构的优化。在人口空间布局上，通过调节，引导人口有序流动，实现空间上的合理分布，实现人口与产业、服务的协同发展，缓解城市矛盾，达到格局优化的目标。

7.4.2   对人口发展规律认识不清

在快速城镇化的进程中，需要正确认识人口变动和发展的规律，尤其是在新型城镇化的指导下，人口的空间流动必然会成为未来社会发展的重要发展趋势。正确地应对人口的增长和人口空间流动，就是要正确认识城镇化发展的基本规律，要顺应人口的发展规律。正确地面对人口发展应当遵循的原则，有序地引导人口流动是行动之必然。在经济、社会、生态等诸多因素的制约下，要处理好新型城镇化发展与人口流动的关系，不能不顾城市资源承载能力，一味放开人口流入，也不能任由资源禀赋不足的地区人口过度流失，要结合人口发展和城镇化发展的基本规律，不断地提升城市的综合服务水平，优化经济发展环境，达到对人口的合理控制。

7.4.3   行政方法与经济方法协同性差

人口空间格局的变化来自多方面的因素影响，其中经济因素是影响最大的。人口迁移意愿中更多的是考虑经济因素而做出迁移的行为。政府对于人口空间流动一直使用行政控制方法作为主要的管理手段，导致与人口迁移因素出现偏差，单一的管理机制就产生上述问题。尽管政府对产业结构调整引导人口有序流动的作用已经重视，也达到了一定效果，但是行政方法与经济方法之间还是协同性差，未能实现协同效应，政府对行政方法的依赖比较大，更多地利用行政性的指令来获得人口调控的目标，致使出现了各种冲突与问题。人口空间格局的调控，不单是某一项政策手段就可以完成的，需要建立一套完善的调控体系，以政策调控为主，协同其他配套政策，实现调控的效果。

7.4.4   区域产业发展的差异性对人口流动产生了不同影响

（1）工业发展滞后造成高水平人才流失。不同区域的产业发展水平具有一定的差异，而这种差异性恰好是驱使人口流动的关键性因素。东北三省作为老工业基地，第二产业所占比重一直相对较大，但从目前的发展情况来看，存在着严重的产能过剩、创新不足等问题，这些问题成为东北发展的制约，也加重了人才的流失。根据2017年规模工业产值排名，前三名分别为江苏、山东和广东，而作为老工业基地的东北三省排名分别为吉林第15、辽宁第16、黑龙江第25。通过数据可以发现东北三省产业发展落后，这就导致很难流出高级专业人才。以流动人口的受教育水平为例，发现 2014 年东北三省流出的人口中，平均受教育年限为 11 年，同期流入的人口受教育年限为 9.1 年，两者之间相差了 2 年。对东北三省流出人口数据进行细分，发现流出的人口学历普遍较高，甚至出现了流出人口数量同高学历之间的正向关系，换言之，越高学历的人口流出的数量越多。据统计，流出人口中大专以上学历占比为 29.7%，而流入的人口中大专以上学历却仅占 7.4%，流出与流入人口之间的不对称，更加加重了东北地区人口流失的程度。受教育年限高的人口在逐渐流出东北，而流入的却是受教育年限较低的人口，流入流出的交叠导致东北人力资本恶化，留在东北的人力资本质量相对较低，不利于工业的进一步发展，也不利于创新的提升，使得东北经济发展受阻。

（2）服务业发展水平低，吸纳劳动力能力差。从不同产业结构对流动人口的吸纳能力来看，第一产业吸纳能力较弱，第二产业中的一些传统行业吸纳能力在不断减弱，第三产业吸纳能力强，因此农业剩余劳动力中绝大部分都转向第三产业。各国的历史经验表明，随着产业结构的不断调整，第三产业发展速度加快，第三产业吸纳就业的能力逐渐超过第一、二产业，成为就业人员主要集中的产业。从我国公布的服务业发展指数可以看出，我国服务业发展呈现出"东高西低、东强西弱"的不均衡格局。服务业发展水平较高的地区大多在我国的东部沿海地区，自 2013 年起，广东服务业排名一直领先。北京的服务业对地区生产总值的贡献率高达 80%，这一占比已经达到世界发达国家的水平，高于全国平均水平。相关数据显示，近年来尤其是高端服务业对经济增长的引领作用日益凸显。例如，上海新兴的信息技术、智能制造装备、新能源、生物医药，已经基本形成了以服务经济为主的产业结构，服务业年均增速达到 9.7%，服务业从业人员占全社会从业人员比重超过 70%。

从服务发展指数的得分可以看出，东部地区城市的服务业发展指数平均得分远远高于我国其他地区大中城市的平均得分，与此相反，东北地区的服务业发展指数得分则低于全国大中城市的平均得分，且近年来其得分还存在日益后移的趋势。从东北三省的排名来看，只有辽宁在 2011~2014 年进入前 10 名行列；同期吉林和黑龙江处于全国省份排名的后 5 名，其中黑龙江在 2015 年时又退后了 2 名。东北三省的服务业从总量上看依然较小，分布在服务业中的就业人口大多从事批发零售行业，导致流动人口所占比重较大，然后依次是住宿餐饮行业和社会服务行业。从这些行业的分布中可以看出，结构层次比较低，产业所需技能不高，创新能力不强。东北三省的服务业无论是从发展基础、成长能力、社会贡献哪个方面来看排名都相对靠后。因为服务业对于农业、工业剩余劳动力的吸纳不足，相比经济发达地区服务业规模小，就业机会少，助推其他产业发展的空间有限，导致人口向其他地区流动，成为人口迁出的重要因素。

7.5　本　章　小　结

本章主要阐述分析了人口空间格局调控的手段及效果的评价，包括对人才政策、产业引导、行政控制、空间置换等几个方面的调控手段分析，总结了不同手段的特征，通过这些调控手段，人口结构得到优化、人口规模得到控制、人口空间分布更加合理。但仍然存在着不健全的社会服务管理手段制约了人口结构优化，不充分的人口调控市场导致行业人员效率差异，强制的行政手段引发调控政策实施困难、滞后的人口统计数据难以满足调控过程管理要求等问题，原因在于重"控"而轻"调"的政策导向、对人口发展规律认识不清、行政方法与经济方法协同性差。

第8章 新型城镇化进程中人口空间格局未来预测

　　人口空间格局演变的分析要对未来有一定的预测，因此要对未来人口数据做出较为精准的估算。针对人口空间格局的研究早期是仅仅做定性的描述性统计及简单的定量计算，后期在研究中出现了分形理论等。对人口的预测也有不同的模型和方法，如线性回归、Logistic 模型、BP（back-propagation，反向传播）神经网络及 GM（1.1）等预测模型，不同数据基础上会选用不同的预测模型，每种模型都有优势也存在一定的不足，要结合实际情况和精度要求选择适用的方法。选择线性回归方法进行人口预测，有着运算容易，公式简单的优点，但对于精度要求较高的中长期人口的预测则存在明显的劣势。BP 神经网络模型对人口的预测更多地应用在不超过 5 年的短期预测。综合来看，Logistic 模型集中了上述模型方法的优点，具有公式简单，计算容易且适合中长期的人口预测，在预测模型拟合过程中，充分考虑了限制人口增长的影响因子，需要现有数据总量比较小，比较适合人口的未来预测。

　　学者对中国人口的预测中，认为中国人口最高值将出现在 2030 年左右。在人口预测的研究中，集中于典型区域的数据，分析人口空间格局的演变，不同地区的人口空间变化的影响因素及人口与城镇化之间的耦合发展，预测效果受空间单元的限制，并不十分理想。需要进一步以市级、县级尺度甚至更小的空间单元分析人口分布格局的问题。基于这种考量，结合现有数据，本章以"三普"、"四普"、"五普"及"六普"的中国人口普查的分县人口数据，运用 Logistic 模型，进行未来人口预测，分析 2030 年中国分县的人口布局，预测未来一定时期人口空间格局的变化，分析中国人口空间分布格局的演变规律，为制定合理的调控政策和机制，推进人口在空间上的有序流动，提供有意义的参考。

8.1   数据来源与研究方法

8.1.1   数据来源及处理

本节研究的数据来源于"三普"、"四普"、"五普"及"六普"的中国人口普查的分县人口数据。为了实现人口数据的空间表达，选择"六普"时期的中国县级行政区划作为空间基础，将 4 期人口数据都统一到此空间单元下，形成分县单元空间一致的数据结果。

"六普"时期的中国县级行政单元一共 2 353 个，涵盖了县、县级市、地级市辖区及直辖市各区，行政区划发生变化的县级单元，参照 2010 年的行政区划进行县级单元的人口统计，对于这部分的空间数据进行处理的方法如下。

（1）以县级行政编码进行 shape 文件的链接，将"三普"、"四普"、"五普"和"六普"的分县人口普查数据链接到 2010 年中国县级行政区划中。

（2）筛选匹配结果，如果行政编码、县名称、县边界都和 2010 年的数据值一致，就直接赋值到 2010 年的县界数据之下。在对分县人口数据进行匹配时，如果其数据值无法和 2010 年的县级数据相匹配，但通过查看仅仅是县编码不相同，县边界与 2010 年相同，就直接将人口数据匹配到 2010 年的县界数据之下。在匹配过程中，如果出现了县边界不一致，就采用 2010 年的县级边界进行统计，然后进行人口值修正，采取人口密度值求和方式进行人口值的修正，求和结果直接赋值到 2010 年的县级边界数据之上。

8.1.2   研究方法

（1）人口数据插值。"三普"、"四普"、"五普"及"六普"的中国人口普查的分县人口数据中只有 4 期原始数据，因此要针对没有数据的年份采取插值处理。插值处理比较通用的方法是三次样条插值法，这里就依据三次样条插值方法进行数据处理。通过插值处理可以平滑地估计 1982~2010 年的各县级单元的人口数量及其变化趋势，和人口的发展规律相符合，可以得到比较理想的人口变化的基本序列。

（2）Logistic 模型拟合。现有人口数量、人口自然增长率、经济发展、生态环境等诸多因素都会从不同方面对人口数量的增长产生影响。常用 Logistic 模型的观点如下：一个区域的人口发展呈现的特征在于初期增长较缓，中期增长快速，而后期因为各种资源承载力的约束，增长将趋于稳定，并达到最高值。同样，人口的减少也具有这样的特征，发展到一定时期减少的数量也将稳定在一定的水平。思路是对各县人口数据进行插值处理，建立人口变化的基本序列，运用最小二乘进行数据拟合，获取最优的人口拟合曲线，确定相关参数，建立 Logistic 模型，借助该模型进行各县级单元的未来人口预测。相比较利用省级单元数据进行未来人口预测，县级单元的预测和拟合效果要好。

确定参数的 Logistic 模型，其表达式如下：

$$y = \frac{A_1 - A_2}{1 + (x/x_0)^p} + A_2$$

其中：y 是预测的未来人口数；x 表示年份；A_1、A_2、x_0、p 都是需要借助拟合才能确定的不同参数。在运用最小二乘进行人口拟合的时候，选择两种不同的拟合情形，即人口不断增长的县级单元及人口持续减少的县级单元，得出拟合结果能够反映出选择的模型符合人口的基本规律，对人口的发展变化给出了比较理想的描述。

（3）Logistic 模型检验。为了保证 Logistic 模型预测的精度，先对其模型进行验证。先借助模型对"三普"、"四普"和"五普"的中国人口数据进行数据插值处理，并拟合模型，模拟出"六普"的 2010 年人口数据，通过与实际数据比较，依据比较结果验证该模型预测的效果，判断在 2020 年和 2030 年的分县人口预测中的精度。把"三普"、"四普"和"五普"的中国县级单元人口数据在 Logistic 模型中录入，模拟出 2010 年的分县人口数据。

通过比较发现，拟合预测的人口数据与 2010 年的真实数据存在 1.97 万人的平均残差，有 78%的县级拟合曲线的 R 值超过 0.8。可以表明，在人口数据缺失的情况下，用 Logistic 模型进行人口数据模拟，可以达到较为理想的效果。运用该模型模拟 2020 年的中国分县人口之和是 14.37 亿人，2030 年的中国分县人口之和是 14.83 亿人。

（4）中国人口分布的空间变化特征分析。经过模拟，获得 2020 年和 2030 年的分县人口数据，在此基础上，对中国各县未来人口空间的总体分布格局进行分析，对人口总量及人口密度进行比较分析。对各县级人口变化的不同情况进行分级和评价，得出各县级的地区在不同时段的人口数量变化情况。进一步分析中国城市群人口在空间分布上的特征，围绕人口集聚的变化程度加以分析。人口数量增减变化地区分类主要如下：人口增加地区（包括显著增加、绝对增加和相对增加三种类型）和人口减少地区（包括相对减少、绝对减少和显著减少三种类型）。可以按照人口增幅与全国平均人口增长速度的比较来确定分级规则：增幅>2 倍是显著增加地区；增幅在 1~2 的是绝对增加地区；增幅<1 的是相对增加地区；减幅>1 的是显著减少地区；减幅在 0.5~1 的是绝对减少地区；减幅<0.5 的是相对减少地区。

8.2 结 果 分 析

8.2.1 中国人口空间格局的总体变化

1935 年由胡焕庸先生提出的黑河（爱辉）—腾冲线被认为是中国人口地理分界线，它很好地揭示了中国人口空间分布"东南地狭人稠，西北地广人稀"的基本规律（胡焕庸，1935），认为 96%的人口都主要集中于东南地区。到 2010 年，中国人口总数是 13.4 亿人，东南地区占全国的 93.06%，比 1935 年减少了将近 3 个百分点，但"胡焕庸线"两侧人口占比总体格局未变。预测结果得出，2020 年中国人口总数将达 14.3 亿人，东南部分占 93.36%。2030 年中国人口总数将达 14.8 亿人，东南部分占全国的 93.08%。可以看出，2010~2030 年中国人口空间格局没有发生根本改变。但东南人口比例出现先增后减，西北人口则先减后增，其增减幅度在 0.1%~0.3%。

从人口密度角度具体分析人口空间分布的总体变化，其中 2010 年呈现的是东密西疏的基本人口空间格局分布特征（表 8-1）。一是人口密度低于 100 人/千米^2 的县级单元数量是 645 个，占全国土地面积的 68.07%，人口数量占全国人口的比例是 8.78%，将近 70%的土地承载了不到 9%的人口，主要是西北的人口稀疏地区。其中特征更为明显的是，人口密度低于 25 人/千米^2 的县级单元数量有 263 个，占全国土地面积的 52.20%，人口数量占全国人口的比例是 1.83%，超过 50%的土地承载了不到 2%的人口。二是人口密度在 100~200 人/千米^2 的县级单元数量是 472 个，占全国土地面积的 12.30%，人口数量占全国人口的比例是 12.73%，人口密度与全国平均水平值相当。三是人口密度在 200~500 人/千米^2 的县级单元数量是 645 个，占全国土地面积的 12.75%，人口数量占全国人口的比例是 29.68%，人口密度开始大幅增加，基本分布在东南地区。四是人口密度高于 500 人/千米^2 的县级单元数量是 591 个，占全国土地面积的 6.88%，人口数量占全国人口的比例是 48.90%，不到 7%的土地承载了将近 50%的人口，表明这部分地区的人口密度很大。

表 8-1　2010 年中国分县人口密度分级统计

编号	人口密度级别/（人/千米²）	县级单元/个			占全国人口比例	占全国土地比例
		全国	东南	西北		
1	0~1	28	0	28	0.05%	17.12%
2	2~25	235	18	217	1.78%	35.08%
3	26~50	101	49	52	1.62%	6.07%
4	51~100	281	236	45	5.25%	9.80%
5	101~200	472	425	47	12.73%	12.30%
6	201~400	461	444	17	20.27%	9.85%
7	401~500	184	182	2	9.41%	2.90%
8	501~1 000	402	396	6	25.27%	5.18%
9	>1 000	189	184	5	23.63%	1.70%

　　从人口密度角度具体分析人口空间分布的总体变化，其中 2020 年呈现的是东密西疏的基本人口空间格局分布特征（表 8-2）。一是人口密度低于 100 人/千米²的县级单元数量是 633 个，占全国土地面积的 67.62%，比 2010 年减少了 0.45%，人口数量占全国人口的比例是 8.10%，比 2010 年减少了 0.68%，将近 70% 的土地承载了 8% 左右的人口，主要是西北的人口稀疏地区。其中特征更为明显的是，人口密度低于 25 人/千米²的县级单元数量有 258 个，占全国土地面积的 51.72%，人口数量占全国人口的比例是 1.78%，超过 50% 的土地承载了不到 2% 的人口，与 2010 年比较，出现一定程度的减少。二是人口密度在 100~200 人/千米²的县级单元数量是 468 个，占全国土地面积的 12.37%，人口数量占全国人口的比例是 11.82%，人口密度与全国平均水平值相当。三是人口密度在 200~500 人/千米²的县级单元数量是 635 个，占全国土地面积的 12.70%，人口数量占全国人口的比例是 27.43%，人口密度开始大幅增加，基本分布在东南地区。四是人口密度高于 500 人/千米²的县级单元数量是 617 个，占全国土地面积的 7.30%，人口数量占全国人口的比例是 52.65%，不到 8% 的土地承载了超过 50% 的人口，表明这部分地区的人口密度很大，集聚程度增加。

表 8-2　2020 年中国分县人口密度分级统计

编号	人口密度级别/（人/千米²）	县级单元/个			占全国人口比例	占全国土地比例
		全国	东南	西北		
1	0~1	24	0	24	0.04%	16.14%

续表

编号	人口密度级别/（人/千米²）	县级单元/个			占全国人口比例	占全国土地比例
		全国	东南	西北		
2	2~25	234	18	216	1.75%	35.58%
3	26~50	101	47	54	1.51%	6.21%
4	51~100	274	231	43	4.80%	9.69%
5	101~200	468	423	45	11.82%	12.37%
6	201~400	458	433	25	19.02%	9.90%
7	401~500	177	175	2	8.41%	2.80%
8	501~1 000	406	402	4	24.16%	5.31%
9	>1 000	211	203	8	28.49%	1.99%

　　从人口密度角度具体分析人口空间分布的总体变化，其中 2030 年呈现的是东密西疏的基本人口空间格局分布特征（表 8-3）。一是人口密度低于 100 人/千米² 的县级单元数量是 642 个，占全国土地面积的 67.74%，比 2010 年减少了 0.33%，人口数量占全国人口的比例是 7.92%，比 2010 年减少了 0.86%，将近 70% 的土地承载了不到 8% 的人口，主要是西北的人口稀疏地区。其中特征更为明显的是，人口密度低于 25 人/千米² 的县级单元数量有 255 个，占全国土地面积的 51.29%，人口数量占全国人口的比例是 1.74%，超过 50% 的土地承载了不到 2% 的人口，与 2010 年比较，出现一定程度的减少。二是人口密度在 100~200 人/千米² 的县级单元数量是 478 个，占全国土地面积的 12.64%，人口数量占全国人口的比例是 11.58%，人口密度与全国平均水平值相当。三是人口密度在 200~500 人/千米² 的县级单元数量是 631 个，占全国土地面积的 12.43%，人口数量占全国人口的比例是 25.05%，人口密度开始大幅增加，基本分布在东南地区。四是人口密度高于 500 人/千米² 的县级单元数量是 603 个，占全国土地面积的 7.17%，人口数量占全国人口的比例是 54.45%，不到 8% 的土地承载了超过 50% 的人口，表明这部分地区的人口密度很大，集聚程度增加。

表 8-3　2030 年中国分县人口密度分级统计

编号	人口密度级别/（人/千米²）	县级单元/个			占全国人口比例	占全国土地比例
		全国	东南	西北		
1	0~1	23	0	23	0.04%	15.88%

续表

编号	人口密度级别/ （人/千米²）	县级单元/个			占全国人口比例	占全国土地比例
		全国	东南	西北		
2	2~25	232	18	214	1.70%	35.41%
3	26~50	114	56	58	1.68%	7.11%
4	51~100	273	232	41	4.50%	9.34%
5	101~200	478	431	47	11.58%	12.64%
6	201~400	456	435	21	17.75%	9.56%
7	401~500	175	173	3	8.30%	2.87%
8	501~1 000	384	379	5	22.07%	5.05%
9	>1 000	219	210	9	32.38%	2.12%

8.2.2　中国不同区域的人口规模变化

　　与 2010 年相比，2020 年的中国人口数量有了一定程度的增加，人口增加与减少的地区数量比例大约是 3∶1。分析表 8-4 中数据可以发现，2020 年有 1 641 个县级单元的人口增加，占全国土地面积的 75.30%，人口数量占全国人口的比例是74.93%，在所有统计的分县单元数量中，占据了 3/4 的比例。在这些人口增加的地区里面，人口显著增加的有 283 个，人口绝对增加的有 1 267 个，人口相对增加的有 91 个，占全国土地面积的比例分别是 8.2%、64.51%和 2.59%，相应增加的人口数量占总增加人口的比例分别是 83.13%、16.79%和 0.08%，其中显著增加地区占据了 80%以上的比重。2020 年有 712 个县级单元的人口减少，占全国土地面积的24.70%，人口数量占全国人口的比例是 25.07%，在所有统计的分县单元数量中，占据了不到 1/4 的比例。在这些人口减少地区里面，人口显著减少的有 93 个，人口绝对减少的有 533 个，人口相对减少的有 86 个，占全国土地面积的比例分别是2.44%、19.56%和 2.70%，相应减少的人口数量占总减少人口的比例分别是 53.26%、45.67%和 1.07%，其中显著减少地区占据了 50%以上的比重。从人口空间格局角度看，2010~2020 年中国人口显著增加的地区基本上是以北京为核心的京津冀一体化地区，以上海为核心的长三角经济带，以广州为核心的珠三角经济区，它们都属于经济发展较好的东部地区，同时还集中于城镇化发展比较好的兰州、乌鲁木齐等西部地区。人口显著减少的地区基本上是集中于四川、内蒙古、湖北、云南、黑龙江等地区。

表 8-4　2010~2030 年人口增减变化统计

人口增减变化分类		分县单元	2010 年人口			土地		2020 年模拟增减人口		2030 年模拟增减人口	
		数量/个	总量/万人	比例	面积/万平方千米	比例	增减量/万人	比例	增减量/万人	比例
人口增加地区	显著增加地区	283	41 324.47	31.03%	78.68	8.20%	9 358.05	83.13%	7 414.38	92.56%
	绝对增加地区	1 267	53 433.17	40.12%	619.32	64.51%	1 891.42	16.79%	594.51	7.43%
	相对增加地区	91	5 035.04	3.78%	24.90	2.59%	8.86	0.08%	0.39	0.01%
	合计	1 641	99 792.67	74.93%	722.90	75.30%	11 258.31	100.00%	8 009.26	100.00%
人口减少地区	相对减少地区	86	4 168.01	3.13%	25.94	2.70%	7.59	1.07%	0.47	0.01%
	绝对减少地区	533	23 099.26	17.35%	187.77	19.56%	325.78	45.67%	1 096.80	32.13%
	显著减少地区	93	6 114.63	4.59%	23.42	2.44%	379.85	53.26%	2 317.13	67.87%
	合计	712	33 381.90	25.07%	237.13	24.70%	713.24	100.00%	341.38	100.00%

与 2020 年相比，2030 年中国人口数量增加的地区会明显减少，人口数量减少的地区则会明显增加。人口增加与减少的地区数量比例大约是 2∶3。分析表8-4中数据可以发现，2030 年有 598 个县级单元的人口增加，占全国土地面积的38.98%，人口数量占全国人口的比例是 38.62%，在所有统计的分县单元数量中，占据了 2/5 的比例。在这些人口增加地区里面，人口显著增加的有 200 个，人口绝对增加的有 385 个，人口相对增加的有 13 个，占全国土地面积的比例分别是 7.09%、30.86%和 1.03%，相应增加的人口数量占总增加人口的比例分别是 92.57%、7.42%和 0.01%，其中显著增加地区占据了 90%以上的比重。2030 年有 1 755 个县级单元的人口减少，占全国土地面积的 61.02%，人口数量占全国人口的比例是 61.38%，在所有统计的分县单元数量中，占据了 3/5 的比例。在这些人口减少地区里面，人口显著减少的有 658 个，人口绝对减少的有 1 085 个，人口相对减少的有 12 个，占全国土地面积的比例分别是 15.38%、45.19%和 0.46%，相应减少的人口数量占总减少人口的比例分别是 67.86%、32.12%和 0.01%，其中显著减少地区占据了将近 70%以上的比重。从人口空间格局角度看，2020~2030 年中国人口显著增加的地区基本上是以北京为核心的京津冀一体化地区，以上海为核心的长三角经济带，以广州为核心的珠三角经济区，它们都属于经济发展较好的东部地区，同时还集中于城镇化发展比较好的兰州、乌鲁木齐等西部地区。人口显著减少的地区基本上是集中于四川、湖南、湖北、安徽、江苏、黑龙江等地区。

8.2.3 中国城市群地区的人口空间格局变化

按照国家制定的《全国主体功能区规划》中对于城市群的划分，有 3 个优先开发区、18 个重点开发区，合计划分 21 个城市群。分析数据可以发现，2010 年中国的这些城市群共计 7.81 亿人。占全国总人口数量的比例超过了 50%。人口密度达到了 297.18 人/千米^2，人口的集聚程度将近 2，与全国平均人口密度相比，达到了 2 倍。在这 21 个城市群中，有 15 个超过了全国平均人口密度，主要集中分布在"胡焕庸线"的以东地区。

由人口预测的结果可以看出，2020 年中国城市群的人口集聚程度增幅较大，人口总量是 8.68 亿，占全国总人口数量的比例超过了 60%。人口密度达到了 330.17 人/千米^2，人口的集聚程度达到了 2.16。在 21 个城市群中，有 16 个超过了全国平均人口密度，主要集中分布在"胡焕庸线"的以东地区。城市群中集聚程度最高的基本分布在东部沿海，与全国平均人口密度相比，达到了 3~5 倍。城市群中集聚程度最低的基本分布在西北地区，与全国平均人口密度相比，仅仅相当于其 1/5 的水平。

2030 年中国城市群的人口集聚程度增幅较大，人口总量是 9.17 亿，占全国总人口数量的比例将近 62%。人口密度达到了 349.05 人/千米^2，人口的集聚程度突破了 2.23。在 21 个城市群中，有 15 个超过了全国平均人口密度，主要集中分布在"胡焕庸线"的以东地区，集聚水平增加。有 6 个城市群中集聚程度降低。

8.3 本 章 小 结

（1）可以看出，2010~2030 年中国人口空间格局没有且不会发生根本改变。中国人口空间分布格局仍然是"东南地狭人稠，西北地广人稀"的基本规律，主要是居住环境、资源限制等方面的原因。未来 20 年，东南人口比例出现先增后减，西北人口则先减后增，其增减幅度为 0.1%~0.3%。由于居住环境的改善、基础设施建设及经济发展等方面的影响人口格局发生了一定变化。

（2）与 2010 年相比，2020 年的中国人口数量有了一定程度的增加，人口增加与减少的地区数量比例大约是 3∶1，有 1 641 个县级单元的人口增加，占全国土地面积的 75.30%，人口数量占全国人口的比例是 74.93%，在所有统计的分县单元数量中，占据了 3/4 的比例，人口增加是主要趋势。与 2020 年相比，2030 年中国人口数量增加的地区会明显减少，人口数量减少的地区则会明显增加。人口增加与减少的地区数量比例大约是 2∶3。分析表中数据可以发现，2030 年有 598 个县级单元的人口增加，占全国土地面积的 38.98%，人口数量占全国人口的比例是 38.62%，在所有统计的分县单元数量中，占据了 2/5 的比例人口减少是主要趋势。综上，中国人口规模会在 2020 年之后出现增速减缓的趋势，2030 年之后增速变得平稳，中国各地区的人口变化趋势会是先增后减。

（3）中国的城市群地区的人口规模呈现逐步增大的趋势，由 2010 年的 7.8 亿人增加到 2030 年的 9.1 亿人。人口的集聚程度也不断变化，未来的中国人口分布将集中于城市群，形成人口的密集区。可以预测，随着城镇化的进一步发展，将会有更多的人口流入城市群地区，人口格局将更趋于向城市群调整。

中国人口空间分布格局的变化主要是受自然地理条件、经济发展水平等方面的因素影响的。人口分布格局的变化离不开地理障碍的影响，地理条件好的地区仍然是人口集聚的选择。

第9章 新型城镇化进程中人口空间格局优化的对策建议

本章构建基于"环境—经济—社会"的人口分布的政策设计框架，建立"规模—结构—布局"的政策层次，针对现有人口空间格局分布状况提出政策指导，并提出相应宏观调控机制完善的政策建议，包括有利于新型城镇化人口合理分布的制度安排。

9.1 深化户籍制度改革，优化人口结构

进一步深化户籍制度改革，合理设计流动人口的落户条件，完善基本公共服务的相关机制，保障人口有序转移的权益，提高人口市民化的进程和质量，消除制约人口有序流动的各种障碍，不断地促进人口空间的合理布局，实现人力资源的配置效率，可以从如下几个方面进行。

9.1.1 以人口规模设计落户条件

要明确城市的人口规模，按照经济承载力、社会承载力等要求对城市的人口总量进行合理规定。要保证城市的发展程度和人口规模相匹配，采取不同的人口落户政策。

（1）全面开放落户的条件，取消门槛限制。对于人口总量在300万人以下的各级城市，要全面取消居住年限的限制，取消社保缴纳年限的限制，实施人口自由流动，自愿落户政策，推动劳动力有序流动，对教育水平的门槛全部取消，从落户条件上吸引更多的劳动力进行流动。尤其要完善人才社会性流动的管理制度，对于城区人口总量小于100万人的中小城市和小城镇要全面取消落

户的各种条件，对洛阳、合肥等刚过 200 万人口的Ⅱ型城市要抓紧取消所有落户的限制条件。

（2）部分开放落户条件，明确重点人群。针对城区常住人口数量超过 300 万人的城市要放宽稳就业、促流动的限制，明确重点人群范围，对其落户的条件要基本取消。从居住年限、缴纳社保年限等方面确定重点人群。在遵循存量优先的基础上，要求Ⅰ型大城市取消对于在城市居住 5 年以上的人群，全家迁入城市的农业流动人口，稳定就业且有市民化意愿的新生代农民工，以及升学、入伍等进入城市的人口这类人群的落户条件的限制。在此基础上，通过创新落户条件，尽可能地将进城务工和生活的常住贫困人口全部落户，进一步激励具备基础条件的Ⅰ型大城市放宽落户条件，最终全面地放开落户门槛。

9.1.2　创新落户政策

为了有效地推进农业转移人口在城市落户，提高落户的效率和便捷程度，需要各级政府不断探索，创新落户的政策，借助媒体和网络加大对城市落户的相关条件和政策的宣传。在人口迁移的过程中，要通过简化手续，借助在线平台，联合协同办理落户业务，提升落户的效率和便捷度。针对超大城市、特大城市及Ⅰ型大城市，应当结合城市人口规模的实际，优化落户的相关政策，尤其是完善积分落户的政策内容，平衡好高学历人口和普通劳动者在落户积分方面的标准和关系，对城市居住的年限在落户条件中的指标权重要适当调整，还有缴纳社保的年限也同时明确在落户限制中的指标权重。

结合城市的发展水平和人口数量，有序地推进农业转移人口的市民化进程，遵循就近迁移的管理原则，采取分批次推进、分类型推进的方式，让更多的迁移人口实现市民化。通过创新落户政策和制度，可以解决人口迁移中市民化的身份困境，让城市的基本公共服务惠及城市常住人口。要结合城市的实际，在高层次人才引进上创新落户激励政策，如提高对硕博人才的住房、科研等方面的补贴，增强人才的吸引力，实现人才集聚效应。对于进城务工并居住在城市的人群给予一定的政策倾斜，如社保缴纳标准和年限上适度放宽。在购房落户、项目落户、就业落户、投靠亲属落户、子女随迁落户、升学落户等不同的类型上积极探索有效的政策形式，尽可能地尝试创新，减少落户限制，提高落户效率，保障人口的有序流动。

9.1.3　提高未落户常住人口的准市民服务待遇

对于暂未达到落户条件的城市常住人口，要按照城市基本公共服务的统一标准，给予其平等的服务待遇，让城市公共服务能够全面覆盖。可以通过居住证等形式，明确这类人群的身份和地位，让其享有均等的城市基本公共服务。保证稳定的就业环境。通过网络平台和现代化的技术手段，对持有居住证的这些人口提供与户籍人口同样的公共服务待遇。实现异地养老保险缴纳、异地就医费用结算、异地社会保险统筹等方面的对接，最大限度地推进人口有序流动。在务工子女教育上，建立相关的教育机构（如农民工子弟学校），扩大学位供给数量。完善居住证的使用权限，让适龄儿童享有同样的就近入学的政策，让其能够接受同等的教育服务，实现普惠性的教育供给服务。在住房保障政策方面，通过以居住证为依据的廉租房、公租房等资格，有效地缓解市民的居住困境。

对于暂未达到落户条件的城市常住人口，通过教育培训提高其就业能力，使其尽快具备成为市民的素质。可以制订不同层次的技能培训计划，尤其是针对新生代农民工实施各种技能培训，让其更好地融入城市，掌握城市生活的基本技能。鼓励企业在用工招聘过程中增加岗前培训的时长和内容，创新培训形式，借助新型学徒制等形式的培训，为未落户人口在就业能力上提供有效的帮助。结合培训的实际，制定一定的激励制度，给予适当的培训奖励和补贴，减少因培训产生的财务压力。

同时，按区域实施人口管理制度，对于农业转移人口给予一定的政策激励，通过保障农业转移人口的土地财产权益，实现"三权分置"，协调人地关系，在农地流转过程中增加农业转移人口进城务工、生活、落户的积极性。可以采取适当的资金奖励，遵循自愿原则，鼓励人口流动。在进行户籍人口和常住人口统计过程中，要制定科学的统计制度，动态化地管理城区常住人口，为进一步优化人口空间布局政策和机制提供基础。

9.2　优化城镇化空间格局，引导人口流动

根据人口格局分布的特征，结合主体功能区的规划战略，充分地挖掘不同区域的比较优势，对特定的区域，通过政策手段提升地区的经济竞争优势，提升区域的人口、生态等方面的承载能力，形成空间布局合理、中小城市与小城镇协同共生的局面，优化城镇化高质量发展的动力机制和运行系统。

9.2.1　推进重点城市群一体化发展

区域城市群发展直接影响着人口空间迁移的规模和方向。要分区域优化城镇

化空间结构，继而对人口调控采取针对性的区域战略。

（1）以《京津冀协同发展规划纲要》为依托，深入贯彻落实这一指导战略。加快北京政治中心、经济中心、人口中心的发展，打造新型首都圈，结合人口规模进行合理疏导，引导人口有序流动，控制人口规模，有序推进人口空间流动及人口质量提高。充分利用京津冀一体化的协同发展机遇，实现优势互补，在人力资源、科技创新等方面重点培育创新驱动的新动力，辐射环渤海地区、北方腹地的城市发展。形成以中关村为核心、以北京城市为副中心、雄安新区为两翼的发展格局，进一步优化天津滨海新区、北京三城一区为一体的区域创新格局。

（2）以《粤港澳大湾区发展规划纲要》为蓝本，加快推进包含香港特别行政区、澳门特别行政区及广东省所辖的9个城市在内的粤港澳大湾区的城镇化发展。广东省的这9个城市主要是广州、深圳、珠海、佛山、惠州、东莞、中山、江门及肇庆，要进一步制订发展规划的分阶段实施行动计划，发挥港深、广佛、澳海的牵头引领作用，加强城市合作，形成极点效应。依托广州、深圳等几个中心城市的比较竞争优势，推进科技、会展、交通、金融等领域的发展，辐射带动周边区域的发展，建成宜居、宜游、宜业的生活圈，同时还要重视珠海、惠州、东莞等重要节点城市发展，强化城市功能、提升核心竞争力、加大与中心城市的合作，发挥地域优势，提高城市群的综合发展质量。

（3）以《长江三角洲区域一体化发展规划纲要》为指导，加快长三角区域一体化发展。大力发展外向型经济，鼓励放宽人口迁入门槛，按不同层次、不同年龄、不同职业进行人口细分，加速人口区域内合理流动，稳定长三角在中国的地位。推进区域内城市间的协同合作，以上海为中心，加快中心区的一体化联动，辐射引领周边区域的发展，在城市间建立协同建设平台，对于重大事项、重大决策及重大项目实行联席会议制度，进行共享协商。以市场经济发展为基础，推动市场资源共享，实现地区不同城市间、不同行业间的商品市场的联动和有效沟通，要素共享，信息共享，统一规划布局区域内的市场流通的基础设施，加快贸易经济的内外融合，优化市场网络体系。发挥苏北、苏南的比较竞争优势，强化与中心区的交流合作，打通与浙江西南地区、安徽北部地区的协同合作，推进徐州等重点节点城市的城镇化发展，引领周边区域的一体化发展进程。不断摸索区域内产业园区共建互通机制，发挥各自专业优势，延伸产业发展空间。进一步完善区域间的交通基础设施，实施交通共建共享，在市场、科技、人力资源、创新创业等方面实现协同合作。还要协调好与长江中上游地区的交流，实现在城际高铁、公路、水运等领域的资源共享，实现一体化协同发展，增强人口吸引力，引导人口有序流动。

（4）以黄河流域生态保护和高质量发展战略为指导，实现流域内跨区发展。加快发展黄河流域上下游城市的协同发展。黄河流域各省份和城市之间存在着较大的差异，如何推进协同发展，需要综合规划好城市内部的不同产业、不同管理机构在经济发展规模、资源要素、生态条件等方面的关系，促进区域间、部门间资源要素的有效流动，建立流域内的协同发展平台，从政策、资源、科技、生态等不同方面建立跨区域的协同发展格局。加快推进城市间的综合交通枢纽建设。黄河流域城市群主要包括山东半岛城市群、中原城市群、关中平原城市群、呼包鄂榆城市群、兰州-西宁城市群等，加快实施城市群发展规划，推动一体化建设的工作管理机制，尤其是兰州-西宁城市群的都市圈协同发展。

（5）加快推动北部湾城市群协同发展。以《北部湾城市群发展规划》为指导，重点推进实施城市群发展规划，其中，以南宁为核心城市的北部湾城市群发展要加大推进力度，发挥南宁在国际合作、金融创新、商贸流通、要素集聚等方面的重要引领作用，辐射周边，带动其他区域城市协同发展。建设现代产业集聚区，加快以北海、湛江、海口等城市为支撑的环北部湾沿海地区的城市发展。

在以上重点城市群建设的基础上，还要加快哈长城市群、中原城市群、长江中游城市群、天山北坡城市群、滇中城市群、黔中城市群等不同规模城市群的发展，依托国家政策支持，规划指导，因群施策，推动城市格局优化发展，继而引导人口合理空间布局，实现新型城镇化的发展。

9.2.2　推进都市经济圈的同城化发展

现代化的都市圈是推进区域中心城市城镇化建设的重要支撑，能够引导人口有序集聚，充分发挥基础设施的最大效用。可以通过发展典型都市圈和中心城市，优化城镇化的空间布局，继而实现人口空间的合理布局。

（1）编制规划，推进同城化发展。目前，应当重点推进典型区域都市圈、经济圈的规划编制及有效实施，如成渝地区，加强重庆和四川之间的各项合作，制定双城经济圈发展规划及实施纲要，充分调动两地资源，建立协同机制，借助中心城市的辐射效应，实现两地在公共交通、社会民生、生态环境保护、支柱产业、人才政策等方面的有机合作与衔接，依托两地的区位优势，培育协同创新中心，形成推进都市圈发展的新的动力增长极。健全中心城市的协同发展机制，如加快江苏南京、陕西西安等都市圈的发展规划编制，充分调动中心城市对周边的辐射作用，在规划中要推进都市圈城市交通基础设施的建设，尤其是以城市轨道交通作为主要建设内容。科学设计并有序实施城际铁路建设，最大限度缩短城市间的通行时间，实施同城化发展战略，实现中心城市与周边郊区、城镇之间轨道交通互联互通，合理布局，畅通现有交通设施，编制都市圈同城化发展的轨道交通建设纲要，突出多层次、立体化的编制布局要求。

（2）优化布局，提升中心城市的综合竞争力。在都市圈发展中，要突出中心城市的核心地位，不断优化城市功能，合理配置城市资源，对直辖市、重点省会城市、部分计划单列市及主要的节点城市进行科学规划布局，重点发展，提升这些中心城市的综合竞争实力，不断扩容升档提级，在产业布局、用地指标分配、城市基础设施建设等方面做好政策支持和保障，对中心城市的行政区划、人口规模、空间结构等进行优化和论证，处理中心城市发展面临的困境。

9.2.3　分类型推进新型城镇化发展

（1）以县城为载体，加快新型城镇化发展。以县城为中心载体，建设新型城镇化，要制订明确的县城城镇化发展战略目标和实施计划，分解好任务，出台指导性的实施意见，统筹县域资源，在政策上、资金上、人力上要有充分的准备，分阶段推进。尤其是县城的新型城镇化要以人为本，保障基本公共服务、基础设施等方面的内涵升级，做好规划，配套实施政策，包括合理配置产业布局、治理环境卫生、配套基础设施等。

（2）依托特色小城镇，加快新型城镇化发展。按照国家特色小镇建设原则要求，规范小镇建设标准，在保证和突出小镇特色的基础上，对土地利用进行严格监管，不得违反生态和土地管控的基本红线，制定小镇建设实施规划和指导意见，要防范出现地方政府债务风险、特色小镇建设异化行为，定期进行审核，按照特色小镇建设要求进行考核。要给予必要的政策扶持，在资金、土地、税收等方面提供扶持和保障，对建设用地计划、专项资金设立等方面要因地制宜地开展。在具有区位优势和发展基础较好的地区，集中优势资源，打造农业、旅游、科技等不同类型的特色小镇，发挥示范性作用，为其他地区小镇建设提供经验。特色小镇的建立能够引导不同层次的人口流动，推进合理布局。

（3）以边境为节点，加快新型城镇化发展。边境地区的城镇化是我国城镇化建设的重要组成部分，边境地区的人口流动尤为突出。通过推进边境地区的新型城镇化发展，可以很好地优化人口空间布局。依托特色产业发展潜力型城镇，集聚人口。对于特殊区位的边境地区，依托城镇地理位置，形成战略型产业、特色型城镇。在兴边富民行动的指导下，加大城镇基础设施的建设力度，健全公共服务体系，要充分利用邻近内陆城市的经济辐射作用，建立边境地区的特色小镇、大力发展边境口岸、推进边境县市区城镇化水平的提高，引导人口集聚，优化边境地区城镇化结构，实现人口的合理布局。

（4）依托搬迁安置区，加快新型城镇化发展。对于大型搬迁所形成的安置区，要依据新型城镇化发展规划要求，对安置区的建设给予政策扶持，提高搬迁人口的市民化质量，完善产业配套措施基本公共服务供给，建立新型社区，通过政策引导，缩短搬迁人口融入社区的时间。解决安置区的就业、教育等问题，营造良好的发展环境。

（5）依托区划的调整，加快新型城镇化发展。人口空间流动在行政区划调整过程中表现突出，根据现有城市行政区划，结合城市发展实际，针对性地培育新生城市，对符合人口规模、经济发展水平条件的特大城镇依照程序进行"设市"，对部分达到规模的县依序进行"县改市"或者"县改区"，调整县市区的行政区划，统筹发展新生城市，加快新型城镇化发展进程。针对性地分析收缩型城市现状，对于人口规模不断缩小，缺少新生动力的城市，可以适度进行区划调整，缩减其行政区划范围，适应内涵式城镇化发展需求。在完成县区行政区划调整的基础上，进一步对乡镇进行撤并，符合条件的，将乡镇改为街道，并进行相关管理办法的制定，指导区划的有序进行。

9.3　完善城市公共服务体系，促进人口转移

城市是人口的重要载体。要发挥城市对人口的经济承载能力、生态承载能力及资源优化配置的作用，完善城市高质量发展机制，健全城市公共服务体系，适应人口流动基本需求，实现城市可持续发展，人口空间合理布局，需要从如下几个方面采取措施来优化城市的公共服务体系，促进人口有序地转移。

9.3.1　加强城市公共教育和公共卫生服务体系建设

新型城镇化的核心是人，本质是人的城镇化，要引导人口有序流动，必须要满足城镇人口的基本公共服务需求，提升城镇化的品质，人的素质是促进新型城镇化发展的核心要义。因此，良好的教育服务体系是吸引人口流动的重要因素。各级政府必须履行职能，发挥其教育服务供给的主导作用，重视教育发展，优化公共教育服务体系；借助教育发展，增强城市的综合竞争能力和城市的吸引力。政府要在资金上保障教育发展，给予足够的财力支持，还要借助政府社会公信力引导社会资金进入公共教育服务体系，实现资金渠道多元化发展。要充分发挥城市公共教育的资源配置，平衡城乡教育差距，通过教育向农村地区倾斜的政策，为人口流动提供智力支持。健全完善的奖助学金制度，对特殊贫困群体给予国家政策帮扶，包括免息贷款等政策。完善城市公共教育服务体系，还要做到缩小区域内资源配置的差距，提升落后地区的教育服务能力，满足流动人口随迁子女的

教育问题，推进人口更加合理均衡地分布。

同时，还要加强城市的公共卫生服务体系和基本医疗保障服务体系的建设，补齐城市服务职能短板。政府要推进基本医疗服务体系的创新，充分利用城市资源，提高对公共卫生服务的资金投入，提升服务水平和服务质量，健全公共卫生基础设施。要协调城乡医疗政策体系，提高落后区域的基本医疗服务条件，实现基本医疗服务的均等化，满足人口流动的基本需求。建立公共卫生的预警机制，对疾病等建立高效的防控体系，能够保证及时对公共卫生突发事件做出正确的风险预警、评估及科学决策。要建立完善的应急管理机制，对城市公共卫生服务所需的物资合理配置，形成城市之间风险防控的协同合作。

9.3.2　改善城市公共服务设施

完善的城市公共设施能够提供良好的工作、生活居住环境，对人口流动有很大吸引力。需要对城市公共服务设施进行改善，集中于如下内容。

（1）更新改造，建立智慧城市。在城市公共服务设施改善过程中，要按照新发展理念强调的"创新、绿色、协调、开放、共享"指导思想，借助不同的手段创新城市管理，对城市进行更新改造。要实施以下几个方面的更新改造，转变思想，激发城市活力。

一是对老旧小区进行升级改造，包括小区的道路、消防设施、水电设施等基础设施的改造，小区绿化环境的改造，小区房屋设施的改造等，采取分区划片，分步实施，完善公共服务的配套设施。

二是对老旧工业设施进行功能改造，遵循创新理念，转变原有老旧设施功能，充分利用各种资源，激活老旧厂区资源，以工业旅游、工业展览、工业博物馆等形式进行升级，将破旧的工业厂区发展成具有活力的工业文化基地、创新创业孵化基地及新型产业发展基地，在功能上成为服务城市的公共设施。

三是对传统老旧街区进行升级改造。在城市规划的指导下，激活传统街区活力，因"街"制宜，与城市协调发展，形成具有特色的文化古街，引导市民消费，建立新型文化旅游与商业消费的设施。

四是对部分城中村进行更新改造。坚持开放、共享的原则，通过政府协商引导，社会参与，优化城中村环境，建立与城区融合的格局。对城市进行改造更新，能够改善城市形象，提升人居环境影响力，对于人口布局有很好的稳定作用。

现代化城市是新型城镇化发展的载体，要满足发展的需要，适应社会发展的节奏，建立韧性城市、智慧城市。在城市内部，建立现代化的联动平台，包括数字化信息管理系统，能够覆盖整个城市的交通、卫生、公共安全等方面，数据资源共享，动态联动，实现城市的智慧化，能够在管理中达到一网通联，运用现代化的网络和信息技术，及时地处理和应对各种城市突发事件，保证城市和谐稳定运行。

（2）加强城市基础设施提档升级。完善的城市基础设施是城市品质的外在表征，要不断地对其进行提档升级。城市基础设施中的道路改造升级是核心，对城市的公共交通车道、机动车道、人行道路等进行规划升级、打破"断头路"等障碍，建立完善的城市路网。还要进行城市综合管廊建设，形成市政、排水、供电、通信等设施的综合一体化。优化城市公用停车场、社区便民生活市场、健身广场、养老机构、垃圾转运处理设施、生鲜禽畜市场等综合设施，对其进行升级改造，满足城市基础公用设施的需求。

9.3.3　优化行政管理方式和治理机制

完善的城市公共服务体系离不开高效的行政管理方式和科学的治理机制，需要进一步优化城市用地、投融资等方面的体制机制。主要内容如下。

（1）优化城市用地管理机制。在建设用地计划和审批上，在遵循国家建设用地基本原则的前提下，给予中心城市、重要节点城市及重点发展城市群适当政策倾斜，解决这类城市空间不足的困境，结合城市发展规划和土地资源实际，合理布局。根据城市人口规模及发展需要，科学论证建设用地指标，对人均城市建设用地的面积加以严格控制，通过多种形式激活现有用地存量，对发展迟缓低效的用地及时督促调整。对城乡建设用地的计划指标管理职能进行优化，完善土地管理的相关配套政策，让省级政府职能权限扩大，在建设用地审批上给予授权，协调好农用地转建设用地审批权限关系及明确实施主体责任，保障城市发展建设用地的基本需要。全国一盘棋，在城市发展过程中，要重视地区间的协同发展，对于建设用地尝试跨地区进行交易的管理机制。

（2）优化城市投融资方式。在城市发展过程中，需要资金作为基础保障，各级政府推进新型城镇化发展，要借助投融资手段来化解资金困境，要利用现代投融资工具优化投融资结构和比例，注意政府债务的风险防范，平衡好投融资和存量债务的关系，建立高效的管理机制。创新投融资的形式，对于新型城镇化发展的各类建设项目，可以给予参与企业和社会资本更宽松的政策支持，突出特色，追求实效。在遵循市场规律及政府职能的基础上，授权开发性、政策性的金融组织对投融资运行工具进行调整，对金融服务的规模和质量进行改善，充分发挥投融资的作用。

（3）优化城市治理机制。城市治理是完善城市公共服务体系、推进新型城镇化发展的重要内容。从传统治理方式转向善治，由管理型向服务型政府职能转变。要优化城市的治理机制和方式，推动精准、精细化转变，发挥城市街道、社区的功能，配套的政策资源和权限下放，调动基层组织的积极性。对社区进行网格化管理，对社区治理进行创新，鼓励社会组织参与，发挥联动效应，最大限度地利用好社区综合服务和管理设施，提高利用率和覆盖率。依据新型社区的发展原则，逐步建设农村社区，在村庄布局和规划合理的前提下，调整优化空间布局结构，提高规划的能力，做到传承文化与创新发展、经济高效与绿色实用相结合，做好乡村、社区布局。要完善各种机制和制度，保障社区和村民权益。不断推进政府职能转变，协调好政府与市场、政府与社会组织、政府与企业等方面的关系，实现资源配置、社会公共事务管理良好的治理方式。

9.4　推进产业结构调整与转移，引导人口有序流动

从人口空间格局的影响因素中已经得出，经济发展水平是重要的因素之一。调整经济发展结构、推进经济快速发展是优化人口格局分布的重要手段。目前，经济发展水平的地区差异是产生人口空间分布失衡的重要因素。促进区域经济协调、均衡发展是缓解人口格局不均衡的方式。因此，应当整合资源，大力发展区域经济，缩小不同区域的经济差距。

9.4.1　依托区域优势，大力推进特色产业发展

不同地区的资源禀赋有较大差异，区位比较优势也十分明显。应当理性分析不同地区的区域优势，总结出优势的核心内容，制定出与优势相匹配的产业发展规划。以产业发展论证人口规模及需导入的数量。充分利用区位优势推进特色产业发展。例如，东部沿海地区的省份要利用临海地域优势，发展渔业产业链条，海洋资源深加工，还可以发展海上贸易，与韩国、日本对接，延伸对外贸易产业，拓宽海外贸易市场。东北地区要利用沿边区域优势，利用矿产资源、土地资源、对俄贸易资源，大力推进绿色食品、农产品深加工、矿产资源深加工、林下经济等，发展特色产业，建成绿色农产品生产和加工基地，中部地区大力推动现代农业，文旅商贸、康养医疗、农产品深加工等特色产业及与之相关联的配套产业。依托特色产业，增加就业，引导人口合理流动，以业留人，以业引人。

9.4.2　鼓励创新，壮大高科技产业发展

创新是社会发展进步的重要动力，科技创新更为明显，一个地区的竞争力与其创新能力有着十分重要的关联。应当鼓励创新，大力发展高科技产业，在传统产业稳定发展的基础上，加大创新，延伸创新产业发展链条，提升科技创新的比重。推进新技术、新经济、新业态的发展，培育新的产业发展模式。尤其是在互联网新技术的应用方面，加强与产业的有机融合，深化平台经济发展，推动共享经济及体验经济的延伸，以创新为动力，发掘产业发展的新动能。大力推进大数据、云计算和物联网，重视区块链技术、人工智能技术等新科技技术的研究开发及广泛应用。

扶持龙头企业在中心地区建立联合的研发机构，形成人工智能的新型科研基地，扶持具备基础条件的地区进行创新产业发展，建立新型人工智能的应用示范平台，逐步形成创新型科技产业集聚地。进行智能汽车的产业化推广，推动产业流通的创新发展，形成产业集聚、创新引领的区域龙头企业。推进跨境贸易的综合试验区建设，形成具有全球综合竞争力的新型零售电商网络。推进产业间有机融合，借助数字化、网络化推进高端制造业及现代服务业的融合发展，借助电商网络、区块链技术及传统制造业基础，破除产业之间的数据和信息阻碍，创建区域性科技互联网、工业互联网、产业升级互联网的综合服务平台。紧跟科技发展前沿及科技产业应用，建立不同层次的科技产业创新基地。借助创新能力和科技区域优势，大力推进产业的原始创新和技术创新，形成多极的科技创新平台和共同体。建立具有全球影响的科技创新产业基地。发挥长三角、珠三角、粤港澳大湾区创新示范的优势，加大科技创新产业的区域间合作，推动产业升级，建立科技创新共享孵化平台。

9.4.3　合理布局，推进产业区域间转移

将市场机制与产业政策有机结合，发挥双重引导作用，对区域产业政策加以优化，提升核心区域的产业集聚和辐射能力，加快产业结构提档升级，合理进行产业规划布局，协调发展。要发挥重点区域、核心区域的总部经济在研究开发、产品设计、高端制造等产业上下游链条上的引领作用，推动新经济发展，围绕创新、绿色、共享及服务经济展开。对于一般制造业要推进有序转移，要形成能够在全球具备核心竞争力的产业基地。按照布局，建设好产业调整和转移的集聚区，大力推动产业调整。将部分地区的制造业、重工机械、棉纺加工、服装加工等传

统基础产业进行布局调整，向拥有良好承接能力的地区转移，推进产业提档升级。在合理布局过程中，要充分发挥政策引导作用，建立资源共享、利益共享的协同机制，对调整和转移的重点项目给予足够的建设用地、资金、税收等方面的政策倾斜。

要引导人口合理有序流动，实现空间格局优化，引导人口在区域间流动，应当大力发展经济，提供更大的就业空间和工作岗位，增加迁移人口的收入，要发展现代服务业，引导人口在产业间转移，要引导高素质人才在不同经济发展水平的地区动态流动，提高地区发展的人力资本支撑，同时，还要推进和鼓励人口就近城镇化，减少人口的过度流失，实现人口分布格局的合理。

产业结构调整和转移，应当结合区域优势，重点是推动产业在东部和中西部之间的转移，集中在劳动密集型和资源密集型的产业，加强东部和中西部区域间的产业合作。除此之外，政府要不断提高中西部产业基础设施方面的投入，提升中西部的基础设施服务能力，引导外部投资流入，推动各区域之间的分工协作与协同发展。区域之间的经济发展失衡是造成人口流动的重要因素，经济落后区域的人口会向经济发展好的区域流动。通过产业的升级和转移，推动经济发展，才能保证区域对人口的吸引力，减少人口流出，还能增加吸引力。要在产业发展过程中，积极调整思维方式，主动参与经济一体化和协同发展，建立与其他区域的共享与合作，推动跨区域的经济交流，提升区域的优势，提升区域形象和品质，吸引更多的外部投资，增加就业机会，增加人均收入，缩小区域之间的差距，使人口趋于稳定，流动的范围和规模都缩小，解决人口过度流失的困境，保证区域内人口的合理分布。

9.5　促进城乡一体化发展，引导人口集聚

新型城镇化发展离不开城乡融合发展，人口流动也受城乡发展程度的影响。推进城乡一体化发展，以城市带动乡村，以工业促进农业发展，完善城乡协同发展机制，推动各种生产要素在城乡之间有序流动，共享公共服务和基础设施，引导人口合理流动，有序集聚。

9.5.1　建立城乡融合共建的示范引领

按照新型城镇化发展规划及城乡一体化发展的指导意见，建立城乡一体化发展的综合试验区，建立示范引领作用，分阶段、分步骤制订试验区的具体实施计

划，主要是加快试验区的人口管理机制、土地交易机制、产业分工协作机制、人力资源交易机制等方面的实验，引导农村土地产权参与流转，鼓励社会资本参与农村的土地流转和产业投资，优化行政管理机制。推动城乡一体化的人力资源交易平台，推进城乡户籍管理制度改革，引入居住证制度，破除户籍对于城乡融合发展的阻碍。引导人力资源在城乡之间自由流动，实现资源的高效配置。建立人力资源交易服务平台，推进城乡之间人力资源流动，健全就业综合服务体系，加快人力资源信息发布平台的建设，加快城乡之间人力资源与需求单位信息认证，实现双向信息共享。推动城乡间人才流动和对接制度，促进人口合理流动。

9.5.2　完善农村建设用地入市的管理机制

农村经营性建设用地要尝试直接入市，并在城乡之间全面实施。加快制定农村集体经营性建设用地的管理办法和指导意见，规范土地入市的行为和标准，统一交易流程。结合城乡融合发展实际，根据"三权分置"原则，处理好土地产权及相应的补偿，允许农民保有集体依法收回建设用地的使用权，是基于农民自愿退出的那部分宅基地，参与土地入市交易。推动农村宅基地管理制度的试点，搭建城乡一体化的土地交易市场，加快土地市场化综合改革，实现土地资源的高效利用和配置。推动城镇土地的有偿使用制度改革，调整土地有偿使用的应用范围，优化城乡融合发展所需建设用地的配套政策。充分挖掘城镇低效用地，激活存量用地，完善农地开发激励机制，搭建城乡一体化土地交易市场，深入实施"三权分置"的土地综合改革，指导农村集体经营性建设用地有序进入交易市场。进行土地整治政策改革，分区试点，充分利用跨省耕地补充的制度，用于重点建设项目的用地需求。基于国家统筹与地方分担的根本原则，重点考虑城乡之间重大项目的用地需求，以及生态环保修复项目的建设用地指标。

9.5.3　推进城乡融合发展的公共服务联动

促进公共设施在城乡之间的联动，建立城乡一体化的垃圾转运处理制度，升级改造城乡一体化的农贸市场，打造城乡共建共享的道路基础设施，推动城乡文化融合发展，在市政水、电、气、热的供给服务方面实现城乡一体化，联合建设城乡教育资源共享机制，保障城乡公共服务均等化。加快健全城乡社会保障联动，优化管理体系，开展城乡居民共享的参加保险的登记制度，鼓励灵活就业人员积极参保，提高保险的比例，实现城乡之间规定人员的参保全覆盖。推动医保异地参与就医和结算，简化流程，加快推动跨区域退休人员的异地医保结算。城乡之间养老保险和福利、救助制度有机衔接，规范流程，简化手续，实现城乡一体化统筹。加快社会救助改革，搭建城乡统一社会救助平台，推进城乡社会保障制度联动发展。

除此之外，还要鼓励社会资金参与城乡一体化建设，推进社会资本入乡。利用中央预算内的城乡一体化发展投资基金，引导社会资本进入乡村。设计城乡一体化发展的示范项目，推进资源要素在城乡之间跨区域流动，具备条件的人员可以享受回乡村创业的相关政策优惠。通过城乡融合发展，能够很好地平衡人口在城乡之间的流动规模和方向。

9.6 分区域施策，促进人口空间格局优化

9.6.1 西部地区人口空间格局优化的对策

西部地区的人才供给必须跟上西部经济的发展，所以就需要更为有利、更具针对性的政策支持以吸引人才流向西部，鼓励人才留在西部，培育人才发展西部。为此要做好以下工作。

（1）注重人才规划，加大西部人才培养力度。在自然因素和社会经济条件因素的掣肘下，西部地区引进人才的优势不足，所以西部应该继续深入贯彻、执行西部大开发战略，而为了保证西部地区的人才资源充盈，就要求西部地区以自身培养人才为主要任务，而加大人才培养力度就需要强有力的教育资源来支撑，这就需要中央政府加大对西部教育的支持力度；同时也要依靠来自社会的能量来支持西部教育事业的发展，从而实现以中央政府政策支持为主导，以社会公众的人、才、物等支持为辅助的多元性人才培养体系的建立。加紧对专业人才、紧缺人才的培养，以西部独具特色的产业为出发点，依托当地教育机构，建立集产业化、特色化于一身的人才孵化基地。利用西部地区各大教育培训机构的优势，分类进行多元性的或专业化的教育培训，为西部地区组建更具优势的人才梯队。

（2）加强制度保障，促进西部人才合理流动。在自身培育人才的同时，也要注重西部地区的人口流动，既要控制西部地区的人口流出状况，也要保证西部地区人口流入不要超过西部地区的负荷量，这就需要强化全国各地的市场意识；同时完善各地的市场机制，利用市场调控从源头上使人力资源的配置趋于合理化。加强对市场秩序的建设；同时加强并完善对市场机制的监督，使市场的人才导向作用趋于最大化，推动国内市场的合理化进程；另外完善市场的人才信息共享机制，更好地推动西部地区的人才合理流动。

（3）注重政策调整创新，完善差别性与特殊性人才政策。西部地区地域辽阔，东西走向文化差异大，南北跨度自然因素不一，经济发展节奏必然有所不同，所以需要具体问题具体分析。针对不同的情况，制定相应的人才政策，而在制定西部地区人才政策的时候，需要关注各地区相同的情况，制定普适性的政策共同推动西部人才发展；同时也要注重各地区的特殊性，制定针对性的政策来推动本地区人才政策的发展。也就是说在制定、完善整个西部人才政策的大前提下，也要针对各地区的差异制定针对性的政策，在完善共有和特殊人才政策的情况下，共同推动西部地区人才政策的发展。由于新疆、西藏等是少数民族集聚地，情况较为复杂，国家更应该制定针对少数民族的一系列人才政策，推动西部地区的人才事业发展。

（4）完善政策体系，着重实施重大人才政策。第一，完善财税金融政策。政府应该保障人才发展的资金支持；同时完善相应的财政税收政策，保证西部地区人才培育的经费充足；另外通过贴息、降税等优惠政策，促进对西部人才的投资，加强对西部地区的人力资源开发，推动西部地区人才政策发展。第二，完善培养创新型人才的政策。通过对西部地区教育事业进行创新发展，进行专业型人才和全能型人才的分类教育培养，建立高等院校、科研场所及企业人才双向交流的制度，推动产、学、研共同培养人才的"双导师制"。加强对西部地区人才的培育。第三，完善扶持人才创业的政策。加强对人才的专业技能和知识产权等创业资本的保护；同时为西部人才和到西部创业的人才提供相应的优惠政策，为其创业提供充足的资金等资源，并且为其创业提供相应的"绿灯"服务，提高西部地区的人才质量。第四，完善人才的引进政策。利用相应的优势和条件吸引海外归国人才和东部地区人才涌入西部来建设、发展西部，可以通过提供相应的定居场所、解决配偶安置问题、帮助子女入学受教育、降低税收、提高工资等方法来吸引人才的流入，另外还可建立相应的奖励机制来引进更多的人才共同致力于西部经济发展。

另外，还可以完善扶持科研人才调研、实践、研究的创新政策；完善政府、企业、社会的专业型人才和全能型人才的合理流动政策；完善非营利组织、新型社会组织的人才发展政策；完善西部地区的公共服务政策。

9.6.2　东北地区人口空间格局优化的对策

（1）进一步释放生育意愿，促进人口自身均衡发展。对东北地区人口均衡发展试点进行探索，逐步放松政策限制，并逐渐推行按照意愿进行生育。完善生育相关配套政策，促进家庭发展能力的不断提升。从根本上对女性生育权益和就业权利予以维护，保证女性生育过程中所享受到的待遇，保障其在整个孕期的不同阶段能够享受到不同政策保护。鼓励社会力量参与到托幼机构的建设中，支持普惠托幼机构的大量建设，政府在相关税费方面给予扶持。提倡在公共办公场所设立哺乳室等为孕妇提供便利的空间设施。对二孩家庭所产生的教育支出给予补贴，通过个人所得税专项扣除的方式，帮助家庭减轻养育的负担。通过实施友好型家庭政策，能够解除生育的后顾之忧，切实提高居民生育意愿，从而帮助东北地区从低生育陷阱中迈出。

（2）增强内生发展动力，着力推动资源型地区转型发展。促进全面深化改革，积极推进传统产业的转型升级，通过对地区内资源禀赋的整合，为区域经济发展培育新的增长点，促使东北三省经济不断向稳向好。推进老工业基地的更新改造，促使城市基础设施不断完善，通过产业合理发展引导人口合理流动。推动全国范围内职工养老金的统筹，以部分国有资产作为社会保障基金的补充，提高东北地区养老保险的兜底能力。促使市场软环境的优化，助推民营经济的发展，鼓励民间投资的进入，不断激发市场活力，提高民营经济对就业的吸纳能力。利用好东北地区高校的丰富资源，如高技术、高职称人才等，抓住国家发展战略，以地方特色为基础，打造独特的人才发展平台，做到留住人、吸引人。通过促使东北三省融入"一带一路"建设中的机遇，提高东北三省开放程度，为发展引入新的动力。深化东北同东部发达地区的对口合作，尤其是在人才、干部、发展理念和产业合作等方面的交流学习和对接，逐步增强东北经济的市场化活力，促使同东部地区经济发展差距的逐步缩小。

（3）加强边境和民族地区经济社会发展，保障边境人口安全。积极推进边境地区富民政策，以边境地区的特色为依据，打造边境旅游、边境绿色产业等富有特色的发展模式，以此扩大就业，从而带动边境地区人民收入的增加，并帮助边境地区人口流失的现象得以缓解。加强政策的倾斜力度，给予边境地区更优惠的政策，强化其公共服务体系建设。从财政支出的角度看，加大对边境地区财政转移支付力度，并将人口结构和地理因素等都纳入转移支付的测算标准之中。提高边境地区人员的工作待遇，尤其是要提高义务教师、医务工作人员等的薪酬待遇，以此留住人。加强沿边地区及民族地区公共教育、医疗卫生、养老等公共服务投入力度，提升人口吸引力和承载力，繁荣民族地区经济，振兴沿边城镇发展，促进边疆繁荣稳定。

9.6.3　东部地区人口空间格局优化的对策

（1）完善公共基础设施。新型城镇化是社会发展的必然规律，其本质是人的城镇化，离不开对公共服务的需求。中国城镇化率从 2000 年的 36.22%到 2018 年的 59.58%，增长十分迅速。东部地区又是我国城镇化发展最快的区域，也是人口迁入较多的地区，在省际人口迁移规模中一直是最大的区域。人口城镇化与土地城镇化一直处于不一致的状态，土地要素引致的城镇化一直比人口要素城镇化快出很多。东部地区的城镇化务必重视内涵式发展，即以人为核心的新型城镇化道路，必须满足人所需要的公共基础设施数量。要加强道路基础设施、水运、综合管网等方面的建设，利用市场机制和政策扶持加快公共基础设施建设，增加供给，优化配置，解决人口增长对公共基础设施的需求，以此优化人口空间分布的格局。

（2）加快户籍管理制度改革。在人口调控的诸多手段中，户籍管理政策是最核心的一种。东部地区各省份要结合本地区实际，深化户籍管理制度的改革，在人口管理制度改革内容中要配套加入流动人口随迁子女的义务教育内容，将其并入地区教育管理范畴内。迁入农民的子女面临的教育困境就是基于户口产生的，因此，解决户籍管理制度，就可以解决一定程度上的教育矛盾。在东部地区可以采取户籍制度创新，推进适龄儿童享有相同教育权益的改革，实施户口和待遇相分离的原则，就是指不迁移户口也能够享有教育待遇的形式。以此来解决农民工随迁子女的教育问题，也是促进人口流动的重要措施。政府管理部门要增加资金投入，保证公办教育机构的发展，一定原则上对外来儿童的入学条件进行调整，放宽准入门槛，使得外来务工人员的子女享有受教育的权利。可以将积分入学的方式加以推广，利用这种政策方法能够很好地满足公共教育服务均等化，满足外来务工人员子女就近入学的需求。应用这种方法时要把握好几个关系，即可接纳入学儿童的总量要与现有教育资源相匹配，不能超出控制。按照积分的排名，依序接纳入学。要统筹安排入学指标，综合经济、素质等方面的要素。指标的数量是根据地区实际能提供的教育资源来计算的。

（3）健全流动人口的监管机制。东部地区各省份迁入大量的外来人口，为了保证社会稳定，需要建立必要的管理办法，对外来人口进行监督管理，防范社会风险。以上海为例，需要结合城市发展实际，完善外来人口管理条例，适应不断变化的外部环境和人口压力。赋予身份证和居住证不同的作用，实施人口登记制度，按照管理办法，严格执行居住证管理，保障外来人口的社会保险、税收缴纳等方面的记录和权益。大量的外来人口流入会潜在地增加社会治安风险，给城市管理增加困难。要结合流动人口的特性，优化城市管理方式，适应环境的变化。转变管理方式，从传统的静态管理向现代化的动态模式转变，建立预警机制，联动城市治安监管机制，发挥信息管理系统的作用，大数据共享信息，最大限度地防范风险，为人口有序流入创设良好的环境。

（4）正确应对人口增长。对主要的人口导入地区进行财政资金统筹，用于解决人口调控过程中所需的公共服务建设需求，提升城市管理能力，化解城市病，合理应对人口变化，平衡好人口增长与基本公共服务之间的关系。城市资源在中心地区与周边地区的配置是失衡的，需要根据人口规模和分布格局加以调整，缩小差距。需要集中将财政统筹的资金进行分配，用于人口的主要导入地区，投入更多的资金用于公共服务建设，解决人口增长与公共服务供给之间的失衡问题。正确认识人口发展规律，在城市进行重大项目建设的时候，应当充分地做好人口匹配的数量评估，保障项目与人员之间的平衡。人口数量的动态变化主要是经济因素推动的，产业发展也会影响人口规模的变化。因此，在进行重大项目建设时，应论证人口规模，明确估算项目建设能够引入多少人口，以及需要供给的公共服务数量，正确评估项目建设的可行性，才能处理好人口合理分布的问题。

9.6.4　中部地区人口空间格局优化的对策

（1）优化城市群城镇化空间格局。中部地区处理人口空间分布的思路首先是优化城市群的城镇化空间格局。

一是加快以郑州为中心的大都市区发展。以郑州中心城区为发展基础，围绕郑州航空港经济综合实验区，发挥国际开放门户的重要功能，激活联运物流中心的角色。打造国家层面的创新创业示范区，搭建集经济、文化、商贸于一体的综合商贸基地，建设具有核心竞争力的都市中心区，发挥核心区对周边区域的集聚和辐射效应。打造特色制造中心，引导成为人口集聚中心，引导核心区的服务辐射周边区域，借助公共交通的联通功能，延伸产业发展空间。推进开封、新乡等城市的产业与人口集聚能力提升，形成带动能力强的大都市区，加快区域间的联动。共建公共服务体系，改进协同发展机制，建设综合道路网络，组团发展成为一体化的大都市区发展体系。

二是加快推进区域中心城市的发展。区域中心城市具有很好的带动周边区域发展的引领作用，要加快推动区域中心城市的城市形态升级、加大改造老旧城区的力度，增强城市现代服务的核心功能，加快建设新城区，实现高端、现代的发展目标。主要是洛阳在中部地区的城市地位。加快引导产业、人口向邯郸、聊城、商丘等城市集聚，推动其尽快发展为区域中心城市。对于基础发展较好的城市，协同辐射周边的县城一同建设，逐步建设成为超过 300 万人口的大型城市。

三是发挥好重要节点城市的承接功能。重要的节点城市是整个城镇布局结构中的重要承接节点。发展重要节点城市，有助于人口空间布局的调整。以漯河为中心，加快夯实工业基础，打造高端产业，实现城市综合实力的提升。对周口、信阳、运城等几个城市推进新型城镇化发展，明确城市建设用地规模，推动制造业和服务业的快速发展，吸引人口有序迁入，增加人口的规模。对晋城、平顶山、邢台及濮阳等城市加快城市转型，找到接续发展的产业类型，协同发展，平衡资源深入开发与城市综合发展之间的关系。

四是加强中小城市的建设。中小城市的合理布局，能够成为引导人口集聚的重要载体。由于生活成本和进城门槛低、劳动力资源丰富等优势，就近城镇化是未来的发展方向，特别要加强中小城镇的基础设施和公共服务建设，完善相关配套政策，吸引投资、产业和项目，合理引导人口集聚，合理布局生产空间、生活空间和生态空间，要围绕县级城市，加快推进区域内产业结构升级、公共服务能力提升，完善设施供给体系，引导农业人口迁入。选择具备较好的发展条件、经济发展水平及发展空间较大的城市，以中等城市为目标，引导人口超过 50 万人。加大改革力度，强化省直管县机制，有序推动中小城市在产业布局、行政体制、公共服务等方面的综合改革。

五是选择性培育特色城镇。特色小城镇是推进城乡融合发展的重要载体，是引领农村经济、社会发展的核心支点。应当按照国家建设特色小镇的要求，结合地区的实施指导意见，遴选具有鲜明区位优势、发展基础条件好、具有可持续高成长性的小城镇，突出城镇特色，重点是利用小镇的文化、历史、产业等方面的优势，建设一批能够代表区域形象的文旅小镇、科技创新小镇、现代商贸小镇、智能制造小镇，形成特色，一镇一品。在政策上扶持小镇生态环境、公共服务、基础设施等方面的建设，优化行政管理机制。科学规划布局，合理确定开发强度和发展规模，以城市群为依托，大力发展特色城镇，吸纳更多的新增城镇人口，使之成为推进城镇化的主体形态。创造经济发展、生活富裕、社会和谐、生态优美的良好城镇发展环境。

（2）控制人口分布与主体功能的一致性。依托主体功能区划，对应设计人口分布格局，需要控制二者的一致性，不能失衡。人口密集区需要引导疏散，人口密度低的地区要引导人口有序流入，应做好如下几个方面的内容。

一是高质量市民化。市民化是农业转移人口解决身份困境享受均等化城市服务的目标，中部地区要有序地推进市民化进程。优化改善公共服务机制，深化改革人口管理服务，搭建农业人口有序转移激励平台，围绕县城发展就地城镇化和就近城镇化，鼓励农村人口从事非农产业，有序迁入城镇，积极推动具备条件的农业迁入人口在城镇落户，对农产品主产区的人口进行疏导，降低总体的人口密度。严格评估开发农产品主产区的规模，明确粮食主产区建设用地的指标和开发范围。

二是推进重点开发区的人口迁入。鼓励人口迁入重点开发区，提升重点开发区的产业辐射及区域影响力，做好产业结构优化、生态环境保护及增效降耗，完善城镇化中心区的居住条件、公共服务，引导人口与产业的协同匹配。引导人口通过就业、购房等途径迁入重点开发区，加快以郑州为核心的大都市区的发展，在城镇和产业节点城市引导人口迁入集聚。

三是有序转移重点生态功能区人口。按照主体功能区划的要求，遵循生态保护、环境修复的原则，对于重点生态功能区主要开展适合资源承载能力的生态产业。在重点生态功能区要严格控制好保护红线，不得开展与功能区定位不一致的相关产业及活动，鼓励区域内人口从事生态产业相关的经营，对于超出规定的人口，进行生态整体搬迁，有序引导人口迁移到邻近地区城镇，整体上控制重点生态功能区的人口总量，建立与生态功能区承载力相匹配的人口数量管控机制。

（3）优化创新创业的外部环境。中部地区在引导人口流动推进新型城镇化发展过程中，需要围绕"双创"营造良好的外部发展环境，应该做好以下几个方面的内容。

一是加大创新主体的培育力度。创新主体的培育首要的是区域龙头企业，引导企业的资金重点进行研发，加快企业的设备及技术的革新应用，鼓励组建创新型研发机构，扶持企业积极承担和参与重要的技术创新任务，基于企业主营业务培育小微型科技创新企业，结合产业链条孵化具有创新竞争力的团队，对高成长性的科技创新型小微企业加大扶持。增强高校在科学研发方面的主体地位，建立多元化的协同创新平台和中心，合理布局重点实验室，创建特色鲜明的重点学科集群，打造具有技术优势和核心竞争力的研发中心及科技示范中心。

二是加快创新创业示范基地创建。挖掘现有资源要素，集中资本、技术及政策进行"双创"示范基地创建，加快推动郑州航空港经济综合试验区创建，发挥引领示范作用，选择重点核心领域试点，打破各种阻碍因素，调动发展活力，完善驱动机制，创设宽松的"双创"政策外部环境，做好新旧动能的有机衔接。建立合理的扶持企业"双创"的机制和体制，规范标准，交流总结可供推广的经验，健全政策和机制设计，延伸示范效应。实现示范基地在创新创业上的引领带动作用，引导不同层次的人口流入。

三是完善创新创业培育体系。协同龙头企业、高校及科研院所等创新主体，加快推进创新创业培育体系的完善，搭建专业性强的众创空间，扶持建立"双创"小微企业的研发基地，推出一批典型的示范城市。探索"创业导师"等不同形式的培育和孵化模式并加以推广，搭建基于"众创空间"的创业培育新型载体。推进区域间的孵化器共享共建，形成系统化的网络。整合区域内现有的资源要素，创建针对农民工的回乡创业产业园区，提供立体化的创业空间，推进质优、面广的孵化基地，形成完整的创新创业培育体系。引导人口有序迁入，实现空间优化。

四是增强服务科技创新能力。科技创新需要有良好的服务机构加以支持，要建立能够提供研发设计、技术转移、标准检验、决策咨询等一系列服务的机构，创建共享共建的创新创业科技服务机构，打造科技服务的产业集群。加快推动技术转移中心建设，遴选具有研发能力的高校和科研院所，建立专业化的人才团队，形成技术转移的系统平台，培育科技成果转化的示范基地，为创新创业企业提供科技服务。

五是加快金融与科技的有机融合。引导社会资金进入城市"双创"基地，创设投资基金，对不同类型科技创新企业进行投资。依据国家的要求，加快推进金融联动试点，鼓励创建满足科技企业金融需求的服务形式，合理配置和优化投融资的程序，引导银行和相关金融机构开发新型的科技贷款等金融产品与服务。扶持推广以专利为基础的保险试点。推动中部地区科技与金融有机融合的综合改革。

六是创设宽松的人才发展氛围。良好的环境是吸引人才的重要因素，进一步完善对创新人才引进的扶持和激励政策，实施重点引智行动，选拔科技创新领军人才，创建高水平人才队伍。打造科技创新人才的培育和孵化基地，加快打造出一批具有引领作用的科技创新人才和技术能手。重点推动人才引进试验区建设，创建高新区"双创"人才基地，国家在中部地区的分中心为了加强人才培养，建立了专门针对高层次人才的"双创"孵化基地。对人才引进和培养要给予足够的资金和政策支持，激励研发人才自由流动，建立合理的人才考核和评价体系，调动高层次人才参与创新的动力。

（4）加大外来人口服务和管理力度。建立结合地区实际的流动人口管理和服务制度，对社会保障、卫生医疗、教育、基础设施、文化等方面进行规范，提升服务的质量，推进服务均等化，建立新型社会管理制度。了解外来人口的居留意愿，完成登记制度，把握外来流动人口的群体特征，改善管理方法和服务模式。明确地方政府责任，转变服务职能，发挥政策性投资的作用，引导流动人口加强培训，提升技能，尽快融入城市。

9.7 本章小结

本章主要阐释了人口空间格局优化促进新型城镇化发展的对策，主要包括深化户籍制度改革，优化人口结构，如以人口规模设计落户条件、创新落户政策、提高未落户常住人口的准市民服务待遇等；优化城镇空间布局，引导人口流动，如推进重点城市群一体化发展、推进都市经济圈同城化发展、分类型推进新型城镇化发展等；完善城市公共服务体系，促进人口转移，如加强城市公共教育与卫生服务体系建设、改善城市公共服务设施建设、优化行政管理方式和治理机制等；推进产业结构调整与转移，引导人口有序转移，如依托区位优势，大力推进特色产业发展，鼓励创新，壮大高科技产业发展，合理布局，推进产业区域间转移等；促进城乡一体化发展，引导人口集聚，如建立城乡融合共建的示范引领、完善农村建设用地入市的管理机制、推进城乡融合发展的公共服务联动机制等。

第 10 章 研究结论及展望

10.1 主要结论

城镇化发展已经进入新型城镇化发展的重要阶段，新型城镇化发展战略是围绕提高城镇化质量，以人的城镇化为核心，构建科学合理的城市格局，大中小城市和小城镇、城市群科学布局，与区域经济发展和产业布局紧密衔接，与资源环境承载能力相适应的城镇发展要求。新型城镇化进程中必须重视城镇化与经济、社会、生态环境等要素的互动变化，注重影响要素在城镇化过程中人口格局的空间响应，才能优化人口的空间布局，实现新型城镇化的战略目标。因此，通过研究城镇化过程中人口空间布局的变迁过程、影响因素、发展机理，并预测其人口发展的趋势，从城镇化进程中人口空间变化的响应和调控路径，研究如何从宏观调控的角度，从经济、社会、生态多个角度推动城镇化的全面、协调发展是本书的主要研究目的。通过本书的研究，得出的结论主要包括以下六个方面。

第一，人口空间格局的内涵界定要与我国新型城镇化进程及世界的不同国家和地区人口城镇化发展的视角联系起来。对人口空间格局的内涵界定，需要梳理与之相关的城镇化、新型城镇化、城镇规模、制度设计等概念，还要结合新型城镇化发展的现实背景，分析城镇化对人口格局的整体要求、战略重心、变迁特征及变化趋势。同时，从世界范围的视角，比较发达国家和发展中国家的城镇化的差异、人口空间分布的变动趋势及特点差异，归纳各国经验和教训，进一步对人口空间格局的内涵科学界定。

第二，中国人口空间格局及其演变特征在总体和区域、人口密度、地理集中度、县级空间单元自相关等方面都存在着较大的差异。结合描述统计和 ArcGis 软件分析，可以发现，中国人口空间格局的分布总体上仍然呈现"东南地狭人稠，西北地广人稀"的基本规律特征，不同区域之间的分布格局差异明显，人口城镇化的发展水平也存在较大差异，区域间的分布十分不均衡，而且这种格局在一定的时期内变化不明显。

（1）不同时期不同区域的人口密度差异较大。例如，对人口集聚核心区、高度集聚区、中度集聚区、低度集聚区和一般过渡区进行比较，可以发现，高度集聚区的人口密度是极其不均衡的；低度集聚区的人口密度呈现明显下降，但整体的面积却变化不大，说明该区域的人口流出，一般过渡区的人口密度也属于同样的情况；而相对稀疏区的人口密度表现的特征是呈现下降的，同时伴随面积减少，且人口密度和面积变化的差异很大，结果表明，中国的人口密度是逐年不断增加的。

（2）不同时期不同区域的人口地理集中度差异较大。按照不同的地区人口地理集中度分析，非常高的有上海、北京、天津；很高的有江苏、山东、广东、浙江、河南、安徽；高的有河北、重庆、福建、辽宁；而人口地理集中度非常低的有甘肃、内蒙古、新疆、青海、西藏；很低的有黑龙江、宁夏、云南等；低的有广西、贵州、四川、吉林、陕西等。

（3）基于空间自相关分析，可以发现中国的县级单元中较大部分都呈现出空间正相关。由于自然因素，中国县级单元人口密度值的整体差异不大。由于不同区域经济社会发展水平的因素差异，县级单元之间的人口密度差异较大，且空间集聚特征出现差异扩大的趋势。

第三，通过面板数据的回归模型分析，得出中国人口空间分布格局的影响因素主要包括政策因素、经济因素、社会因素、技术因素、自然因素、生态因素等。分析结果可以表明：以地区生产总值衡量的经济因素，对分布格局的作用比较微弱；气温、海拔、降水等自然因素呈现出正负向的影响，其中气温的作用是正向的；以交通、通信来测度的社会因素，对人口空间格局的影响是显著的；而公共服务水平、教育和医疗等政策因素，对人口空间格局的影响也是正向促进的。

我国东西部地区条件差异很大，在东部地区，地形主要是平原，气候比较温暖、降水相对充足，教育、医疗、交通等公共服务都比较健全，人居环境良好。西部地区则在气候、地形、公共服务、经济发展水平等方面都与东部地区存在着较大的差距。因此，我国人口空间分布格局的"东多西少"状态是由自然、经济、社会及政策等方面的因素共同形成的。

第四，人口空间格局的宏观调控手段存在着一定的问题，效果并不明显。通过梳理现有人口空间格局宏观调控的手段，主要围绕着人才政策、行政控制、产业引导及空间置换等相关手段的实施效果进行评价分析，归纳这些手段的形式、内容和特征，认为在一定程度上借助不同的手段使得人口结构、人口规模及人口空间分布等方面都取得了优化。但同时也发现了不同的调控手段实施中存在的问题，主要是社会服务管理手段不健全、人口调控市场不充分、调控政策实施困难及人口统计数据滞后等。究其原因，主要是由于各种方法之间协同性差、缺乏对人口发展规律的正确认知，以及"调"和"控"的政策导向不明确。

第五，结合中国人口普查的分县人口数据，运用数学分析模型，模拟了中国人口空间格局的演变。新型城镇化人口空间格局演变的分析，需要对人口分布趋势做出较为精准的估算。运用 Logistic 模型进行模拟，结果表明，2010~2030 年中国人口空间格局没有且不能发生根本改变。"东南地狭人稠，西北地广人稀"仍然是中国人口空间格局的基本分布规律，主要是各区域之间的环境、资源、经济等方面的差异造成的。未来的 20 年，可以预测的发展趋势是东南区域的人口会呈现先增长后减少的态势，西北区域则是与其相反，且增减的幅度在 0.1%~0.3%。人居环境、基础设施、经济发展等的改变会对人口空间格局的整体产生一定影响。经过分析，可以发现，影响中国人口空间格局变化的因素主要集中在自然因素、经济因素、社会因素等方面。

第六，优化中国人口空间格局需要从六个方面采取措施。一是要深化户籍制度改革，从落户政策的创新、落户条件的设计、市民服务待遇等内容上优化人口的结构；二是要优化城镇的空间布局，从城市群一体化、都市圈同城化等方面加快城镇化的建设，引导人口有序流动；三是要健全城市的公共服务体系，改善教育、医疗、交通等公共服务，加强行政管理和治理等；四是要进一步推动产业结构的调整，从发挥区域优势、创新特色产业、优化科技产业等方面布局，引导人口有序转移；五是要加快城乡一体化，从城乡融合共建、公共服务联动、健全土地管理机制等方面，有序推进人口的集聚；六是要分区域实施策略，对东部、西部、中部和东北地区进行人口布局的政策设计。

10.2　不足与展望

本书是借助现有人口统计数据进行的分析，由于数据的来源及时间的迟滞性，技术手段的限制，本书的内容完整性有一定的障碍，不足之处有以下三点。

（1）本书的研究过程中，使用的仍是"六普"数据，在人口格局演变分析过程中，部分数据是按照相关方法进行的预测，在精准度上存在着一定的影响。

（2）由于资料和数据的制约，加之流动人口的复杂性，在分析人口空间格局演变过程中，对流动人口的心理动机、需求动机等影响因素研究不够深入，仅从宏观影响因素分析，没有从微观个体角度进行分析，今后需要进一步完善。

（3）影响人口空间格局的因素十分复杂，在进行回归分析时，指标的选择存在一定的主观性，对实证效果有一定的影响，需要在后续研究中加以完善。

　　新型城镇化进程中人口空间格局演变及优化是一项值得继续深入研究的课题，也是笔者今后进一步深入学习和思考的课题。随着国家战略布局的调整、相关政策的进一步完善、新型城镇化水平的进一步提升，还会有诸多新的问题出现。加快新型城镇化发展从以中东部为主转为中西部地区迅速发展，从而促进人口合理布局，还需求更多的政策支持；实现新型城镇化进程中的公平共享与城镇人口现代化，还需要不断提升城市公共治理水平；根据城镇居民不同类型的需求，做好民生、就业、社保等制度设计，还需要加强政府投入和政策研究；新型城镇化进程中处理好传统文化的传承与现代文化的融合，还需要社会价值观的引导和文化自信的塑造。总之，新型城镇化进程中人口空间格局的演变及优化，是建设中国特色城镇化发展道路的重要组成部分，随着国家治理能力的提升，经济、社会、技术的发展，人口空间格局将进一步优化，以人为核心的新型城镇化进程将得到更加深入的推进。

参 考 文 献

蔡继明. 2010. 切勿重蹈小城镇遍地开花的覆辙[J]. 经济纵横,（7）：50-53.

蔡继明, 熊柴, 高宏. 2013. 我国人口城市化与空间城市化非协调发展及成因[J]. 经济学动态,
　　（6）：15-22.

曹洪华, 闫晓燕, 黄剑. 2008. 主体功能区人口集聚与布局的研究——以云南省为例[J]. 西北人
　　口,（1）：27-29, 34.

陈晓春, 蒋道国. 2013. 新型城镇化低碳发展的内涵与实现路径[J]. 学术论坛,（4）：123-127.

陈心颖. 2015. 人口集聚对区域劳动生产率的异质性影响[J]. 人口研究, 39（1）：85-95.

陈宇琳. 2012. 我国快速城镇化时期大城市人口规模调控对策评价与思考[J]. 现代城市研究,
　　（7）：9-14, 28.

段进军, 殷悦. 2014. 多维视角下的新型城镇化内涵解读[J]. 苏州大学学报（哲学社会科学版）,
　　（5）：38-43.

方大春, 张凡. 2016. 人口结构与产业结构耦合协调关系研究[J]. 当代经济管理,（9）：54-61.

费孝通. 1984. 小城镇新开拓（一）[J]. 瞭望周刊,（51）：26-27.

高健峰. 2019. 东北三省人口空间分布研究[J]. 黑龙江科学,（14）：154-158.

辜胜阻. 1991. 论中国城镇化发展观[J]. 人口学刊,（6）：26-31.

辜胜阻, 易善策, 李华. 2009. 中国特色城镇化道路研究[J]. 中国人口·资源与环境, 19（1）：
　　47-52.

谷国锋, 贾占华. 2015. 东北地区人口分布演变特征及形成机制研究[J]. 人口与发展,（6）：
　　38-46.

顾朝林. 2012. 论中国当代城市化的基本特征[J]. 城市观察,（3）：12-19.

顾朝林, 邱友良, 叶舜赞. 1998. 建国以来中国新城市设置[J]. 地理科学,（4）：29-36.

顾朝林, 俞滨洋, 张悦, 等. 2017. 新时代全国城镇体系规划研究[J]. 城乡与区域规划研究,
　　9（4）：1-33.

顾朝林, 张悦, 翟炜, 等. 2016. 城市与区域定量研究进展[J]. 地理科学进展, 35（12）：1433-1446.

郭付友, 李诚固, 陈才, 等. 2015. 2003年以来东北地区人口城镇化与土地城镇化时空耦合特
　　征[J]. 经济地理,（9）：49-56.

郭田勇. 2019. 我国流动人口规模为何先增后减[J]. 人民论坛，（5）：70-72.

韩冬，韦颜秋. 2014. 港城互动模式下城市空间格局演进路径研究——以天津为例[J]. 城市发展研究，21（9）：24-30.

胡焕庸. 1935. 中国人口之分布——附统计表与密度图[J]. 地理学报，2（2）：33-74.

胡苗苗，闫庆武，李晶晶. 2019. 省际迁入人口空间分布及其影响因素研究[J]. 人口与发展，（1）：24-35.

胡兆量. 1986. 大城市的超前发展及其对策[J]. 北京大学学报（哲学社会科学版），（5）：118-122.

贾占华，谷国锋. 2016. 东北地区人口分布的时空演变特征及影响因素[J]. 经济地理，（12）：60-68.

江小国，贾兴梅，成祖松. 2016. 人口流动的经济增长效应及其模型解释[J]. 统计与决策，（17）：58-61.

金浩，董鹏. 2016. 中国新型城镇化水平空间格局演变与地区差异分析[J]. 学术交流，（6）：142-148.

凯恩斯 J M. 1986. 货币论（上卷）[M]. 何瑞英译. 北京：商务印书馆.

李春娥，王海燕. 2014. 基于 GIS 的中国东北区域人口模型研究[J]. 农业与技术，（12）：235-236.

李坤，龚新蜀. 2009. 新疆城镇化发展目标的可行性分析[J]. 乡镇经济，25（2）：81-85.

李培林. 2013. 小城镇依然是大问题[J]. 甘肃社会科学，（3）：1-4.

李拓，李斌. 2015. 中国跨地区人口流动的影响因素——基于 286 个城市面板数据的空间计量检验[J]. 中国人口科学，（2）：73-83.

李琬，孙斌栋，刘倩倩，等. 2018. 中国市域空间结构的特征及其影响因素[J]. 地理科学，38（5）：672-680.

李卫东，张铭龙，段金龙. 2020. 基于 POI 数据的南京市空间格局定量研究[J]. 世界地理研究，（2）：317-326.

李晓阳，林恬竹，张琦. 2015. 人口流动与经济增长互动研究——来自重庆市的证据[J]. 中国人口科学，（6）：46-55.

梁炳伟，雒占福. 2017. 近十年来中国地级及以上城市新型城镇化水平空间格局演变及收敛性分析[J]. 现代城市研究，（5）：67-74.

刘爱华. 2017. 京津冀流动人口的空间集聚及其影响因素[J]. 人口与经济，（6）：71-78.

刘爱华，邹哲，刘淼. 2015. 基于人口密度模型的大都市空间结构演化——以天津市为例[J]. 城市发展研究，22（3）：11-14.

刘海平. 2013. 新型工业化是"四化"协同发展的引擎[J]. 决策探索，（4）：35-36.

刘开迪，杨多贵，周志田. 2019. 中国经济与人口重心的时空演变及产业分解研究[J]. 工业技术经济，（6）：79-88.

刘乃全,邓敏. 2018. 多中心结构模式与长三角城市群人口空间分布优化[J]. 产业经济评论,（4）：91-103.

刘乃全,耿文才. 2015. 上海市人口空间分布格局的演变及其影响因素分析——基于空间面板模型的实证研究[J]. 财经研究,（2）：99-110.

刘庆,刘秀丽. 2018. 生育政策调整背景下2018-2100年中国人口规模与结构预测研究[J]. 数学的实践与认识,（8）：180-188.

刘睿文,封志明,杨艳昭,等. 2010. 基于人口集聚度的中国人口集疏格局[J]. 地理科学进展,29（10）：1171-1177.

刘少华,夏悦瑶. 2012. 新型城镇化背景下低碳经济的发展之路[J]. 湖南师范大学社会科学学报,（3）：84-87.

刘涛,齐元静,曹广忠. 2015. 中国流动人口空间格局演变机制及城镇化效应——基于2000和2010年人口普查分县数据的分析[J]. 地理学报,70（4）：567-581.

刘志敏,修春亮,魏冶,等. 2017. 1990~2010年东北地区人口变化的空间格局及影响因素[J]. 西北人口,（5）：19-26.

鲁奇,王国霞,杨春悦,等. 2006. 流动人口分布与区域经济发展关系若干解释（1990、2000）[J]. 地理研究,（5）：765-774,949.

罗若愚,钟易霖,踪家峰. 2018. 转型期成都市社会空间结构研究——基于第六次人口普查数据的分析[J]. 地域研究与开发,37（4）：73-79.

吕利丹,段成荣,刘涛,等. 2018. 对我国流动人口规模变动的分析和讨论[J]. 南方人口,33（1）：20-29.

马红旗,陈仲常. 2012. 我国省际流动人口的特征——基于全国第六次人口普查数据[J]. 人口研究,36（6）：87-99.

马志飞,尹上岗,张宇,等. 2019. 中国城城流动人口的空间分布、流动规律及其形成机制[J]. 地理研究,38（4）：926-936.

牟宇峰,孙伟,袁丰. 2013. 南京近30年人口空间格局演变与机制研究[J]. 长江流域资源与环境,（8）：979-988.

潘海生,曹小锋. 2010. 就地城镇化：一条新型城镇化道路——浙江小城镇建设的调查[J]. 政策瞭望,（9）：29-32.

庞海峰,樊烨,丁睿. 2006. 中国城市人口增长过程及差异研究[J]. 地理与地理信息科学,（2）：69-72.

彭际作. 2006. 大都市圈人口空间格局与区域经济发展——以长江三角洲大都市圈为例[D]. 华东师范大学博士学位论文.

祁新华,朱宇,周燕萍. 2012. 乡村劳动力迁移的"双拉力"模型及其就地城镇化效应——基于中国东南沿海三个地区的实证研究[J]. 地理科学,32（1）：25-30.

单卓然，黄亚平. 2013. "新型城镇化"概念内涵、目标内容、规划策略及认知误区解析[J]. 城市规划学刊，（2）：16-22.

沈惊宏，周葆华，余兆旺. 2016. 泛长三角地区城市的空间结构演变[J]. 地理研究，35（3）：482-492.

沈清基. 2013. 论基于生态文明的新型城镇化[J]. 城市规划学刊，（1）：29-36.

沈映春，王逸琪. 2019. 京津冀人口流动与经济增长关系的实证分析与政策建议[J]. 经济纵横，（5）：94-101.

史桂芬，李真. 2020. 人口流动助推地区经济增长的机制研究——基于长三角城市群的面板数据[J]. 华东经济管理，34（6）：10-18.

苏红键，魏后凯. 2017. 城市规模研究的理论前沿与政策争论[J]. 河南社会科学，25（6）：75-80.

苏红键，魏后凯. 2018. 改革开放40年中国城镇化历程、启示与展望[J]. 改革，（11）：49-59.

苏伟洲，申洪源. 2017. 人口流动对省级区域经济增长的实证检验[J]. 统计与决策，（20）：106-110.

孙桂平，韩东，贾梦琴. 2019. 京津冀城市群人口流动网络结构及影响因素研究[J]. 地域研究与开发，（4）：166-169.

孙红玲. 2013. 推进新型城镇化需改按常住人口分配地方财力[J]. 财政研究，（3）：56-58.

孙秋兰，闻记影. 2019. 2000年以来重庆市人口分布空间格局及其演变特征[J]. 现代城市研究，（11）：33-39.

孙瑰，刘建国，暴婕. 2018. 京津冀县域小城镇人口空间分布与格局演化[J]. 城市发展研究，25（6）：79-86.

谭敏，刘凯，柳林，等. 2017. 基于随机森林模型的珠江三角洲30 m格网人口空间化[J]. 地理科学进展，36（10）：1304-1312.

童玉芬，刘爱华. 2017. 首都圈流动人口空间分布特征及政策启示[J]. 北京行政学院学报，（6）：103-110.

童玉芬，马艳林. 2016. 城市人口空间分布格局影响因素研究——以北京为例[J]. 北京社会科学，（1）：89-97.

童玉芬，单士甫，宫倩楠. 2020. 产业疏解背景下北京市人口保有规模测算[J]. 人口与经济，（2）：1-11.

王婧，刘奔腾，李裕瑞. 2017. 京津冀地区人口发展格局与问题区域识别[J]. 经济地理，（8）：27-36.

王婧，刘奔腾，李裕瑞. 2018. 京津冀人口时空变化特征及其影响因素[J]. 地理研究，37（9）：1802-1817.

王开泳，陈田，董玛力. 2008. 我国中部地区人口城镇化的空间格局[J]. 经济地理，（3）：353-356.

王胜今，韩一丁. 2018. 东北地区城镇化的发展现状与路径探究[J]. 东北师大学报（哲学社会科学版），（5）：92-99.

王胜今，王智初. 2017. 中国人口集聚与经济集聚的空间一致性研究[J]. 人口学刊，39（6）：43-50.

王素斋. 2013. 新型城镇化科学发展的内涵、目标与路径[J]. 理论月刊，（4）：165-168.

王婷琳. 2017. 行政区划调整与城镇空间结构的变化研究[J]. 城市发展研究，24（6）：23-28.

王小鲁. 2010. 走大城市路线[J]. 中国改革，（10）：80-82.

王小鲁，夏小林. 1999. 优化城市规模推动经济增长[J]. 经济研究，（9）：22-29.

王新贤，高向东. 2019. 中国流动人口分布演变及其对城镇化的影响——基于省际、省内流动的对比分析[J]. 地理科学，39（12）：1866-1874.

王业强. 2012. 倒"U"型城市规模效率曲线及其政策含义——基于中国地级以上城市经济、社会和环境效率的比较研究[J]. 财贸经济，（11）：127-136.

王业强，魏后凯. 2018. 大城市效率锁定与中国城镇化路径选择[J]. 中国人口科学，（2）：24-38.

王莹莹，童玉芬，刘爱华. 2017. 首都圈人口空间分布格局的形成：集聚力与离散力的"博弈"[J]. 人口学刊，39（4）：5-16.

王振波，徐小黎，张蔷. 2015. 中国城市规模格局的合理性评价[J]. 中国人口·资源与环境，25（12）：121-128.

魏后凯. 2005. 北京国际大都市建设与工业发展战略[J]. 经济研究参考，（24）：13-26.

魏后凯. 2013. 党的十八大以来社会各界关于城镇化的主要观点[J]. 经济研究参考，（14）：15-17，32.

魏后凯. 2014. 走新型城镇化发展之路[J]. 前线，（12）：88-89.

魏后凯. 2016. 坚持以人为核心推进新型城镇化[J]. 中国农村经济，（10）：11-14.

魏后凯. 2019. 当前"三农"研究的十大前沿课题[J]. 中国农村经济，（4）：2-6.

吴玉麟，李玉江. 1997. 组群式与单核心城市地域农业人口转移对比研究——以淄博、济南两市为例[J]. 人口与经济，（3）：42-46.

解永庆. 2015. 城市规划引导下的深圳城市空间结构演变[J]. 规划师，（S2）：50-55.

许学强. 1986. 城市化空间过程与空间组织和空间结合[J]. 城市问题，（3）：4-8，26.

薛彩霞，王录仓，常飞. 2020. 中国城市流动人口时空特征及影响因素[J]. 地域研究与开发，39（2）：157-162.

闫东升，杨槿. 2017. 长江三角洲人口与经济空间格局演变及影响因素[J]. 地理科学进展，（7）：820-831.

杨丽霞，苑韶峰，王雪禅. 2013. 人口城镇化与土地城镇化协调发展的空间差异研究——以浙江省69县市为例[J]. 中国土地科学，（11）：18-22，30.

杨振，雷军. 2019. 中国地级及以上城市城镇化发展的时空格局及影响因素[J]. 中国科学院大学学报，36（1）：82-92.

姚华松，许学强，薛德升. 2010. 广州流动人口空间分布变化特征及原因分析[J]. 经济地理，30（1）：40-46.

尹德挺，袁尚. 2019. 新中国70年来人口分布变迁研究——基于"胡焕庸线"的空间定量分析[J]. 中国人口科学，（5）：15-28.

于婷婷，宋玉祥，阿荣，等. 2018. 东北地区人口结构与经济发展耦合关系研究[J]. 地理科学，38（1）：114-121.

于婷婷，宋玉祥，浩飞龙，等. 2017. 东北三省人口分布空间格局演化及其驱动因素研究[J]. 地理科学，37（5）：709-717.

于潇，陈新造. 2017. "90后"流动青年的广东城市居留意愿及影响因素研究[J]. 商业研究，（5）：177-183.

袁晓玲，张宝山，胡得佳. 2009. 人口迁移对区域经济增长地区差异的影响分析——以陕西省为例[J]. 华东经济管理，23（9）：27-31.

臧良震，苏毅清. 2019. 我国新型城镇化水平空间格局及其演变趋势研究[J]. 生态经济，（4）：81-85.

张波. 2019. 2000年代以来中国省际人才的时空变动分析[J]. 人口与经济，（3）：91-101.

张车伟，蔡翼飞. 2012. 中国城镇化格局变动与人口合理分析[J]. 中国人口科学，（6）：44-57.

张东升，柴宝贵，丁爱芳，等. 2012. 黄河三角洲城镇空间格局的发展历程及驱动力分析[J]. 经济地理，（8）：50-56.

张剑宇，谷雨. 2018. 东北地区高学历人口流失及原因——基于吉林大学2013-2017年毕业生就业数据的分析[J]. 人口学刊，（5）：55-65.

张亮，岳文泽，刘勇. 2017. 多中心城市空间结构的多维识别研究——以杭州为例[J]. 经济地理，（6）：67-75.

张善余. 2013. 人口地理学概论[M]. 3版. 上海：华东师范大学出版社.

张亚丽，方齐云. 2019. 城市舒适度对劳动力流动的影响[J]. 中国人口·资源与环境，（3）：118-125.

张耀军，岑俏. 2014. 中国人口空间流动格局与省际流动影响因素研究[J]. 人口研究，38（5）：54-71.

张耀军，柴多多. 2017. 京津冀县域人口城镇化时空格局及驱动力研究[J]. 人口研究，41（5）：26-39.

张耀军，刘沁，韩雪. 2013. 北京城市人口空间分布变动研究[J]. 人口研究，37（6）：52-61.

张耀军，张振. 2015. 京津冀区域人口空间分布影响因素研究[J]. 人口与发展，（3）：603-616.

张志斌，潘晶，达福文. 2012. 兰州城市人口空间结构演变格局及调控路径[J]. 地理研究，31（11）：2055-2068.

张自然，张平，刘霞辉. 2014. 中国城市化模式、演进机制和可持续发展研究[J]. 经济学动态，（2）：58-72.

赵民，陈晨. 2013. 我国城镇化的现实情景、理论诠释及政策思考[J]. 城市规划，（12）：9-21.

赵蕊. 2018. 北京常住人口空间分布变动与对策研究[J]. 北京社会科学，（1）：14-25.

郑贞，周祝平. 2014. 京津冀地区人口经济状况评价及空间分布模式分析[J]. 人口学刊，36（2）：19-28.

周少甫，陈哲. 2020. 人口流动对中国经济增长收敛性影响——基于空间溢出角度的研究[J]. 云南财经大学学报，（2）：49-59.

周一星. 1995. 城市地理学[M]. 北京：商务印书馆.

周正柱. 2018. 长江经济带城镇化质量时空格局演变及未来趋势[J]. 深圳大学学报（人文社会科学版），35（4）：62-71.

朱传耿，顾朝林，马荣华，等. 2001. 中国流动人口的影响要素与空间分布[J]. 地理学报，（5）：548-559.

朱春，吕芹. 2001. 我国城市规模等级体系的探讨[J]. 社会科学，（3）：16-18.

朱玲，郭青海，肖黎姗，等. 2019. 福建省城镇体系空间结构特征及影响因素[J]. 地域研究与开发，（3）：42-47.

朱宇，丁金宏，王桂新，等. 2017. 近40年来的中国人口地理学——一个跨学科研究领域的进展[J]. 地理科学进展，（4）：466-482.

朱宇，余立，林李月，等. 2012. 两代流动人口在城镇定居意愿的代际延续和变化——基于福建省的调查[J]. 人文地理，27（3）：1-6，43.

朱政，贺清云. 2016. 长沙城市空间结构演变的动态模拟[J]. 经济地理，（6）：50-58.

Berry B J L，Garrison W L. 1958. A note on central place theory and the range of a good[J]. Economic Geography，34（4）：304-311.

Bogue D J. 1959. Internal migration[C]//Hauser P，Duncan O D. The Study of Population. Chicago：University of Chicago Press：486-509.

Cassone A，Tasgian A. 1988. Growth and decline of a metropolitan area: the case of Torino.Annals of Regional Science，11：34-47.

Christaller W. 1933. Grundsätzliches zu einer neugliederung des Deutschen Reiches und seiner verwaltungsbezirke[J]. Geographische Wochenschrift，1：913-919.

Davis K. 1965. The urbanization of the human population [C]//LeGates R T，Stout F. The City Reader. London：Routledge：1-11.

Duncan B，Hanser P M. 1960. Housing a Metropolis-Chicago[M]. Glencoe：The Free Press.

Duranton G. 2007. Urban evolutions：the fast, the slow, and the still[J]. The American Economic Review，97（1）：197-221.

Eeckhout J. 2004. Gibrat's Law for（all）cities[J]. The American Economic Review，94（5）：1429-1451.

Fei J C H，Rains G. 1964. Development of the Labor Surplus Economy：Theory and Policy[M]. Homewood：Richard D. Irwin Inc.

Frank A G. 1967. Capitalism and Underdevelopment in Latin America[M]. New York：Monthly Review Press.

Gabaix X. 1999a. Zipf's Law for（all）cities[J]. The American Economic Review，94（5）：1429-1451.

Gabaix X. 1999b. Zipf's Law and the growth of cities[J]. The American Economic Review，89（2）：129-132.

Gottmann J. 1957. Megalopolis，or the urbanization of the northeastern seaboard[J]. Economic Geography，33（7）：31-40.

Hal P. 1966. The World Cities. London：Weidenfeld and Nicolson.

Haggett P. 1977. Locational Methods：Environmental Ethics in Applied Ethics[M]. New York：Wiley.

Harris J，Todaro M. 1970. Migration，unemployment and development：a two sector analysis[J]. American Economic Review，60（1）：126-142.

Henderson J V. 1974. The size and types of cities[J]. The American Economic Review，64（4）：640-656.

Henderson J V. 2010. Cities and development[J]. Journal of Regional Science，50（1）：515-540.

Hicks J R. 1932. The Theory of Wages[M]. London：Macmillan.

Horton F E，Reynolds D R. 1971. Effects of urban spatial structure on individual behavior[J]. Economic Geography，47（1）：36-48.

Howard E. 1898. To-tomorrow：A Peaceful Path to Real Reform[M]. London：Routledge.

Ioannides Y，Overman H. 2003. Zipf's Law for cities：an empirical examination[J]. Regional Science and Urban Economics，33（2）：127-137.

Krugman P. 1966. Confronting the mystery of urban hierarchy[J]. Journal of the Japanese and International Economies，10（4）：399-418.

Krugman P. 1991. Target zones and exchange rate dynamics[J]. Quarterly Journal of Economics，106（3）：669-682.

Kuznets S. 1955. Economic growth and income inequality[J]. The American Economic Review，45（1）：1-28.

Kuznets S. 1966. Modern Economic Growth，Rate，Structure and Spread[M]. New Haven，London：Yale University Press.

Lee E S. 1966. A theory of migration[J]. Demography，3（1）：47-57.

Lewis W A. 1954. Economic development with unlimited supplies of labour[J]. The Manchester School，22（2）：139-191.

McGee T G. 1987. Urbanisasi or Kotadesasi? The emergence of new regions of economic interaction in Asia. Working Paper. Honolulu：East-West Environment and Policy Institute.

Mills E S. 1967. An aggregative model of resource allocation in a metropolitan area[J]. American Economic Review，57（2）：197-210.

Ravenstein E G. 1885. The laws of migration[J]. Journal of the Statistical Society of London，48（2）：167-235.

Sjaastad L A. 1962. The costs and returns of human migration[J]. Journal of Political Economy，70（5）：80-93.

Stark O，Bloom D E. 1985. The new economics of labor migration[J]. The American Economic Review，75（2）：173-178.

Todaro M P. 1969. A model of labor migration and urban unemployment in less developed countries[J]. The American Economic Review，59（3）：138-148.

Zeng J P，Yang F. 2002. An outline study on Japanese environmental ethic thought[J]. Journal of Jishou University，23（4）：48-52.